商城记忆

商城忠烈祠

柯大全　编著

中国文史出版社

图书在版编目（ＣＩＰ）数据

　　商城忠烈祠 / 柯大全编著. -- 北京 ：中国文史出
版社, 2024.6
　　ISBN 978-7-5205-4682-9

　　Ⅰ. ①商… Ⅱ. ①柯… Ⅲ. ①抗日战争－革命烈士－
陵园－介绍－商城县 Ⅳ. ①K878.23

　　中国国家版本馆 CIP 数据核字(2024)第 097232 号

出品人：彭远国　　责任编辑：窦忠如

出版发行：中国文史出版社
社　　址：北京市海淀区西八里庄路 69 号院
邮　　编：100412
电　　话：010-81136606　81136602　81136603(发行部)
传　　真：010-81136655
印　　装：郑州宁昌印务有限公司
经　　销：全国新华书店
开　　本：710*1010　　　1/16
印　　张：21.25
字　　数：365 千字
版　　次：2024 年 6 月北京第 1 版
印　　次：2024 年 6 月第 1 次印刷
定　　价：78.00 元

谨以此书献给：

中国人民抗日战争胜利八十周年！

国民革命军陆军第八十四军万余名抗战牺牲将士！

民国时期商城忠烈祠（张长立 画）

民国时期商城忠烈祠牌坊

商城忠烈祠位于县城南街半个店

2000 年商城忠烈祠

1985 年 8 月 20 日，莫玉篓（雩娄）遵父亲莫树杰遗嘱，把父亲骨灰撒在商城忠烈祠旧址

维修后的商城忠烈祠（2008 年）

1943年1月3日，第八十四军先遣排在达权店镇黄皮寨阻击日军战斗地

1943年1月3日，第八十四军与日军战斗地汪岗镇七里冲村长冲口

1943年1月3日，第八十四军与日军长冲口战斗汪岗镇七里冲村藕塘坳耳平洼阵地远眺

1943年1月3日，第八十四军与日军在商城县南长冲口战斗纪念地

1943年1月2日，第八十四军一八九师商城县东苏仙石战斗地

2018 年 4 月 8 日，郝柏村（前排）一行在商城忠烈祠

时任商城县委书记李高岭（左三）等与郝柏村（左四）一行在商城忠烈祠

2016年10月10日，广西上思县林云珠带家人来到商城忠烈祠拜祭父亲

2014年，商城烈士陵园为商城忠烈祠英烈们开辟的抗日英烈墓园

郝柏村敬献的花圈

2016 年 10 月 10 日，广西上思县林云珠在商城忠烈祠给父亲林荣汉献的花圈

商城县崇福塔上书写的第五战区抗日标语

前　言

　　国民革命军陆军第八十四军成立于 1938 年 3 月,裁撤于 1945 年 8 月,是广西为抗日战争而组建、为和平建国而裁撤的一支部队。这支部队有一种不屈不挠的精神,虽然他们武器装备远远落后于日军,但与日军作战英勇无畏、前仆后继。先后隶属这支部队的一八八师、一八九师、一七三师、一七四师,参加过淞沪、徐州、黄广、随枣、枣宜、豫南等与日军的会战。抗日战争中,中国军队牺牲将士 320 万余人,其中将军 206 人,八十四军官兵为国捐躯达 1 万余人,其中将军 3 人。

　　1941 年 3 月,第八十四军从第五战区划归第十战区,拱卫武汉外围战略要地,其军部和军直单位驻扎在商城县城关。其间,该军购商城南郊半个店杨明昆的 40 余亩山地修建忠烈祠。1942 年 7 月 7 日忠烈祠主体工程完成后,军部派人到各抗日会战地,把当时草草安葬的牺牲将士遗骸,分别用陶缸陆续挑到商城忠烈祠集葬,墓群墓号为 1—2869。忠烈祠建成后的 1943 年 1 月 3 日,日军第二次侵犯商城,第八十四军部队在县南长冲口等地与日军发生激烈战斗,牺牲的将士 400 多人也安葬在这里。由于记载长冲口等战斗的碑记后来遭到破坏,仅存一块残片,所以这些英烈的相关基本信息尚待考证。第八十四军抗日牺牲将士 1 万多名,能寻觅到忠骸、安葬在商城忠烈祠的应有 3300 余具。

商城忠烈祠祠宇五间，祠内刻有军长莫树杰撰写的碑记，墙腰上镶嵌的石碑群上刻有军直属机关、一七三师、一七四师、一八九师战斗牺牲将士基本信息；祠外青山环绕、环境优美，周边的山开成台阶状，装着忠烈遗骸的陶缸依次排列安葬。每个墓前立有墓碑，有的墓碑上还画有英烈的画像。当时，商城忠烈祠有老兵张汉书班长夫妇守墓，军部还购有几亩墓田，作为管护忠烈祠费用来源。

20世纪50年代，忠烈祠被国家征用为粮库、卷烟厂、农业局车间等，其原有环境状态被多次改造。后墓田也收归集体，守墓老兵夫妇被搬离忠烈祠自谋生路，忠烈祠无人管理。60年代、70年代，忠烈祠再遭破坏，祠前面的牌坊被推倒，安葬忠烈遗骸的山体被挖平建了仓库和家属院。忠烈祠只剩下5间正屋，山上的纪念亭、旁边的音乐厅等建筑都被拆除；正屋李宗仁题写的横匾不知所踪；屋中的纪念碑多被砸断拉走；镶嵌在墙腰上，刻有各师英烈姓名的石碑也被砸破打磨。又经多年风雨侵蚀，到20世纪80年代初，商城忠烈祠已是断壁残垣。1985年8月7日，原第八十四军军长莫树杰在广西南宁病逝，女儿莫玉篓（零娄）遵父遗嘱到商城忠烈祠安放骨灰，只能把骨灰撒在商城忠烈祠旧址。改革开放后，县有识之士多次倡修该祠，收效甚微。2001年广西扶绥人李克任职河南省政府，在他的关心推动下，商城忠烈祠得到几次抢救维修，第八十四军抗日牺牲将士英灵终于有了栖身之所。

拂去历史尘埃，人们对抗日战争的认识逐渐理性，愈来愈多的人来到商城忠烈祠缅怀抗日英烈，许多广西人也千里迢迢来这里祭祀先人。2016年10月上旬，上思县78岁的林云珠带着家人，终于找到商城忠烈祠,她已寻找父亲78年。她长跪在刻有林荣汉中尉的石碑前,呼唤着爸爸,流着泪倾诉妈妈对父亲的苦恋之情和她对爸爸的无尽思念;临行她还把商城忠烈祠旁的泥土装一些到袋子里,要带回广西,撒在母亲的坟上。林荣汉是第八十四军1万余名牺牲将士中的一员,1938年5月,他把妻子黄秀光和才两个月的女儿林云珠安顿在田西县岳父家,然后随部队北上抗日,1940年5月在与日军的战斗中牺牲,家中一直没有得到信息。他30岁的妻子带着两岁的女儿苦苦等他回家30年,一直等到1970年生命的最后一刻。可怜商城忠烈祠中魂,还是桂南春闺梦中人!在那个特殊时期,她们母女因有个国民党军官的丈夫和父亲,长期受到冷遇,不仅不敢理直气壮地寻找丈夫和父亲,而且她们也没有能享受到任何优抚。其实,她们是抗日英雄的亲属,林云珠应有一个引以为豪的抗日民族英雄父亲!沧海横流,方显英雄本色!是她的父亲们在中华民族危难关头挺身而出,勇敢地向屠杀中华民族的倭寇发出狮吼;是他们用血肉之躯筑起钢铁长城,保护着我们免受日寇屠杀和蹂躏;是他们面对强敌毫不畏惧、流血拼命,取得了中国人民抗日战争的伟大胜利!

商城忠烈祠是国民革命军湖南衡阳、云南腾冲、河南商城、台湾圆山四个军级以上抗日忠烈祠中的一个。2018年4月8日,台湾地区国民党原副主席郝柏村不顾百岁高龄,在中共商城县委书记李高岭等陪同下来到商城忠烈祠前,向第八十四军的英烈们恭敬拜祭。那一刻,我仿佛听到忠烈祠里第八十四军的上等号兵莫顺经吹响了集合号,看到牺牲的将士们排起了一眼望不到边的队列,他们都还是那么年轻!他们精神抖擞地来迎接——这等待已久的历史时刻!

大别苍苍,灌水泱泱;烈士英风,山高水长。国民革命军陆军第八十四军自组建到裁撤的七年间,对日军作战 200 余次、牺牲官兵万余名,这支由桂南民团组建而成的部队为中华民族作出了巨大历史贡献! 对他们的缅怀因历史原因而迟到,但我们坚信,商城忠烈祠里的抗日民族英雄们,一定会受到国家和人民永远的尊崇和缅怀!

编　　者
2020 年 9 月 3 日

目 录

商城忠烈祠

大事记略

将领回忆

附 录

主要参考书目

后 记

大事记略

1942 年 4 月，陆军第八十四军军长莫树杰撰写的商城忠烈祠碑记

商城忠烈祠里的陆军第八十四军纪念碑

第八十四军抗战大事记略

民国二十六年（1937 年）

7 月 7 日夜,日军在北平附近进行军事演习,以 1 名士兵失踪为借口,向宛平县卢沟桥进攻,中国驻军第二十九军奋起抵抗,抗日战争全面爆发。

8 月 4 日,应蒋介石邀请,白崇禧乘飞机自桂林前往南京,任军事委员会参谋本部副参谋总长兼军训部部长,主持制订对日消耗战时期、持久战时期、反攻时期的作战计划;会商广西出兵抗日事宜。

8 月 20 日,军事委员会将鲁(黄河以南)苏(长江以北)和皖东地区划为第五战区,司令长官由蒋介石兼任。28 日,李宗仁接任第五战区司令长官。

是月,李宗仁在广西动员民团、壮丁、退伍军人报到入伍。原有"一甲一枪一兵"政策的广西,兵源较广,各县迅即编成 4 个军 40 个团武装,并先后改编为李品仙第十一集团军、夏威第十六集团军、廖磊第二十一集团军等三个集团军。

9 月 9 日,广西各界在南宁举行抗日大会,热烈欢送广西一七三师等部队开赴淞沪抗日战场。

10 月,李宗仁离开桂林抵徐州第五战区司令长官部任职。

12 月,南京失守后,日军企图南北夹击打通津浦路、占领徐州,第五战区中国军队与日军在以徐州为中心的津浦路南北广阔地区展开徐州会战。徐州会战经过津浦路初期保卫战、台儿庄会战、徐州外围战与徐州突围等三个阶段,历时 5 个多月。

民国二十七年（1938 年）

3 月，广西把南宁、永淳、横县、贵县等地区的几个独立团先后编为第一八八师、一八九师两个师，每师设 3 个团，以此为基础成立第八十四军，暂归第十六集团军总司令部指挥。两个师各级军官多由中央军校南宁分校调配，一八八师师长刘任，副师长刘建常，下辖杨露第一一〇一团、黄敬修第一一〇二团、梁津第一一〇三团；第一八九师师长凌压西，从安徽前线第一七六师副师长任上调来，副师长黄琪，下辖谢振东第一一〇五团、黄伯铭第一一〇六团、白勉初第一一〇七团。

4 月 7 日，李宗仁命令台儿庄地区中国军队全线追击日军，历时月余的台儿庄战役，中国军队取得毙伤日军 2 万余人（日军战报 11984 人）的重大胜利。

4 月 12 日，夏威兼任陆军第八十四军军长。

夏，徐州会战后，第五战区司令长官部因战局变化，先后从潢川迁蕲水，由蕲水迁商城，再由商城迁麻城宋埠。第五战区司令长官李宗仁因日夜操劳，面部旧时枪伤发炎，退至商城时难以支持，不得已前往武汉就医手术。

7 月 17 日，白崇禧在商城县北关岳氏祠接任第五战区代理司令长官。

7 月 19 日，白崇禧在商城召开第五战区长官部会议，计划确保长江北岸，并发布《第五战区作战命令》（作命第 15 号）。

7 月，第八十四军第一八九师奉命由广西横县驻地经粤汉铁路开拔到武昌转大冶，参加武汉会战，防堵由浙赣路北犯之日军，巩固武汉外围。

7 月初，广西学生军第一大队来到商城县，随后前往安徽六安、立煌、第八十四军所在前线黄（梅）广（济）等地宣传。他们在商城城乡进行抗日宣传，画抗日漫画、书写抗日标语，还与县政府联合举办"七七事变"一周年纪念活动。

7月下旬,在黄广会战前夕,一八九师由黄石港渡江经武穴登岸集结于广济县城附近,第一八八师由广西经武汉直达广济。两师会合后,陆军第八十四军军部正式宣布成立,发表覃连芳任军长、徐文明为副军长、钟纪为参谋长。

7月下旬,第八十四军奉令参战,第一八九师开赴黄梅县城,堵击由小池口来犯日军;第一八八师留一团为军总预备队,另两个团协同友军固守广济县城。

7月24日,日军向太湖、宿松、黄梅方向进攻。

7月31日,由小池口来犯日军窜到黄梅附近,与一八九师前进阵地守兵发生战斗,由此揭开黄广会战序幕。

8月2日,日军飞机20多架,连续对黄梅轰炸11次。

8月3日,第五战区司令长官白崇禧、副司令长官李品仙视察黄广第八十四军等部队前线。

8月上旬,第八十四军第一八八师、一八九师阵地虽遭日机轰炸和疯狂进攻,所坚守龙头寨、大小坡等阵地壕沟几乎被敌人炮弹炸平,但将士仍坚守苦战,许多阵地多次与日军展开白刃战,打退日军一次次进攻。

8月14日,第八十四军组织力量反攻黄梅。

8月中旬,第一八八师、一八九师经与日军血战,消耗了大量日军力量,阵地阻击战取得相当战果,但一八八师在向日军攻击中损失巨大。

8月28日,第八十四军协同第四十八军再次向黄梅反攻,占领离城5里的魏家凉亭。一八八师第一一○一团、一一○二团增援友军,救出陷入包围的第一七六师,其第一一○二团团长李汉光率一个营进攻双城驲,仅8名士兵生还。

8月31日,日军分数路向黄梅附近全线进攻,以大炮、飞机猛烈轰炸广济城和附近中国军队。第八十四军依据阵地,给日军以重大杀伤,由于连续战斗的部队得不到补充,第八十四军在黄广会战中已损失二分之一以上兵力。

9月2日,第八十四军一八九师与日军连日激战,许多阵地多次易手,大洋庙阵地仍岿然不动。

9月4日,日军突破大河铺阵地。

9月6日午后,广济前线阵地多处失守。白崇禧令八十四军等参战部队分别向鄂北、豫南、安徽、大别山等方面转进。

9月上旬,一八九师第一一〇六团团长黄伯铭,因率部队擅离防线被处决。

9月13日,中国军队在广济地区反攻,广西部队第七军、第四十八军与敌展开拉锯战。四十八军一七四师在广济丛山口不顾日军飞机轰炸,不断发起冲锋,围歼日军400余人。

9月中旬,李宗仁到麻城宋埠第五战区司令长官部恢复行使司令长官职权。据李宗仁回忆,到任不久,蒋介石莅临麻城第五战区长官司令部视察留宿。

10月25日,国民政府从抗战持久战略考虑,最高统帅部下令放弃武汉。

10月25日、26日、27日,日军攻陷汉口、武昌、汉阳。武汉会战是抗日战争时期中日双方规模最大的一次会战,从6月11日至10月27日,中日双方激战四个多月,日军前后调动十四个师团参加会战,以伤亡20余万代价攻陷武汉三镇,中国动用几乎所有能调动部队,伤亡数倍于日军。会战中,桂军部队英勇抗击日寇,虽然牺牲巨大,但大量地消耗了日军有生力量。日军侵占武汉后,其战略进攻已达顶点,中国抗战由此进入战略相持阶段。

11月,第八十四军第一八八师因战斗减员严重缩编,其士兵全部调拨补充一八九师;一八八师军官多调回广西另组新一八八师部队,此部队后留在广西;时属第三十一集团军的第一七三师、第一七四师划归第八十四军。整编后的第八十四军,辖第一七三师、一七四师、一八九师三个师,改师为两旅四团制,每团官兵两千人,全军达 3 万余人。

11 月 25 日,最高统帅部在南岳召开军事会议,研究新形势下抗战方针。会上对第五战区进行调整,调整后第五战区辖区包括长江以北、黄泛区以南、津浦路以西,即安徽西部、湖北北部、河南南部的地区,第五战区成为当时最大的战区。

民国二十八年(1939 年)

1 月 7 日,蒋介石颁布《国军第二期作战指导方案》,方针为:"国军应以一部增强被敌人占领地区内力量,积极展开广大游击战,以牵制消耗敌人。""第五战区主力守备荆沙(汉宜公路)及襄樊(襄樊公路)各地区,尽量吸收敌人多数兵力而消耗之。"李宗仁遂将武汉保卫战中部队重新部署,准备向武汉反攻。

3 月下旬,第五战区各部向当面日军发动"四月攻势"消耗日军,以策应敌后游击部队。第八十四军奉命向板凳岗、七里岗、高城等地之敌发起攻击。

4 月下旬,日军为巩固对武汉的占领,报复中国军队攻势,抽调第三、十三、十六等师团及第六师团一部、骑兵第四旅团,约 10 万兵力分别集结于鄂西北及应山、随县、汉宜公路等处,准备向中国军队进犯、围歼第五战区主力。第五战区根据日军动向,部署随枣会战,主力在桐柏山、大洪山迎击日军,第八十四军主力守正面随枣一线。战区长官司令部计划以纵深阵地消耗日军,待其深入随枣盆地作突破时,立即围歼日军。

4 月 30 日,日军在空军配合下,向鄂北、鄂西同时发动进攻,随枣会战正式爆发。当天日军第三师团向郝家店、徐家店的第八十四军开始攻击,持续竟日。

5 月 1 日,日军攻占吴家店、泉口店、万家店等地,第八十四军主力退守塔儿湾附近。

5月2日，日军在飞机、坦克、大炮配合下，向塔儿湾第八十四军前进阵地猛攻，军部严令死守，双方展开血战，主阵地多次失而复得。在我军缺乏重武器情况下，广大官兵以血肉之躯据壕死守，顽强抵抗。日军坦克在我阵地来回碾压，我军敢死队毫不畏惧地攀登日军坦克用手榴弹砸顶盖、用枪对瞭望孔内射击。战斗异常惨烈，日军在我阵地前陈尸2000多具，第八十四军损失更为惨重。

5月3日，日寇违反国际公约，以飞机、大炮向我军阵地悍然使用化学武器，第八十四军缺乏防护设备，大量人员中毒倒地。

5月4日，日军再次发起攻击，第八十四军经浴血奋战，牺牲巨大，遂放弃塔儿湾及高城，退守溧水等阵地。

5月6日，第八十四军在厉山至蒋家河一线与日军展开战斗，以残缺不全编制部队节节抗击日军凶猛进攻。

5月9日，第八十四军军长覃连芳率部向南阳、方城方向突围转进，到唐河一带休整；其他友军继续与日军激战。

5月13日，在中国军队强烈抵抗和消耗下，日军不仅拱卫武汉和平汉铁路线南段的作战计划没有得逞，反而逐渐陷入中国军队反包围状态损失惨重。18日，日军突然向原防阵地撤退。此次会战达到牵制和消耗日军目的，但由于第五战区未能预见日军如此快速撤退，未能及时组织部队追击扩大战果，除随县城为日军所据外，基本恢复战前战线状态。至此，第一次随枣会战结束。

9月，第二十一集团军一七五师师长莫树杰（广西南丹人）奉调任第十一集团军第八十四军军长，11月至湖北老河口接任。

10月23日，第二十一集团军总司令廖磊在立煌病逝。临终遗言："我不行了，欣慰你们努力抗战，莫让日寇进大别山。"时第八十四军属第二十一集团军。

10月，第十一集团军与第二十一集团军合并，第十一集团军番号取消。第二十一集团军总司令李品仙，下辖七军，军长张淦；第四十八军，军长区寿年；第八十四军，军长莫树杰。

11月,第八十四军一七三师、一七四师、一八九师三个师,受命守备从襄阳至花园公路线上的随阳、枣阳地区。

冬,中国军队在豫南、鄂北发起冬季攻势,威胁武汉日军。

民国二十九年(1940年)

1月,第八十四军所部集中樊城附近休整两个月。

3月,第八十四军集中进入随县北门高城、厉山一线,接替第三十一集团军汤恩伯部守备任务。

4月,日军由于所发动的第一次随枣会战没能达到其目的,为排除武汉周边中国军队对其不断增大的军事威胁,遂计划再次先下手对中国军队发动"闪电式扫荡"。

4月上旬,日军调集六个师团强大兵力,配以空军飞机七八十架、坦克100余辆、骑兵部队等共20多万兵力,在其第十一军司令园部一郎指挥下,准备对随枣地区进行比上次更大规模进攻,企图将中国军队主力围歼于枣阳附近。

是月,第八十四军根据情报对随县、应山方面防守进行部署,以一八九师部署高城左前缘大竹山至滚山一带;第一七四师部署在第一八九师右翼经滚山至凉水沟一线;第一七三师作为第二线总预备队,部署在净明铺附近。第八十四军司令部及直属部队在唐县镇附近的夏家湾。

5月1日,与上次随枣会战相隔一年,日军发动的第二次随枣会战(又称鄂北会战、枣宜会战)揭开序幕。其分兵三路:第一路从河南省的信阳西进;第二路从正面沿襄阳至花园公路推进;第三路沿京山至钟祥公路疾进。企图一举用迂回包围歼灭第十一集团军的第八十四军、第三十九军等部,然后进占老河口、襄樊、荆门、沙市等地。

5月2日拂晓,日军以两个师团配合飞机、骑兵、坦克部队,从应山、随县向凌压西的一八九师和张光玮的一七四师阵地猛扑,飞机对第一八九师、一七四师阵地狂轰滥炸,第八十四军部队与日军展开惨烈剧战。

5月4日，日军在阵地上升起系留气球，侦查指示中国军队目标，战斗中，只要中国军队重机枪等一射击，火力点就会遭到敌炮精确轰击，第八十四军部队前进阵地大部分战壕和工事被毁。在这种不利情况下，第八十四军与日军鏖战几个昼夜，虽伤亡惨重，仍坚守第二线阵地。

5月5日，一八九师师部已受到敌炮轰击，同时日军大量骑兵从左翼向高城飞驰包抄。军部发现日军欲围歼第八十四军于枣阳地区的企图，遂命令钟毅第一七三师为后卫，掩护军主力脱离战场，向枣阳等地转进。

5月6日，军部和一八九师一部到达枣阳东地区集结，一七四师及一八九师一部经襄花公路、唐县镇到达枣阳附近，准备在这里阻敌西进。

同日，第八十四军后卫部队第一七三师奉令掩护军主力转进后，在唐县镇一带受到日军联合兵种猛袭，该师坚强抵抗、奋勇突围，多次重创日军，但被强大日军压迫北向鹿头镇转进，与军部失去联系。

5月7日，第八十四军主力为摆脱在枣阳地区被日军围歼，经杨家垱、苍台地区向新野、邓县方向撤退。

5月8日午后，第一七三师分左右纵队由鹿头镇向吕堰驿以北附近集结，钟毅师长所率五一八团、五一九团左纵队遭日军节节截击，到太平镇附近时随行仅剩一个营。之后，钟部又在苍苔镇与敌1000多步兵遭遇，这个营也被冲散，仅50余人随行师长钟毅。转进行至唐河县苍台乡丁湾河滩又与日军骑兵遭遇，日军从武器声音判定此处有高级指挥官，不断从附近向该处聚集，钟毅率部利用芦苇丛与敌厮杀一个多小时，激战中右胸负重伤。下午3时，他命部下各自突围，随从大哭不走，见此情景，钟毅呼喊："抗战必胜！建国必成！"后，举起左轮手枪对头部自戕殉国。一行54人，除副官蒋志飞在头部和腰部两处负伤情况下死里逃生外，其余全部战死。

5月9日,陷入敌后第一七三师之五一七团、五一八团和一七四师五二二团等余部,与战区司令长官部取得联系,奉命在敌后开展游击。他们不断向随枣地区、襄花公路交通运输线袭击,缴获日军大批辎重,其中有运往前线的毒气武器,后呈交五战区长官部,向国际揭露日军违反国际公约罪恶行径。

5月10日,第八十四军主力先后到达光化县。

5月14日,第五战区长官部部署对日军反攻,第八十四军主力旋即投入反击。

5月15日,在五战区各部队压迫下,日军放弃枣阳,匆忙撤退,我军收复失地,敌我双方基本恢复原来战线,这次会战遂告结束。此战,第八十四军共毙伤日军3000余人。此次会战日军损失惨重,依然没有达到其战略目的。

是月,粟廷勋接任第八十四军第一七三师师长。

6月9日,第八十四军第一七三师师长钟毅的灵榇运抵重庆,蒋介石等亲临江岸迎灵。后灵榇运回广西,安葬于桂林郊外。

8月,第八十四军在会战中留在敌后伤员80余人,在随县县政府的悉心治疗下全部痊愈归队。

10月,第八十四军各部开到樊城、光化城附近休整。

民国三十年(1941年)

1月,皖南事变后,第八十四军军直单位和一七四师、一八九师奉令划属第十战区;第一七三师归建第五战区司令长官部。第十战区司令长官部设于立煌县古碑冲,司令长官李品仙,辖第七军、第四十八军、第八十四军和川军第三十九军,兵员约10万人。负责守卫当时安徽省政府驻地立煌县为中心的大别山游击根据地、配合平汉路西线友军、袭扰平汉线南段。

3月,第一七四师开拔到潢川、光山、罗山一带布防;第一八九师到麻城、罗田、滕家堡一带布防;第八十四军军部和军直属部队驻扎商城县城附近,军部驻扎在商城县南关十方院。

是年春,在豫南会战中,第八十四军所部奉命出击正阳、明港。

4月,驻防大别山区的第八十四军贴出布告,重申军令部四条律令、整肃军纪。

夏,驻商城第八十四军军长莫树杰逮捕防区光山县县长严正国、罗山县县长梅治潮,报经第十战区司令长官李品仙同意判处二人死刑。其中,严正国以"叛党通共"的罪名,在商城县南关半个店刘祠堂后山枪决。严正国1903年10月26日生于商城县梅下保严家铺子,年38岁。

是年秋,第八十四军向平汉线南段日军进攻。

冬,第八十四军驻防商城一带后严明纪律,深得商城和附近居民称赞。寒冬腊月,有些部队粮饷困难,士兵到田间捉小动物充饥也不敢犯老百姓。

12月9日,国民政府发布《中华民国政府对日宣战布告》,正式对日本宣战,并郑重声明,中国将"收复台湾、澎湖、东北四省土地"。

是年,在商城驻扎的第八十四军,购商城南关半个店杨明昆40余亩山地修建忠烈祠,

民国三十一年(1942年)

1月1日,中、美、英、苏等26国代表在华盛顿发表《联合国家宣言》,决定互相支援,共同使用军事资源,与德意日"轴心国"决战到底。蒋介石任中国战区总司令,统一战区对日作战指挥。

2月17日,夜10时许,一架日军飞机因天气恶劣坠落在商城县灌河鲇鱼山段沙滩,其机翼折断。次日晨,第八十四军搜索部队包围了日军飞行员,通过日语翻译喊话要其投降,两名驾驶员开枪自杀。第八十四军将飞机残骸拆卸后运往立煌县,把发动机底壳放置在忠烈祠前作化钱炉。

4月8日,莫树杰为即将修竣的陆军第八十四军忠烈祠题写碑

记。忠烈祠建成后,该军将参加抗战各役阵亡将士遗骨从各地收殓,陆续挑到商城忠烈祠安葬。

7月7日,陆军第八十四军忠烈祠落成,第五战区各界人士参加纪念活动。忠烈祠前建有牌坊,上书精忠报国;正门有战区司令长官李宗仁亲笔所题"忠烈祠"匾;祠内刻有各部队烈士名录、军长莫树杰撰写碑文等。忠烈祠旁建有音乐厅,山上建有观光亭,军、师等乐队经常在音乐厅演出节目。

8月,日军一部300余人突然窜扰商城,黄昏时进城,在忠烈祠等地放火。第八十四军军部集合部队反击,日军逃往长竹园、湖北方向,被第八十四军部队连续追击,日军溃逃中被击毙100余人。

9月,第八十四军与商城县政府联合举办运动会,有军、民、学生运动员600多人参加。

秋,第十战区司令长官部电令第八十四军调驻淮河以北及汝南附近布防。

10月,第八十四军部队奉令离开商城后,日军侦悉八十四军部队远驻汝南,大别山区防守空虚,遂准备以第三师团等1万多兵力扫荡安徽省政府驻地立煌一带,深入侵扰破坏第十战区的生产秩序。

12月中旬,第八十四军接第十战区司令部急电,兼程从淮河以北驰援立煌。军部令一八九师莫建章五六五团为前卫,由驻地经息县、商城日夜疾进立煌,军部和一七四师主力跟进。

12月23日,第八十四军军部经6天急行军到达商城城关,商城各界夹道欢迎莫军。

民国三十二年(1943 年)

1月2日,安徽省政府驻地立煌县城失守。

1月3日,第八十四军留守部队先派到通城店矮山口防御阵地的一个排,与从湖北罗田滕家堡北袭商城之日军发生战斗,大部壮烈牺牲。一七四师黄建猷五二〇团奉命赶往商城以南,堵击该敌进入商城县城。中午时分,敌我双方在汤泉池附近洪大畈遭遇战斗,五二〇团遂在长冲口公路、耳平洼、藕塘坳一线展开。日军先头部队冒死多次冲锋,急于冲开血路进商城,五二〇团官兵英勇战斗,多次打退日军,使日军陷入进退皆危之境。

1月4日凌晨,日军后续主力赶到,战斗更为激烈,从晨到晚,日军在飞机掩护下更番冲锋,依然不能突破我军阵地。

1月5日,商城县城居民安全疏散后,五二〇团迅速撤离阻击阵地,往商潢公路南侧疾进、埋伏。午夜日寇冲进县城,发现是一座已有序撤退的空城,不敢逗留,放火焚烧民房后,与由立煌而来之敌合为一路,仓皇向商潢公路逃窜。

1月6日,日军沿商潢路逃窜,沿途受到第八十四军一七四师部队埋伏、追击,先头部队一直追到信阳城郊五里店。此次战斗中,日军在长冲口等战场和沿途来不及火化和搬运的遗尸伤员就达1000余人、具。

春,第八十四军收殓商城战役长冲口等战场牺牲者遗骸400余具,集葬于商城忠烈祠,勒石纪念。

7月,第八十四军军长莫树杰因受战区司令长官李品仙排挤,请假回广西,第八十四军军长职务由副军长张光纬代理(后接任军长)。

10月,莫树杰在重庆面见蒋介石述职后,回到广西柳州荣誉军人生产事务处(新兵编练处)任职。

10月5日,河南省立信阳师范商城分校爆发学潮,11日,县长带人镇压,发生枪杀学生鲍其福事件,学生纷纷跑到第八十四军军部请求主持正义。

10月底,第八十四军加强了对日伪的游击,先后对日伪军作战,取得了鸡公山、冷棚岗、朱堂店等战斗的胜利。

11月,第八十四军换防离开商城,商城防务由时驻六安第五十八军接防。

11月,第八十四军奉命派一七四师、一八九师各一部向兰溪、黄陂及长江北岸游击,以策应常德会战、袭击日军长江上运输船只。

12 月中旬,一八九师五七六团一部于黄陂方家潭伏击日军,毙敌85 人,俘 24 人。

民国三十三年(1944 年)

7 月,日军进攻衡阳。为配合第九战区湘南作战,第八十四军奉命攻袭当面日军防线,以牵制日军南调,第一八九师遂向广水、二郎店、杨家寨等地出击。

7 月 21 日晨,第一八九师第五六六团分两路向广水及双河店袭击,经两个小时激战,袭入广水北关,与日军展开巷战。

8 月 3 日夜,第一八九师第五六五团 300 余人身着白衣,分向曲陂顶和茅斯岭匍匐前进,接近日军地堡后突然发起攻击,日军仓促应战,其七五野炮等武器因距离太近失去作用,丧失了火力优势的日军迅速被打垮,仓皇向白祠堂主阵地逃去。五六五团遂使用刚缴来的七五野炮向白祠堂方向发炮,击中日军军火库,祠堂内伪军、警察、保安队、维持会等见大势已去,不愿为日军当替死鬼,纷纷缴械投降。

8 月,第一八九师在攻击日军据点的同时,派部队大量破坏了广水、二郎店、杨家寨附近的铁道、通讯及供电线路,使广水、二郎店日伪军疲于奔命、疲惫不堪。

民国三十四年(1945 年)

2 月,中国统帅部设立军事委员会长驻汉中行营,李宗仁升任汉中行营主任。汉中行营辖第一战区、第五战区和在大别山游击根据地所划设的第十战区。

3 月 22 日,豫西鄂北会战展开,日军分兵进袭南阳和老河口,中日主力随后在重阳店一带展开拉锯战。

4 月底,中国军队组织反攻,第八十四军等相继收复失地,双方基本恢复战前态势。此次会战,中国空军进行了有力的支援,取得显著战果。

7 月 26 日,中、美、英三国发表《促令日本无条件投降之波茨坦公告》。

8 月 15 日,日本政府正式向全国广播天皇投降诏书,宣布日本无条件投降。中国战区遂划分为 16 个受降区(境外 1 个),接受日军投降。其中,第五战区刘峙负责郑州、开封、新乡、南阳、襄樊等地;第十战区李品仙负责徐州、安庆、蚌埠、海州等地。

9 月 2 日,日本外相重光葵和参谋长梅津美治郎,在东京湾密苏里号美舰上向同盟国代表正式签署无条件投降书。国民政府定 9 月 3 日为胜利日。

9 月 9 日 9 时,侵华日军最高指挥官中国派遣军总司令冈村宁次陆军大将在南京中央陆军军官学校大礼堂向中国政府代表陆军总司令何应钦签署了无条件投降书,投降总人数 1283249 人。

9 月 18 日,刘峙作为第五战区受降主官在漯河接受日军 2971 部队司令官鹰森孝与 31560 名日军无条件投降,受降会场设在省立郾中(今漯河二中西院)。

9 月 24 日,第十战区司令长官李品仙在蚌埠伪安徽省政府办公地(今国富街旁的一个停车场)接受日军第六军军长十川次郎和 68234 名日军无条件投降。

是年,国共谈判和平建国、整编裁撤军队,全国陆军由 120 个军编为 91 个军,陆军第八十四军番号撤销。

将领回忆

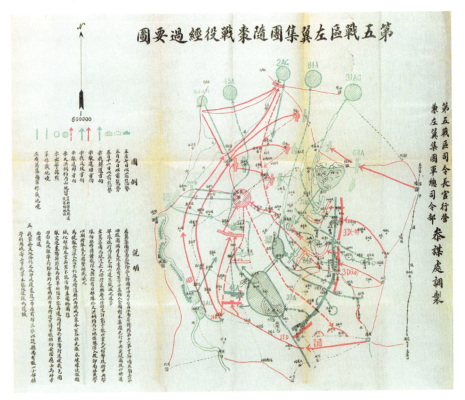

1939年5月,第五战区左翼集团随枣战役经过要图

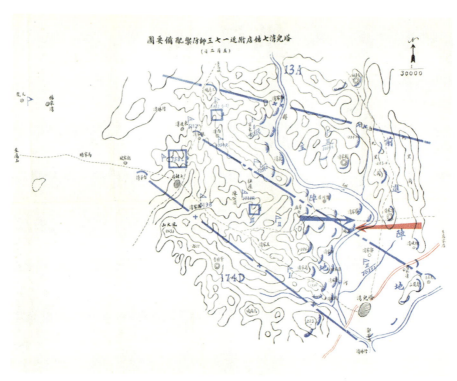

1939年5月,第八十四军一七三师塔儿湾防御图

一、黄广会战概况

凌压西

黄(梅)广(济)会战,是抗战初期第五战区较大规模战役。第五战区司令长官部(白崇禧代李宗仁指挥作战)设在麻城宋埠,前敌指挥部(李品仙以第十一集团军总司令兼前敌指挥官)设在浠水,战场第一线包括黄梅、广济大部和宿松的一部分地区。

1938年7月下旬,日军由南浔铁路窜至九江,我军开始调动部队,至会战结束,前后达一个多月。参战部队计有广西的第七军(军长张淦)的第一七一师、第一七二师两个师;第三十一军(军长韦云淞)的第一三五师、第一三一师、第一三八师三个师;第四十八军(军长廖磊兼)的第一七三师、第一七四师、第一七六师,以及第八十四军的第一八八师、第一八九师两个师;还有四川杨森部队和守备田家镇要塞的山东李延年部队。日军第六师团步、骑、炮、工、辎和飞机、坦克、兵舰等各兵种齐全,装备精良。笔者当时任第八十四军第一八九师师长,在这一次会战中,只负一部分指挥责任,对其他参战部队,尤其是四川、山东友军的番号兵力和全盘的战斗情况,不完全了解。黄广会战是第八十四军成立后第一次参加的战役,因此,我从该军的组成和参战前的活动、会战的概况和第八十四军作战经过,凭回忆叙述如下。

第八十四军的组成

第八十四军是抗日战争爆发后新组成的部队。1938年春夏间,原驻广西南宁、永淳(现属横县峦城区)、横县、贵县等地区的几个独立团(原属各团管区的民团部队改编)先后编为第一八八师、第一八九师两个师。初未设旅,每师只辖3个团。除两个师部系新成立外,各团、营只加上一个新的番号,官兵均未变动。第一八八师师部的主要军官整个由陆军军官学校第六分校的教职员调充,师长刘任原任第六分校的步兵科长兼战术教官,副师长刘建常原任第六分校的战术教官。该师所辖第一一〇一团,团长杨露;第一一〇二团,团长黄敬修;第一一〇三团,团长梁津。第一八九师师部的主要军官是由前线和后方凑集起来的,师长凌压西,原是第一七六师副师长,由安徽前线调回升充的,副师长黄琪,参谋长江光勋,由后方民团指挥部调来。该师所辖第一一〇五团,团长谢振东;第一一〇六团,团长黄伯铭;第一一〇七团,团长白勉初。

会战前的动态

第一八八师、一八九师两个师组成后,军部尚未设立,暂归第十六集团军总司令夏威指挥,协助钦廉防线的守备任务。第一八九师于1938年7月初首先奉命由横县驻地取道粤汉铁路开武昌转大冶,防堵由浙赣路北犯之敌,巩固武汉外围。黄广会战前夕,始由黄石港渡江经武穴登岸集结于广济县城附近,听候战斗部署。第一八八师亦由广西经武汉直达广济。两个师会合后,第八十四军军部始正式宣布成立,同时发表覃连芳为军长,徐文明为副军长,钟纪为参谋长。

军部成立时,白崇禧以军事委员会副参谋总长代五战区长官身份由宋埠赶来,集合军部和各师的主要军官训话,大意是说第八十四军是新成立的部队,初次参加抗战,要军长、副军长、参谋长和师长等,多对官兵讲话,阐述抗日战争的重要意义,鼓励士气。训话后,要正、副军长(覃连芳军长未到)和师长到他的临时办公室谈话,他对第一八八师的人事调配恰当,大加赞赏;对第一八九师的人事调配表示很不满意,并批评夏威(两个师部都是夏威在后方主持组成的),在人事安排上,缺乏精细考虑。他说:"黄琪副师长只能在后方训练民团,江光勋参谋长只适合于坐办公室,都不能在战场上作战。"当即由他直接命令,把黄琪、江光勋仍调回后方另行安置,并以他的随从人员李宝琏(日本步兵学校出身)接替第一八九师参谋长,副师长则暂缺。直至黄广会战结束转进到随县,第一八九师扩编为两旅四团制时,才以李宝琏升充副师长兼旅长。

战斗部署和占领阵地

7月下旬,据报由南浔路北犯之日军,已有一部在九江开始渡江侵入小池口。第八十四军即奉令与参战各友军进行战斗部署。第一八九师开赴黄梅,以县城为据点,堵击由小池口来犯之敌。第一八八师除留一团为军的总预备队外,其余两团协同友军固守广济县城(今梅川)。军部位于广济北面一个村庄里。嗣后军部感到黄梅县城四面开阔平坦,并无依托,而且城墙又不甚坚固,易为敌人包围冲破,遂令第一八九师转到大洋庙山口(黄梅城北边约5华里)一带,以黄梅城沿黄广公路各要点为前进阵地。第一八八师亦转移到大河铺附近,左与第一八九师左翼衔接,沿黄广公路左侧高地占领阵地。其余各军部队由梅川至武穴为第一线,由梅川至田家镇为第二线,四川部队则自大洋庙山口第一八九师左翼起至宿松一带占领阵地。布置确定后,各师即开始进入阵地。第一八八师除仍照前令留一团为军的总预备队外,其余两团均作一线展开,并无纵深配备。第一八九师因地属要冲,正面过大,三个团均使用于前进阵地和主阵地上。各部队一到指定阵地即迅速构筑工事。按战争性质,这一次的会战我们是内线作战(即巩固武汉外围的守备战),本来阵地工事愈强固愈好,但因无工兵配属,步兵随带的作业工具又缺少而细小,工作进度非常缓慢,所以正在初步完成未及加强的时候,日军即已接近。

会战开始和战斗经过

7月底的一天早上,由小池口来犯之日军已窜至黄梅附近,当即与我第一八九师前进阵地的守兵发生战斗,揭开了黄广会战的序幕。因我前进阵地四面平坦,全无依托,随处都有被敌突破的可能,故我军经过一昼夜激战后,于8月2日拂晓前由右翼撤回主阵地。当前进阵地的部队撤回,日军进占黄梅城后,战斗情况稍微和缓。我军既未出击,日军亦不进攻。每天只有一些敌骑和敌机在我阵地前面搜索和侦察。对敌骑和敌机,我军轻、重机关枪和迫击炮不时发射。晚上我军抓紧时间修整工事,并派出战斗侦探,向黄梅城郊日军阵地及其后方搜索。

这种状态延续了四五天之后,敌人步、骑、炮兵在飞机掩护下,集中全力向第八十四军第一八九师守备之大洋庙山口阵地大举进攻,先以炮兵和飞机向我阵地前后方猛烈轰击,继以骑兵领先冲锋,战况十分激烈。幸我阵地已修筑相当坚固,火网组织极为稠密,虽无空军和炮兵(开战三四天后始由后方调来七五山炮三门)协助,但阵地前地势开阔平坦,迫击炮和重机枪都能发挥很大效力,士兵的战斗意志相当旺盛,所以日军在开始总攻的第一天,就有许多日军被我步兵机枪交叉火网射杀于阵前堑壕附近。我阵地内的官兵,被敌飞机和大炮轰击,伤亡亦达40余人,阵地却丝毫没有动摇。

敌人为避免我阵地稠密火网的损害,即利用黑夜向我阵地左翼据点前线的小高地袭击,来势极为凶猛,激战终夜,枪声、手榴弹声和敌我肉搏的叫喊声(因黑夜混战,难分敌我,短兵相接时必须大声喊"杀"、喊"冲",来识别敌我,以免杀着自己的战友)不绝于耳。在这一夜的争夺战中,小高地虽曾两失两得,官兵伤亡也相当大,但拂晓前仍将敌击退。这一据点是我阵地关键部分,它的得失与整个战线的胜败有绝大的关系,成为敌我必争的要点。在地形上,它是纵贯我阵地前后方较高山脉的前缘,如果它一失陷,日军就可以沿着山脊直趋我后方,左可席卷我川军大部分阵线,右可瞰射我大洋庙山口阵地里的全部战壕,使我守军无法立足。可见日军在总攻前已从地空侦察清楚,认定它是攻击重点。幸我军在占领阵地时,亦已看到它的重要性,特别是由这个小高地的山麓至据点的顶界线,多筑了几道战壕,准备节节抗拒,确保这一据点。我守备部队的主力亦多控制于这一方面,一遇战况紧张,各级指挥人员都经常到这一地区督战。所以在开战后,一连四个昼夜,日军集中全力,使尽各个兵种,企图夺取这一据点,都未得逞。甚至在开战后的第五个晚上,守备在大洋庙山口田地里的第一八九师第一一〇六团团长黄伯铭,由于几天来被日军飞机大炮的轰炸吓破了胆,连夜将全团部队撤离战线,躲到山沟里,自晚上12时至次日拂晓,该团守备的战壕里空无一人,而日军仍不敢突进,他们害怕突进后,会被我据点上的火力封锁,受到退不出去的危险。这说明了该据点对整个战线的重要性。

但是，敌人仍不死心，他们利用飞机和远射程大炮的优越火力，连续向这一据点轰击，至第六日竟将我据点前缘和山腹两道战壕炸为平地，我军伤亡很大，不得已转守据点上顶界线的最后一道战壕。山脚和山腹两线的地区，还是处在我顶界线上的火力瞰射下，敌仍不敢冒险上冲。他们利用烟幕掩护，企图以骑兵快速冲入我阵地。我守兵即以轻、重机关枪对准烟幕，准备好大量手榴弹，在日军未露出烟幕前绝不射击，待其一出烟幕，即以密集火力猛烈轰击，把敌人打得人翻马仰，使他们不敢再向这一地区进攻。此后，第一八九师整个守备地区的战况趋于平静，阵地保持到会战结束，守兵才奉令撤离。

开战几天后，敌人感到大洋庙阵地不易攻破，遂将主力转移到大河铺方面，向第八十四军右守备区第一八八师阵地发动攻击。同时，敌由长江下游乘舰而来，先后在武穴和田家镇登岸，与我友军激战，因而大洋庙正面的战斗渐趋和缓。我第一八八师经过两昼夜的战斗后，坚持不住，被敌中间突破，我军总预备队赶去增援，亦不能阻止敌人的突进，守备部队被截为两段。刘任师长来不及报告军部，即仓皇率右翼之一部向后方撤退，该师的散兵涌进军部附近时，覃连芳军长始发觉第一八八师已全线溃退，而且刘师长已撤至军部后面。覃连芳气得暴跳如雷，大声喊杀，旋即打电话命令第一八九师撤离阵地，转进到浠水集中，并令凌压西师长把扣留在师部的逃避战斗、率队擅离战线的第一一〇六团团长黄伯铭，就地执行枪决，不必再解军部。覃连芳当时还说黄伯铭固应处死，刘任亦应严办。但是，黄伯铭的处死是执行了，而刘任的严办却不是覃连芳的权限。

事后，白崇禧将第一八八师的残余士兵调拨充实第一八九师，军官遣回广西重新组训部队，刘任师长和刘建常副师长调军训部另有任用。这就算是对未经奉令即擅自脱离战线的师长的处分，这不能不说是白崇禧的偏袒，所以当时全军上下，多啧有烦言。

黄广会战，自第八十四军第一八九师在黄梅前线与敌接触时起，至田家镇失陷和镇北六二五高地得而复失，全线溃退时止，前后约半个多月的时间。战况最惨烈的要算大王(洋)庙、田家镇和六二五高地的争夺战。大洋庙战线自敌军开始总攻后,即连续进行了六昼夜的激战,除激战外,每天还有间歇性的攻守战,敌我兵力和弹药的损耗都很大。因阵地形势有利于守备方面,所以敌人的损耗比我更大。

田家镇陷落

田家镇的战况,据回忆,日军的兵舰开抵田家镇下游江面时(此时武穴已失陷),即以舰上的大炮掩护其攻击部队登陆,会同武穴窜来之敌,向田家镇街市攻击。激战经旬,日军侵入镇内,与我守备该镇的李延年部进行巷战,终因敌人武器优越,攻势凶猛,我军被迫退至该镇北之六二五高地布阵抵抗。继而高地失陷,我第四十八军一度克复,又经苦战后,终于在 9 月 29 日落入敌手。第八十四军左翼的川军方面,敌人曾采取佯攻牵制,全战役中并未发生激烈战斗。

概括说来,黄广会战不仅是黄梅、广济地区的战役,也是保卫武汉的第一线决战。这一战役的胜败,对保卫大武汉有直接的重大影响。会战酝酿了一个多月,调动了川、鲁、桂三省五六个军的部队。因战线过长,随处都感到兵力单薄,加之指挥不统一(因番号与组织系统不同),不能互相支援,敌人打到哪里,就由哪里的守备部队抵抗,战斗力强的支撑得久一些,战斗力薄弱的就很容易被敌打垮。所以,该地守军多被日军各个击破,结果全线崩溃,参战各军分向鄂北、豫南、安徽、大别山等方面转进。

(本文作者时任第八十四军第一八九师师长)

二、广济战役

梁　津

1937年冬，第四兵团总部调我任第一一〇三团上校团长，驻防郁林、博白两县间。1938年初夏，第一八八师师部成立，我团归入该师建制。不久奉命出发，经梧州转粤汉路北上至武昌，参加武汉会战。我团在广州黄沙车站登车时，曾遭到敌机12架前来轰炸，时值端午后二日的下午，部队已事先闻警疏散，但车站附近民房被毁颇多。抵武昌后，第一八八师部队奉命乘船赴广济县城，归第八十四军军长覃连芳统辖。翌晨，我团奉命开赴城东南二十里处之李文山村。第二天发现，昨晚宿营之处，遭到敌机12架轰炸，毁民房半条街。

我军驻在广济、黄梅两县交界之处，与驻黄梅之敌约1500人相对峙。第八十四军军长覃连芳命第一八八师师长刘任，率部接替当地刘汝明部防线，准备向该敌进攻，并派凌压西师与之并肩作战。

第一八八师师长刘任系陆大出身，一向干教育工作，不敢接近前线，派副师长刘建常到前线指挥。而刘建常也是一向在军校干教育工作的，毫无作战经验。到前线后，对敌情毫不明了，与左翼友军凌压西部又缺乏联络，且不知其位置何在，却草率决定："明日拂晓攻击。"

第一一〇三团是最先来接刘汝明部防务的，驻在遏云寨村，已派出谍报员侦察敌情，但尚未回报。当时我对刘建常说："等我派出的谍报员回来，明悉敌军兵力配备之后，再与凌师确切联系，诸事妥当之后，再进攻未迟。"但他说："不行，军长已约定友军明日拂晓开始攻击。"

是晚，刘建常即命梁达升的第一一〇一团和李汉光的第一一〇二团展开于魏家凉亭、陈家棚之间，准备攻击，而留第一一〇三团于遏云寨,作总预备队。但炮兵第五团则被放置于遏云寨西南方数里外的原驻地,不给予任何任务,也不指示他射击目标。

天晓后,进攻的两团,被阻于敌阵地前的铁丝网下,敌人凭其阵地内的工事加以还击。敌马尾山下的炮兵,集中火力作阻隔射击,以制止我军后退,并隔绝后备部队的增援。进攻的两团遂陷于进退维谷的困难境地。敌人复由长江南岸的富池口派出骑兵百余,向北直驰,企图袭击李汉光团的右翼。我事先由总预备队派出姓韩的营附一员,率兵两连并配备有重机枪两挺,警戒掩护李团的右后侧,伏藏于田塍边的干沟内,当遥见南面远处尘烟扬起之时,即做射击准备。敌骑兵驰进我有效射界内,即出其不意作急剧的射击,毙敌人马30余,敌人纷纷卧倒还击。李团右翼乃得迅速转移正面,加以夹击。敌骑见目的不达,且两面挨打,弹药不济,乃急速向南撤退。但此次进攻,我军损失也很大。李团损失兵力一营以上,梁达升团也牺牲两连多人,陈尸于敌人铁丝网下,未能运回收殓。

翌日午后,区寿年的第一七六师前来接防,第一八八师则后撤至金家寨一带,做总预备队。接着,区寿年师布置进攻,被阻于龙头寨和塔儿湾之间,其一部又被敌包围于双城驷附近。区寿年打电话向刘建常求援,刘即亲率梁达升、李汉光两个团,分别占领彭家坳两侧的四座石山,命李汉光于当晚率兵一营向双城驷出击,结果陷于敌人重围之中,全营覆没。李汉光仅带领8名士兵逃回。

次日,敌机3架飞来,盘旋于彭家坳上空,施放烟雾作记号,指示敌炮兵以射击目标。敌人炮弹即随之纷纷落下。我防守在山上的两团多官兵,目标显露,死伤很重。

当刘建常命梁达升、李汉光两团占领彭家地两旁四座石山时,置我团于山脚下做预备队。其指挥所则设在最右一出之山脚下,既不能展望敌情,也不能窥视前线。嗣复命我派出两营,分别插在梁、李两团之间,而归他们指挥。当时我曾对刘建常说:"四座石山,有三个鞍部,我军应守鞍部而不应据山巅,有一两个营的兵力就可防备有余，无须多用兵力。山上死角太大，对敌又不能射击，倘敌由鞍部冲进，何以御之？且山上尽是顽石，不能施工筑壕，又凌峻逼窄，使部队骈足拥挤其上，则目标暴露，易遭敌人射击轰炸。我团的两营可否无须派出？"刘说："我的布置已经决定，速派你的两营前来。"我只得遵令派出。当部队刚刚下山，刘就跑来大叫退走。我乃问他："如果我们走了，难道前线的官兵都不要了吗？"

我将留下的第三营营长陆松溪余部，使其占领收容阵地，将机关枪连置于两翼，迫击炮连置于其阵地中。并派出传令兵3名。这时得知李汉光团由千里铺退出，梁达升团由鹅公垴山麓下的梅家淌退出，我所派出的两个营，则径向后湖寨山下的预备队位置退回，转进的目标地是荆竹铺。

清查人数时，我派出的两个营，仅剩第一营营长李升和一姓卢的连长及士兵80余名。第二营营长张汉枢不知去向，其余尽皆牺牲。以全师三个步兵团计算，数日来共损失三分之二以上，负伤官兵运回200余人，死者不及掩埋。

当晚8时，我率部退至彭家湾时，张淦率第七军来增援。我退至荆竹铺后，团部驻在余家冲，整编剩余的官兵。除团部直辖的机关枪连和迫击炮连无损失外；三营缩编后，仅得五个连。当时日军已由金家寨千氏村迂回绕道袭占广济县城。第一八八师存放在某庙中的百数十万弹药和其他军用品，尽告损失。是晚，我即命第三营营长陆松溪率部去破坏荆竹铺公路上的桥梁，以断绝日军广济、黄梅之间的交通，并派机关枪连和迫击炮连掩护。

次日天明后，日军在黄梅的部队连续开来广济，到荆竹铺后，见桥梁已毁，正在犹豫间，遭到我伏兵之突然袭击，敌死伤数十人。其由广济转回黄梅的运输车，到此也被击毁数辆，死伤驾驶员及辎重兵10余人，敌乃散开向我还击，并由黄梅、广济调来炮兵向我左右夹击。我团兵力太少，遂利用山麓下的低洼溪流间和复杂的地障，顽强抵抗，逐步撤退。但第三营营长陆松溪，因掩护其全营的官兵安全撤退,最后被敌炮弹破片所伤,跌倒于溪水之中而阵亡。

这时,日军一部,由皖北循淮河而上,沿大别山之北,经信阳武胜关折而南下,企图据平汉线的南段,欲断我鄂东抗战部队的后路。我鄂东部队遂奉命向西转移,越过平汉路撤退。

(本文作者时任第八十四军第一八八师第一一〇三团团长)

翻越铁丝网的桂军

三、蒙城血战

凌云上

1938年春,侵华日军向我山东台儿庄进攻,迭次失利,为了速战速决,乃以重兵向安徽之砀山急进,企图截断我徐州后方主要交通线陇海铁路,形成大包围态势,给我主战场以严重威胁,遂从南京方面抽调兵力2万余人,以敌之第十三师团(荻洲师团)为主力,配合各兵种,沿津浦铁路南段,陆续向蚌埠集结。于5月7日由蚌埠向怀远县城进攻。我防守怀远的第七军部队,给敌以激烈抗击后,于10日经蒙城向西转进。敌即以主力并配合机械化部队,沿涡河南岸之淮蒙公路,向蒙城急进。另一部则由涡河北岸大道向西急进。5月11日下午1时,先头部队到达蒙城东郊,时近下午3时许,即向蒙城包围攻击。

我第二十一集团军第四十八军之第一七三师第一〇三三团原在田家庵以东之洛河附近与敌对峙,于5月8日奉令固守蒙城,由副师长周元率领,即日向蒙城开拔,到凤台南岸渡过淮河,沿蒙凤公路前进,是晚在新集附近宿营,9日晨向目的地续进。原拟赶到蒙城布防,因部队通过大兴集以后,敌机在我上空不断扫射轰炸,妨碍我之行动,下午4时以后又遇倾盆大雨,道路泥泞,行进异常缓慢,人困马乏,夜晚,不得已即在楚村铺附近宿营。10日拂晓始继续北进,于上午11时许全部到达蒙城。我当即率领各主要干部侦察地形,以决定兵力部署。蒙城地形易攻难守,县城狭小,城墙单薄,且大部是土墙,倘容纳过多的兵力,则易招致炮火损伤。东郊附近有小村庄数个,村缘树林浓密,勉强可作防御阵地。城北城西的郊外,地势平坦,村庄离城较远,守城较为有利。北面城垣脚下,有涡河东流,不能徒涉,顾虑较少。乃决定以第三营(营长兰权)的主力,在东门外附近各村庄占领阵地，其一部占领东门内大街两侧街市，并构筑街市的巷战工事；以第一营（营长贾俊优）主力占领南门外小街市及南门城顶；西城郊外地形平坦，村庄离城数里，敌人接近较难，由该营酌派少数兵力防守及构筑城上工事，其余在南门内占领阵地并构筑巷战工事；第二营（营长李国文）以一连占领北城外的河边街及西北角之小北门，向涡河北岸严密警戒，并防止敌人渡河，其主力为团预备队，控制于北城内，并构筑十字街西北各街市及北城的防御工事；以团搜索队（70 余人，配轻机枪二组，步枪兵 30 人，驳壳手枪兵 30 人，每个手枪兵配大刀一柄）在涡河北岸之全集与移村间活动，并向龙亢方面警戒。限令各部队占领阵地后，迅速完成立射散兵坑，如时间余裕，应继续加强工事。是日下午 3 时，我第七军防守怀远部队纷纷经过蒙城向西撤退，我当即命令各部队严加戒备，准备随时迎击进犯之敌。我团官兵于上海战役，曾经 20 余天的苦战，虽牺牲较重，仍能苦撑到底，此次守备蒙城，个个斗志昂扬，誓与蒙城共存亡，以发扬过去光荣战绩。副师长周元勇敢沉着善战，因身体有病，此次行军疲劳过度，病又加重，自到蒙城后，一切防务计划部署，均交我个人完全负责。

11 日 10 时许，敌之骑兵百余，越过河溜集，向我搜索前进，其后续部队，亦向我急进。敌机三架，在上空来回低空飞行，掩护其部队前进。

下午 3 时许，涡河北岸敌骑兵一百四五十名，到达移村附近。我搜索队李队长，令各士兵在大道两侧麦地隐伏，待敌到最近距离即猛烈袭击。敌一时大乱，纷纷溃退，稍加整顿，又复向我冲来。我利用麦地为隐蔽，仍坚决抵抗。敌骑虽系装甲骑兵，因距离甚近，不能下马战斗，支持至黄昏时候，其后续步兵已到移村附近。此时我部仅伤亡五六人。敌被我部伤毙人、马 40 余。入夜后，我沿涡河北岸撤至小涧集，渡河归还蒙城。

是日下午 3 时许，东门外村庄附近我之守备部队，已与敌接触。敌骑兵约一个连分向阜阳及凤台方向进行搜索，其系留气球在东门外10余华里处升起，大量炮兵向东门外各小村庄附近我阵地猛烈射击，其步兵即向我阵地猛扑，被我官兵强烈抵抗，纷纷后退，黄昏时又复向我进攻，仍未得逞。入夜后敌大队兵力，由东南角附近村庄纷纷向南门方面移动，企图包围南门外小街市我之阵地。夜11时，东门及南门外，我守军均与敌发生夜战。是夜敌彻夜不断向我袭击，步、机枪声，手榴弹声，不绝于耳。我第一营占领城西涡河南岸各渡口之一个连，地形隐蔽。北岸之敌彻夜以轻重机枪扫射，施行威力搜索，企图南渡涡河，经我还击后，乃沿北岸进至小集附近，始偷渡南岸，再由西而东，向我占领各渡口部队攻击。每一据点，我均经过强烈反击，给敌以相当损耗后，始逐步向蒙城撤退。

12日晨，敌又升起系留气球，以大量炮兵，向我东门内外各阵地，进行极其猛烈的射击，炮弹不断落我阵地。敌机三四架又在我上空来回俯冲、轰炸扫射。上午10时左右，敌步兵在轻重机枪及步兵炮掩护下疯狂向我进攻。我东门外及南门外各阵地的守备部队，早有戒备，虽阵地工事遭受相当摧毁，但士气旺盛，顽强抵抗，给敌以严重打击。

下午1时许，敌大量炮兵在其系留气球指示下，向我东门外阵地及东门内街市猛烈射击，敌机三四架时时向我轰炸扫射。城内房屋，炸毁很多。炮火甫停，其坦克10余辆即向我阵地冲来，除部分薄弱的阵地被摧毁外，我大部阵地未被突破，敌之后随步兵，被我轻重机枪击退。东门外第三营自战斗开始至此时止，已伤亡约200人。我不得已将该营控制在东门城上的一个连调至东门外增援，另以第二营一个连接替所遗防务。战斗至下午6时止，我东门外阵地均被敌炮火粉碎，附近树木枝叶亦被炸光。守备部队伤亡惨重，残余部队不足两排，战斗力大为削弱，已无法继续苦撑，入夜后即撤回城内休整，不得已而将东门外阵地完全放弃。本日自晨至暮，敌炮火向我射击3000余发，摧毁房屋甚多。南门外小街市阵地，孤悬城外，三面受敌，被敌更番猛扑，经我苦战，支持至夜，亦撤入南门内。是夜蒙城城外各阵地,全陷敌手,我之防区大为缩小。

两日以来,浴血苦战,伤亡重大,头一天的负伤官兵,趁敌尚未合围以前,派队掩护出城,转送阜阳后方医院,以后伤员均收容在南门内各学校里,无法后送,时时遭受敌炮及敌飞机威胁;又因药品缺乏,医务人员过少,治疗护理不周,辗转呻吟,惨不忍闻,除于精神上给予安慰外,余无他法。

下午6时,将经过战况电报师部后,于夜11时接贺师长来电,谓解围部队已在出发途中,务须固守待援等语。

是夜因我部队撤回城内,敌得以迫近城垣,以机枪扫射城顶,屡次向我夜袭,企图爬城,因我防守严密,迭次反击,未遂。支持至次日天明后,发现城外附近遗弃许多爬城工具如木梯、木条板块等物,因此判知敌之急于攻城。

13日拂晓后的战斗,其剧烈残酷,为我所从未经历过。敌之轻重各种炮兵,因我撤离城外后,得以推进至离城最近距离,对我城防工事,可以直接瞄准。我防守部队,不但没有炮兵来还击敌炮,仅有的步兵炮4门,弹药也已用完,使敌得以毫无顾忌地向我猛烈射击。自上午7时起,敌人各种火炮在其气球指示下,对我猛烈射击,城顶及城内,弹如雨点,尤其东城的南端,更为激烈,炮声隆隆,震耳欲聋,硝烟尘土,弥漫空际,呼吸也觉困难,阵地守军,即不受伤,也被炮声震荡得如无知觉一样。炮声一停,敌步兵乘机冲至城边,纷纷搭板架梯,向东城城顶及东城南端缺口爬入城内,战况极端危急,我即刻率领第二营营副李如春及该营之两个连,从东门街两侧房屋小巷向敌之翼侧进行逆袭,敌因初入城内,地形不熟,队势纷乱,立足未稳,被我步、机枪及手榴弹等猛烈袭击,益形混乱,死伤累累,无法抵抗,溃退出城。正当敌人在城东南角缺口溃退拥挤不堪时,适东街口我重机枪班士兵,被敌炮弹全数炸毙,该枪无人使用,我乃亲自使用此枪向该溃退敌人连续扫射,我士兵乘机向敌冲杀,当即将阵地完全恢复。于是立即修复被毁的工事,堵塞缺口。在此一战斗中,计虏获敌重机枪一挺、轻机枪四挺、步枪五六十支,俘敌兵 10 余名。我二营营副李如春及排长四人壮烈牺牲,士兵亦伤亡逾百。我团自战斗开始至此,轻重伤员已 500 余人,均收容于南门街内的学校及宽大民房内,无法后送,又无掩蔽部的安全掩护,负伤后复被敌机敌炮杀伤炸毙,惨不忍睹!战斗至此,全团战斗力量大为削减,防务处处薄弱。各官兵仍能鼓其余勇,继续艰苦支持,给敌以有力打击。

约 10 时许,敌人各种大小炮,又复开始激烈射击,仅一个多小时,向我城上城内发射千余发之多,敌飞机亦时向我轰炸扫射,除北门外有涡河作天然屏障,无敌兵攻击外,其余东、南、西三面均又发生激烈战斗。尤以东南两方面最为激烈,将近正午,敌于东南面大量施放烟幕弹,掩护其步兵向东城南城两方面的城下冲来,其坦克 3 辆,每辆装载工兵四五名,直向城门冲来,到达东门口时,其工兵纷纷下车,将我城门洞的各种防御工事拆毁,经我城楼上守兵以手榴弹向城门洞猛投,敌工兵伤亡殆尽,我立即将城门工事修复。但敌又复以伴随步兵之钢炮向城门洞工事连续射击,沙包、城门板、铁丝网、石条等,均被打得崩溃粉碎,城门立即洞穿。城楼上守兵被敌炮弹杀伤殆尽。敌此次进攻,非常激烈,尤以东城方面更甚。城上守兵,伤亡特重。敌炮延伸射程,构成浓密弹幕,将我前后方隔断,增援部队几次不能通过。城上残余守兵,已不能再予支持。大队敌兵,得以越过东门城壕,爬上城顶,并由东门及东南角缺口,侵入城内。东门内百余公尺地区均陷敌手。我又率特务排及搜索队,由东大街北侧,又令第三营残余兵力约两个排,由东大街南侧,同时向侵入之敌逆袭,因敌占据家屋顽抗,逆袭未能奏功。敌后续部队继续涌入城内,我乃占领预先做好的逐屋战斗的工事,继续抵抗,彼此处于相持状态,但战局至此,已趋严重阶段,第三营营长兰权于此次逆袭战斗中,不幸中弹壮烈牺牲,其余官兵亦伤亡甚重。这时,南门及其两侧的战斗又趋激烈,我又赶到南门,见敌之小炮弹及掷弹筒弹,不断落在城顶及城内,其轻重机枪亦向城上连续猛烈扫射,敌步兵纷纷将木条及门板等搬到城壕附近,准备登城。我守备该方面之第一营之一个连,新兵占2/3,尚未经过战斗,此次守城战斗两昼夜,已伤亡1/2。见敌如此猛烈攻击,已呈动摇,情况危急,我亲率手枪兵10余人,冲上城头,向敌急袭,并大呼:"跟我冲上!"各班长也大喊道:"团长已先到城上,大家不要怕,快退城顶去!"于是,各士兵都纷纷登城,以手榴弹、步机枪猛烈袭击。敌阵顿形混乱,逃的逃、死的死、伤的伤,我阵地立趋稳定。我即返指挥所,电话查询各部队尚存弹药多少。据各部队报告:步枪每支仅有弹药20余发,重机枪弹尚存百余发,轻机枪弹五六十发,手榴弹每班尚有四五颗。看来人员伤亡重大,医药用罄,弹药缺乏,又无他法补给,东城已被敌人突破,冲入城内,尚未驱逐出去,情形极为危急。

我将目前战况电报师长,拟稿完毕,正在翻译电码中,而东门内战况,又已告急!我又即刻前往视察。刚到市中心之十字街,见我所占领东门内的房屋,被敌炮不断轰击,弹如雨点,被毁房屋无算。敌战车五辆直向东大街冲向我方,其先头战车,将我东大街防御工事重加摧毁,伴随步兵纷纷潜入两侧房屋,将我防守部队前后隔断。我即调第一营步兵两班,固守十字街,拒敌前进。东大街之敌已不能前进,我再由小巷往北城垣下,找第二营营长李国文。他正率领残存兵力,坚决抵抗,不时出入枪林弹雨下,不幸中弹阵亡。重要干部,又损一员。东门内街市家屋,虽被敌分割成为三片,联络断绝;士兵仍能逐屋抵抗,各自为战。我对该方面部队进行鼓励后,即返小北门街指挥所,电话询第一营营长贾俊优,欲了解该营战况。因电话线被敌切断,不能联系,后了解:该营防区战况非常激烈,谢团长奋不顾身,率队向冲入南门之敌猛击,不幸中弹壮烈牺牲。战局至此,主要干部,牺牲殆尽。弹药缺乏,部队伤亡惨重,兵员过少,顾此失彼。市中心的十字街口阵地,被敌突破后,继续向西扩展,并向各小巷渗入,将蒙城全市分割为几个片段,使我联络断绝,指挥困难,战局进入极端恶劣阶段。

下午1时许,敌战车四五辆,又载运步兵越过市中心,向小北门街道冲来，距我指挥所20余间铺户的距离，以机枪向街上不断射击，当时团已无预备队控制，仅有警卫指挥所的特务排30余人，即刻占领附近街道上沙包做的防御工事，拒止敌战车前进，但因无手榴弹，只以步枪机枪击敌战车，效果不大。战车上敌步兵纷纷跃下，占领街道两侧铺户，洞穿墙壁，逐屋将手榴弹投过我方，步步紧迫，缩小包围圈。我所占领地区面积，不过百余平方公尺。周元副师长处，亦断绝联络，无从请示机宜。当此千钧一发的时候，考虑再三，下定决心，冲出重围，重整旗鼓，再图报国。若突围而牺牲，死亦光荣。只有这条道路可走，不容稍事迟疑。当时南面城门内外均被敌占领，不能通过；西面则城外也有敌占领，突围不易成功；由北面突围，则涡河水深，不能徒涉，突围亦不可能；只有北门外河边街的东端街口，尚在控制之中，但街口外四五百公尺处，有敌轻重机枪正对我街口警戒。判断东门外敌之大队步兵，已侵入城内，其后方除炮兵外，其他的兵力想必较为薄弱，倘能将河边街口外之小村落取下，则突围较易成功。此时小北门西侧的防御工事，已被敌小钢炮击毁，敌我双方均用手榴弹互投，即将进行白刃战。我率同少校团附罗光炎，由指挥所后门到小北门附近，侦察敌情及突围路线，适遇周元副师长率卫士两名，打穿他的指挥所后墙，到小北门附近城上之小宝塔脚，视察地形及战况，我即将城内战斗恶劣情形及突围意图向他作了简要的报告。他非常同意我的意见，并促我即刻行动。我即传知小北门街附近的部队，以极少数兵力在原阵地阻止敌前进，其余兵力，立即集结于小北门外河边街，听候指挥行动。兵力集结完毕后，由周副师长和我一同带到河边街东端街口，共有步枪兵40余人、驳壳手枪兵约30人。正在下达突围命令时，城头上敌人向我集结部队射击，我们的部队散开，由手枪兵为第一线，步枪兵为第二线，利用秀茂麦地作隐蔽，爬行、跃进并用，迅速向街口东面的小村庄接近。该村庄约有敌重机枪一挺、轻机枪两挺、步枪兵30余名。前进至手枪有效射程时，步枪兵上好刺刀，迅速加入第一线，与手枪兵于最短时间，用最猛烈的火力，一齐冲入敌阵。在我们冲出街口 200 余公尺时，当面与右侧之敌，以及后方城头顶之敌，均同时向我猛烈射击，我高呼："前进就是生路，后退及迟疑是死路！"各官兵益加果敢奋勇，向前猛冲。一刹那间，即到达距敌五六十公尺的地线，我步枪、手枪手一齐冲入敌阵。敌军死伤过半，其余的四散逃命，我们完全占领了这个小村落，计虏获重机枪一挺、轻机枪二挺、步枪十余支，因为需继续进行第二次的突围，情况急迫，我们即将虏获武器，当场尽数破坏后，又复继续前进。

在攻击这个小村落的战斗中，我突围部队，也伤亡 30 余人，余下的尚有 40 人。我的图囊及衣袖均被敌枪弹贯穿，幸身未受伤。周元副师长在突围到达东门外飞机场东北角附近，于混战中饮弹牺牲，由于战斗急迫，无法将尸体抢运，极为遗憾，忠勇将领又少一个！

蒙城东门外，村庄稠密，许多村庄驻有或多或少的敌兵，以靠近蒙城的村庄驻敌较多。当我们前进时，敌气球对我不断监视侦察，对我的行动，极端不利。我部队经过地点，发现敌电话线，一概加以破坏，使其指挥联络失灵。在我们进出离蒙城东门约两公里许的地区，南、北两侧的村庄内敌军向我猛烈夹击，在极短时间内，又伤亡 10 余人。我戴的钢盔也被弹贯穿，震动激烈，几至昏倒。稍息片刻，即已恢复常态，又复指挥部队，继续前进。突围前进约 5 公里，才没有敌人向我们射击，我们以为从此稍可安全了，不意又发现敌骑兵在前方约 1000 公尺处的村边活动。当时我部队已极度疲劳，行动困难，遇此火力强大的敌骑，应付极感棘手，处置又不许迟疑。为了避开敌骑注意，减小目标，乃将部队化整为零，加以疏散，并指定东南方约 900 公尺处附近为集合点，极力利用沟渠和麦苗作掩蔽，向目的地前进。当我们安全到达集合地点时，检查人数，只剩军官 3 人、士兵 13 人。突围开始，共有官兵 70 余人，伤亡之惨重，实所罕见。我们稍事休息，又再向南前进，到达楚村铺时，已非战时状态，地方秩序已经恢复。我们经数昼夜战斗，突围 10 余里，已感非常疲劳，不能继续行动，即在此地住宿，以资休养。

次日（15 日）到达凤台县城，即在此从事收容，适第二十集团军荣誉团在此担任警戒，蒙该团团长叶浩森派干部在附近各要道代为收容残余官兵，以后有少数官兵陆续归队。

收容数日后，部队即开赴田家庵，归还师建制，从事整理。计前后收容官兵共 400 余人，这些归队官兵，内有部分是 12 日黄昏前，突破我东门外阵地时，不能返回城内，被敌冲散的。其余大都是蒙城沦陷时，各自突围冲出，或散匿民房，夜深乘敌戒备疏忽，潜越城墙跑出的。此等官兵，身历艰危，排除万难而归来。归队官兵，共带回武器计有轻机枪 7 挺、步枪 60 余支、手枪 20 余支。即将所有人枪，编为两个步兵连及两个步兵排，组成团本部。一部分人员从速办理慰劳伤病、赶办抚恤、补充装备、休整部队等事宜。

全团经 3 昼夜之激烈战斗，计前后负伤官兵共 800 人，内百余人是战斗第一天负伤的，因城之西面尚无敌人包围，经派队护运，由小北门运送阜阳后方医院留医。以后的 600 余人，于城陷时，有小部分轻伤者，散匿民房僻静处，在夜深乘敌防备松懈，潜越城墙偷出归队的，也有自行向各处后方医院报到留医的，人数无从查考。此外，卫生队、输送连、通信排及步兵炮连的弹药队，共约 300 人，系非战斗员，概被日军强迫运送物资及伤病员往蚌埠后，未知下落。重伤官兵及已无战斗力的官兵，于城陷后，敌兽性大发，以惨无人道的残忍手段，用铁丝及绳索捆绑，推出城郊附近集体屠杀。此种惨绝人寰的暴行，言之发指！就义将士，浩气长存；血海深仇，神人共愤。

蒙城之役由于我团各将士，奋勇抵抗，坚持战斗，日军伤亡亦在不小。据调查所得，其伤亡数目，100 余名陆运怀远外，复强拉民船 30 余只，装运死伤敌军，驶往蚌埠，估计每船装 30 人，也有八九百之数，约计此役敌军死伤也不下千人以上。

日军退出蒙城后，地方各界团体人士，将我殉国将士忠骸捡收，埋葬城郊附近，命名为"抗日将士忠烈墓"。副师长周元将军则另立一墓，均勒碑纪念，以垂不朽，每年由地方各界，定期举行祭祀，以表敬仰。各地报纸,连日登载蒙城激战情形,各部队政工人员及救亡团体,将此役经过事迹,编剧表演,以励来兹。日方广播电台也承认他在此役已付出相当代价。我个人在此次战役后,得到国民政府林森主席颁发四等宝鼎勋章一枚及奖状一轴,第五战区李司令长官明令记大功一次,又奉第二十一集团军廖总司令的电令,略谓:"该团长于蒙城抗战已尽最大努力,应予传令嘉奖。"第一七三师贺维珍师长代电:"递转军政部令,晋升上校级。"

我团在田家庵将残存部队整顿一个短时期后,又开往寿县八山阻击敌之西进。后又转战六安附近,接到第二十一集团军廖总司令电令,略谓:"第一〇三三团蒙城抗战,牺牲重大,着由本部补充团拨归该团补缺额,以保存光荣番号。"我当即前往叶家集附近接收,由该补充团罗敏将人员、武器一概点交后,经短暂时间整顿,又开赴前线参加武汉外围战。

(本文作者时任第二十一集团军第四十八军第一七三师第一〇三三团团长。1938 年 10 月,一七三师整编入第八十四军)

四、第五战区左翼集团军随枣会战经过

李品仙

构成随枣会战之主因

日寇本其速战速决之迷梦,自据有武汉之后,复以威迫利诱之奸谋,意欲早日推破我国抗日主力军,以便实现其所谓"东亚新秩序""中日满协同体"。乃于本年春间,占据京钟之后,进兵江南,大举进犯南昌,并企图掠夺长沙,后因我各战区之猛烈出击,尤以江北我第五战区八十四军出击部队节节胜利。因之武汉大受威胁,岌岌乎其危。敌遂改变原定计划,停止江南之攻势,将华中主力集结,并由长江下游各地调集大军,分向孝感、安隆、应山、钟祥一带集中,欲先将我第五战区之主力军击破后,再转移兵力于他方面。我军窥知敌之企图,亦于随枣一带集结兵力,严阵以待,此会战之主因也。

随枣一般地形

大洪、桐柏两山系,为鄂北及豫鄂边境之两大战略要地。我据之可以威胁武汉,屏藩荆襄,巩固豫南,诚攻守必争之要地。襄花公路,为大洪、桐柏两山系间东西交通要道。东通武汉,西达汉中,亦横贯华中之东西主干道路也。襄樊为鄂北之重镇,随枣两县城又为襄樊之门户,在战略上敌我所必争之地。

敌我之企图及兵力

华中之敌,以巩固武汉外围,占有荆襄,再图西进,摇撼川陕。先将鄂北我主力军击破之目的,施行广大包围,及中央突破,企图歼灭我军于随枣附近地区。而我军则以粉碎敌企图,并诱敌深入于枣阳附近之盆地,举行反包围,一举而歼灭之之目的。先行消耗战,消弱敌力,再行离心转进,俾形成有利之反包围态势,四面八方,夹击而歼灭之。

敌军兵力：第三师团、第十三师团、第十六师团、酒井支队、番号未明之师团、骑兵第四旅团、炮200余门、飞机40余架、战车近百辆。

我军兵力：第十一集团军下辖第三十九军和第八十四军、第三十一集团军下辖第三十军和第八十五军、第四十五军。

会战前敌我态势

自去年冬季，至本年4月止，本左翼集团军所属之八十四、三十九、四十五各军，约7个师兵力，依托大洪、桐柏两山系古城畈贯庄店，沿蒋家河西岸，亘高城天河口市之线，与敌阵地对峙，约六个月，除我军常以游击战消耗敌力外，彼此均无进展。其间于3月上旬，钟祥失陷后，敌以主力向江南转移，企图进攻长沙，并威胁荆沙。而我左翼集团军即乘机以八十四军之两师，及四十五军之一部出击，占有浙河东北侧之万家店尖顶庙、两神庙、余家店之线，积极围攻徐家店、郝家店各处敌据点，并向应山方面攻击前进。当此时也，我汤军团所属第十三军、第八十五军两军，亦已先后到达枣阳东北地区。敌深感武汉危急，遂将南进之师，转移于安随京钟一带，停止南进计划，转向鄂北进攻，以三路一向天河口市，一向塔儿湾，一由钟祥北上，分向随枣南北地区，及沿襄河东岸并进。自4月29日起，即展开会战之序幕。

会战经过概要

(一)敌攻我守时期

4月30日以前，我八十四军出击部队，在万家店、新店附近，即与敌恶战数昼夜。至30日，该军之一七三师、一七四师两个师，竭力迎击，予敌重创，迄5月2日，逐次转移阵地于塔儿湾、青龙山一带，与敌激战，歼敌2000余人。是晨汤集团之十三军，推进主力于高城、天河口之线增防，而八十五军则推进至唐王店、太平庙、青苔镇附近地区，与十三军协力出击。自是日起，全线展开血战，中央方面之敌，集中兵力，以重点指向我塔儿湾附近，企图中央突破。我一七三师、一七四师，奋勇反攻，剧战4昼夜，枪炮、手榴弹等隆隆之声，与将士呐喊奋勇杀敌之声，无时或间，尘土飞扬、烟云弥漫，日为之蔽，血肉横飞，尸积如山,战斗之激,为以前各战役所未见。敌寇葬身于该地者,数在4000人以上,而我军死伤,亦在3000余人,敌每次用毒瓦斯攻击,飞机轰炸,我军终以守土有责,前仆后继,屹立不动。敌复以有力一部向天河口市附近,企图包围我左翼,经我十三军将士浴血抗战,歼敌2000余人。3日,敌复增援向天河口市突进,到达白庙附近,又经我军击破。四五两日,敌大举向天河口方面增加,并以主力猛攻我八十四军正面。我乃逐次后退,引敌至蒋家河西岸本阵地线上,候敌半渡时,予以痛击,敌屡以飞机、大炮掩护渡河,均经我军猛烈击退,东岸沙洲陈敌尸千有余具,河中沉尸为数亦多,敌死伤之多,损失之重,由此可概见。5日晚后,敌我苦战更烈,又经我军屡次出击,夺获武器战利品等项无算,敌遂用气球队,及大量毒瓦斯、飞机助战,炮声终日不断,我军则仍在原阵地扼守不动,并屡将渡河之敌击退。6日后,我右翼集团军在襄河以东,钟祥南正面方面,因兵力单薄,自5日起,洋梓镇、丰乐河、长寿店、沙家店、周家集、客店坡各地相继不守。至7日,敌一部已窜至耗子岗、马家集、张家集各地附近。而钟祥、洋梓北上之敌,已进占田家集、板橙岗,与我四十五军之一二七师,在田家集以北分水岭、关门山附近激战。其另一股,则沿襄河东岸向北急进中,我军因依预定计划,乃决定引敌深入于枣阳附近之盆地行反包围。即令三十九军之一师向茅茨畈、双河急进,准备侧击由张家集方面北窜之敌。其余控制于大洪山东侧,乘机转移攻势。四十五军逐次向枣阳南方地区撤回,引敌北上。8日晚,钟祥方面之敌,其先头骑兵联合3000余人,已经进至张家集(双沟东南附近者)、蔡阳铺附近。黄家集方面之敌,已亦进至双河茅茨畈以北地区。四十五军则依计划,逐次撤回。本集团军指挥部为指挥策划便利起见,由枣阳向随阳店推进。同时八十四军亦令转移阵地于万福店、唐县镇、尚市店之线,让出正面,引敌西进。以一部伏置于公路南侧环潭镇附近,协同主力军夹击西进之敌。汤集团依托桐柏山,巩固天河口市要隘,并夹击西进之敌。9日,各军遵令一面引敌深入,一面与敌战斗,逐次消灭敌力疲惫敌兵。至 9 日晚,由南面北进之敌,其大部已进入枣阳,并分数个纵队通过枣阳以西地区,向太平店、唐河县方面突进。小岛骑兵兵团,则向新野方面绕进。乃令四十五军速即转移至太平店、湖阳镇一带努力迎击。八十四军之主力转移至平氏祁仪镇、钱家岗一带堵击。至唐河县方面,则由孙连仲所部。新野方面,则由别廷芳所部分途迎击,猛力恶斗,卒将该敌击退。5 月 11 日、12 日、13 日等日,敌势大衰,遂停顿于唐河县枣阳交界地区,我军于此时遂得形成反包围之有利态势矣。

(二)我军对敌包围反攻时期

敌自深入后,其后方联络线伸长,加以各道路均经我有计划之彻底破坏,无法补给,粮弹已尽,四方八面受我军包围夹击。北方唐河县方面受我孙连仲集团及别廷芳自卫军之追击。西面受我郭丹部及四十一军、三十三集团之渡河向东进击。南方受我留置大洪山之三十九军、八十四军之一部背击。东面受我留置于桐柏山一带之十三军侧击。内有随枣一带之人民自卫军、游击队四面伏击。加之敌已疲惫、死伤重大,风声鹤唳,四面楚歌,队伍既已散乱,士气又复不振,遂被迫于 16 日、17 日开始由枣阳西南经安潭、厉山一带溃退。于退却途中,复遭我大洪、桐柏两山之留置兵团南北夹击,尤为狼狈,卒至退到环陆、马坪、应山方能停足。且有一部退至汉口者。随枣原有防区,遂为我收复。唯以追击过迟,未能将随县敌之驱逐,不无遗憾耳。因此,敌之歼灭迷梦,不仅粉碎无遗,并遭极重之死伤,共 24000 人以上。我军夺获之多,为抗战以来所仅见。

(作者时任第五战区第十一集团军司令长官)

五、随枣会战回顾

凌压西

会战前敌我态势和战斗概况

1938 年 10 月间,由第五战区司令长官司令部所指挥的第三十一军和第八十四军,自黄广(黄梅、广济)作战失利后,分别由浠水及平汉铁路鸡公山各地,先后向鄂北转进。当第八十四军退抵随县附近时,接长官部命令,立即停止退却,在随县前方择要构筑阵地固守。第八十四军奉令

阵地战中的桂军重机枪组

后,一面选定阵地,派第一八九师展开于随县城前方蒋家河右岸万家店、七里岗及襄(阳)花(园)公路两侧之线向敌警戒,一面加紧整编队伍,将原建制的第一八八师缩编(该师在黄、广作战时,因师长刘任指挥失当损失甚大),除将军官调回广西另组部队外,士兵全部调拨充实第一八九师。另由长官部拨第三十一军的第一七三师、一七四师归入第八十四军建制,并改师为两旅四团制,每团的兵员,亦由一千五六百人增至 2000 人。

当我军整编工作甫告完或,日军第三师团一部约 7000 人,分由襄

花路及应山通往随县公路向我军进犯。敌主力抵马坪后,其先头部队即推进至淅河,随即展开于蒋家河左岸、淅河塔儿湾和高城前方之线,向我阵地窥伺。此时我军根据敌情,将第一线阵地及其纵深配备作了部署。计第一线分为两个守备地区,以第一七四师为左翼地区守备队,占领左起蒋家河右岸之河滨经竹林铺、混山之线;第一八九师为右翼地区守备队,与左翼地区第一七四师相衔接,经万家店、七里岗跨过襄花公路和渭水,至随县右前方高地之线;以第一七三师为总预备队,控制于襄花公路(厉山后)之唐县镇整训,军部及直属队则驻于厉山及其附近地区。

我军阵地部署尚未完成,敌即向我发动袭击,一开始即对我右翼地区第一八九师阵地之七里岗(距随县城约 7 华里)及襄花公路两侧猛扑,并以飞机及 15 生的口径之榴弹炮向我阵地及后方轰击。敌认为我军新败,士气低落,战斗力必然薄弱,竟图以少数兵力,恃其优越之武器,把我军一鼓击溃,继而进占襄樊。孰料我军已整编充实,士气旺盛,连续击退敌军数昼夜的猛烈进攻,打破了敌军进占襄樊的企图,并迫使其不得不与我保持对峙状态。嗣后,我军阵地工事日渐巩固,不但能阻敌进攻,而且屡以游击方式夜袭敌军据点。每次袭击都或多或少予敌以杀伤,从而奠定了我军固守随县 6 个月(1938 年 11 月至 1939 年 4 月)的基础。

在我军固守随县的 6 个月中,敌军仍然经常向我阵地之一点或一个地区进犯,虽然都被我军击退,但日军唯恐日久攻击顿挫,师老气衰,乃于 4 月下旬,秘密增兵,由襄花和应山通马坪港两公路,用大卡车运输人械。当敌空车回去时,用大布篷掩盖,以欺骗我军,但我军早已侦知,并已做好应敌准备。敌军增援部队到达后,即开始向我左翼地区第一七四师阵地进攻，于是随枣第一次战役于1939年4月30日正式爆发。

敌我兵力配备

第八十四军参加此次随枣作战的部队有：第一七三师、第一七四师、第一八九师及军直属部队的特务营、工兵营、通讯营、炮兵营、运输队、担架队、医院（临时配属，非建制单位）等，共30000人左右。

日军第三师团兵力，会战前共8000人左右，连同以后增援部队近两万人；有空军助战，有系留气球观测，有骑兵、坦克、榴弹炮和加浓远射程炮以及火焰喷射器等优良装备配属，并使用了毒气弹。我军只有步机枪、手榴弹和迫击炮（亦称步兵炮）等几种寻常武器。临时配属的炮兵，亦只有几门山炮；且日间被敌人的系留气球所监视，完全无法射击，只有白天将目标瞄好，夜里始能发炮，但目标不是完全固定的，命中率很低。敌人多是利用白天攻击，我们的炮兵就成了哑巴，发挥不了威力。

战斗经过

战幕拉开后，敌对我军阵地并不进行全面总攻，只选择我阵线薄弱环节的第一七四师左翼（因左翼无友军和险要地形的依托）之竹林店、混山一段，集中全力实行锥形突进的攻击。

日军系留气球在高空为其炮兵测绘的精准打击目标

敌飞机、坦克和远近射程的大炮，都一齐出动，一开始战况就十分剧烈。但右翼地区第一八九师方面的情况无甚变化,敌只增加一些兵力,作佯攻的牵制。第一七四师对当面之敌,仍做顽强的抵抗。每一个据点都战至被敌机及炮火轰炸到无法立足时,始转移第二线阵地继续抗击。在敌人攻击点纵深只有一公里地区内,做了四线对敌决斗,坚持了两星期之久,战况之烈,牺牲之大,极为罕见。

在剧战中,军部虽令调第一八九师的一个团及军总预备队第一七三师两个团增援,但敌之攻击点地段狭窄,我军人多无法展开,反使敌火力增加了效力;加之第一七三师的增援部队,自守备随县以来,都在后方整训,从未到过第一线,在战况最紧张、死伤累累的惨状下,始仓皇加入战斗,因而作战情绪不高,战斗意志不强,与敌接触不到四天,就先溃退下来,结果影响全线败退。

失败的原因与退却情况

此次作战的失败原因,上面已经略述,就我个人对这个战役的看法,认为尚有下列几个因素:

(一)第一七三师最后参战而最先溃退,不但未起到其预备队的作用,反而影响友军的战斗情绪很大。

(二)负责战役直接指挥的军司令部,军长和参谋长经常闹意见,指挥不能统一。

(三)敌人的火力猛、破坏力强,使第一七四师伤亡大,不得不向后转移。

(四)右翼地区守备队的第一八九师,虽然知道自己正面之敌是一种佯攻牵制态势,但除调一个团(第一一〇八团)增援第一七四师外,始终未做有力出击,故未能牵制敌人积极支援邻区作战,而采取坐观成败的态度。

参战部队除第一八九师是奉令有计划地自动撤退之外，所有第一七三师的两个团和第一七四师的3个团，都是由战场溃败下来的，情形相当狼狈。因此全军不能集中做统一的行动，3个师分成3路转进。各师的团、营以下亦有因中途被敌击散而分数路退却的；只有第一七三师撤退较早，即沿襄花公路经唐县镇、枣阳、双沟直退至张家湾、樊城，沿途均未与敌接触，安然退走。

第一七四师原定也是由公路直向樊城转进的，但当退至唐县镇时，被追来之敌的坦克袭击，被迫遂折向关山店、三合店、唐河县、南阳，然后折回老河口到达樊城。当该师通过三合店时，敌已先期到达，遂发生遭遇战。敌我突然接战，战况颇为激烈。战斗经过虽很短促，仍有相当损失，师部副官处长何伟豪还被敌俘去。

第一八九师是在6月间奉令撤退，由随县人民抗战游击国术队临时接防，正面之敌并未追，本可安然转进；但是第一八九师在接受撤退命令和转进途中，发生了副师长兼第五六六旅旅长李宝琏投敌事件。第五六六旅的全部官兵，一见李宝琏与汉奸接洽并制造投降旗帜，都非常愤慨，不独不愿投降充当伪军，而且将李宝琏扣留。只因看守不严，李乘机逃脱，只身投敌。而第五六六旅的两位团长谢振东、周天柱则率全部官兵绕道至樊城归队。

第一八九师师部和第五、六、七旅的退却，虽然到达襄花公路时，与敌遭遇，不能依照军部指定的路线转进，遂转向桐柏山，出平氏、唐河、社旗、方城，再转博望、南阳、邓县、老河口回樊城集中。除在襄花公路与敌相遇作数小时的局部战斗外，沿途都很安全，无甚损失。

此次作战，第八十四军因随县一败，不能集结队伍做有计划、有指挥地一面抵抗、一面收容部队的转进，致使全军零乱奔逃，一泄几百里,停脚点竟超过战区指挥部后方甚远。而且敌人的追击部队,亦只到达枣阳和七方岗(枣阳西方 30 余华里之公路上),并未继续追击。即使进抵枣阳的敌军,亦因感受我桐柏、大洪两山区守军左右夹击的威胁,不久即自动退回随县。

　　(本文作者时任第八十四军第一八九师师长)

桂军在战斗中

六、参加随枣会战的经过

梁　津

战前对峙的敌我态势

1939年初,当我就任八十四军一七三师五一九旅旅长时,从军部军用地图上,看到当时敌我两军对峙的态势是:

我军自桐柏山南麓的高城镇向南亘随县的西面排列着:一七三师、一七四师和一八九师三个师的次序,占领阵地向东警戒。该3个师是在八十四军建制内的,归覃连芳军长统辖。

刘和鼎的三十九军在随县南的洛阳店西亘吴家店之间占领阵地,向南警戒。八十四军的右翼与三十九军的左翼几相衔接,似成曲尺形。

日军在武汉及信阳皆驻有重兵,京山、钟祥间也驻有日军和伪军刘桂堂营部。此3个敌人的据点,对我军曲尺形阵地形成钳形夹制之势。十一集团军总部所在地的枣阳,也在它夹制威力圈之内。随县的马坪、淅河及广水等地,各驻有日军500人,其他次要的小圩集及扼要地点,也分别驻有百数十人不等,担任其外围警戒。

八十四军军长覃连芳老是企图歼灭日军的少数部队,以邀声誉。约在1939年3月下旬,覃命张光玮的一七四师和一七三师的粟延勋旅,出击随县以北和广水间的日军零星据点,凌压西的一八九师则在原阵地警戒。

3月上旬,钟祥方面之敌,曾派出一个联队并配属有炮兵,循汉水的左岸北窜,企图进扰襄樊,威胁第五战区长官部所在地,覃连芳军长命一七三师的凌云上团前往堵击,中途与敌遭遇,而被敌击溃,其溃兵有逃到襄樊者,长官部派员收容后送返厉山。

3月下旬,军长覃连芳乃再派我率所属刘栋平团和李剑光团,开赴随县西境的板凳岗,还击该敌。我抵达后,即率参谋及卫兵至板凳岗西南方20里外侦察地形。遇当地的人民游击队指战员10余人,据告:敌军一联队长已被他们设伏击毙于丰乐河附近。并击毙敌兵200余名,夺获战利品颇多,日军现已窜回钟祥。我要求他们引导我到该部参观,看到许多战利品,计有敌军联队长的家属照片和家信,日皇颁给他的香烟,蓝色的硬纸盒上面印有"御赐"两个金字。还有日本国的镍币和钞票,日军所佩带视为护命神的小木偶及军毡、背囊、马鞍和军用地图等。参观后,他们赠给我两张地图和木偶、镍币等作纪念品。

企图窜扰襄樊的日军联队长被人民游击队击毙之后,其败兵窜回钟祥。此时,我奉令赶回厉山,道经安居镇宿营。不料汉奸将我军行动报与日军;翌日拂晓,敌机12架即来轰炸安居镇。但我部已于半夜开拔,得免伤亡。事后得知,该镇仍遭敌机轰炸,被毁民房百余间,居民死伤200余人。

当我由板凳岗回到厉山后,即奉命率刘栋平团到万家店之东江家湾附近占领阵地,掩护收容出击部队的退回。占领阵地后,即见一七四师全部撤回,经过半日之久,未见粟旅转回。我继续警戒,随见敌人的追击部队紧逼而来,其前锋离我旅部指挥所驻地仅700公尺,机关枪弹频频射到我驻地围墙上,门前的鱼塘也落有敌人的炮弹。火线上的士兵每以护送受伤者为名,纷纷退下。我当即派上尉副官温一匡将护送伤员的士兵集合送回前线。收容时,遍寻不见第三营营长秦济桓,其团长刘栋平的电话又接不上,前线似已不能支持。我乃命上尉参谋吕桂章率警卫旅部的军事队(系由所属两团的下士及上等兵挑选百余人编成)增援上去,阵地乃稳定下来。因是日午后有大雾和微雨,敌军未敢轻率迫近,但情况仍很紧张。我即电话钟毅师长,要求派本旅所属的杨剑亭团前来增援。他告诉我:"杨团是军长视作股肱的部队,警卫军部不能轻易调用。另派粟旅的李振雄团(一营)前来增援。"李团增援后,阵地稳定多了。李团团部设在我左侧相距约二里之地,始知原在我右翼刘栋平团部早已转移到我后方去了。将近黄昏时,战况即沉寂下来。这时忽接到副师长兼五一七旅旅长粟延勋电话:他已率部由高城方面转回,并说刘团的第三营营长秦济桓躲避到二十二集团军某团去了,秦欲在电话中找刘栋平讲话,通讯连误将其线接到粟的旅部,现已申斥他速回原部。晚上8时,师部命我率部转回万家店西面蒋家河的右岸,自草庙以南亘烽火山之间占领阵地,以防日军来攻。李团则归回粟旅建制。

当晚8时,我率刘栋平团到达草庙附近后,集合刘团官兵讲话,勉励全体官兵坚守阵地,打击来犯之敌,但对秦济桓的临阵逃躲,则秘而不宣。讲话后,即构筑工事。师长钟毅因我仅有一团兵力,不服布置,从粟旅抽出邝越一营,暂归我指挥,占领前线阵地,掩护刘团构筑工事。

我的阵地北起草庙与粟旅衔接;南迄烽火山麓,与一七四师的张文鸿团划分战斗地境。因正面太宽,工事未竣,而天已破晓。顿时6架敌机飞来,在我阵地上空投弹和扫射,敌人的炮弹也纷纷随之落下,以致烟尘障天,有如电影中所常见的战斗场景一样。

敌调重兵 发动进攻

4月中下旬,日军由武汉等地大量增调兵力,向我方发动进攻。我阵地前面的敌军是第三师团,其攻击重点就是我所占据的阵地。因该地区为由随县经獭儿湾直达厉山唐县镇,以至枣阳和襄樊的捷径。而獭儿湾即在我阵地前面烽火山麓之下,倘我阵地被敌人突破之后,北向可以席卷一七三师全部阵地,南向可以截断一七四师和一八九师两个师的后路并可以包围刘和鼎的三十九军。因此,我阵地是关系全线安危的关键。敌机随即由6架增至12架,并集中炮兵火力向我阵地作回环不断地轰击,全战役的战斗,此处最为激烈。

1939年5月,横流于我阵地面前的蒋家河两岸的麦苗仅长达数寸,展望无碍。蒋家河宽32公尺左右,水浅仅及胫,到处可以涉过。我阵地构筑于低平土岭之上,岭上有泥丘数十个,连绵参差而有相当的间隔和距离。我嘱刘栋平于泥丘的上面作伪装工事,堆高其黄色的泥土于工事前沿,以欺骗敌人而吸引其炮弹。在泥丘前面上相当距离处,则挖前后参差不齐的散兵坑而分散其挖出之土,以匿其形,使敌不易观察。泥坑后面死角之处,则构筑能容一班兵的掩蔽部,以便与散兵坑中的士兵交替休息。泥丘的两侧,则构筑轻机枪的掩体各一个,而使其射线交织成十字火网于阵地面前。邝越营则在蒋家河沿岸隐蔽之处,占领前进阵地,以掩护刘团的工事构筑。该营在敌炮猛烈轰击和步兵轮番进攻下,竟能支持三夜二日之久,实为难得。

开战的第三日,敌阵后忽升起一艇形似的氢气球,观察我方的阵地,为其炮兵指示射击目标。天破晓后,敌炮数十门循其气球指示,对我阵地连续射击了两小时。其炮弹落在我阵地上,自右而左,复自左而右,巡回不停。敌炮停射时,随派大队步兵,用密集的队形,向我阵地蜂拥而来。敌军以为我们守兵即使未死伤殆尽,也被吓跑了;岂知当敌接近我阵地400公尺内外时,即遭到我散兵坑中和各掩体内重、轻机枪的突然交织射击,敌死伤累累,逃脱者为数寥寥。这一仗获胜的主要原因是:敌军炮弹多数被我伪装工事所吸引,而我散兵坑中的官兵,能自动地在坑底挖一斜洞,称他曰"蛤蟆洞"藏身,当敌炮击时,则伏处其中,敌炮停射后,则起而狙击,故得杀敌之效。当少数敌军步兵逃回去后,其炮兵不断对我连续射击,两小时后,密集的大队步兵又猛冲过来,复遭到我阵地内各种火力的交织射击,将其打退。如此战斗,持续5日之久,敌人每日所耗炮弹,据刘团迫击炮连连长的细心计数,有6000多发;在7天的战斗中,总数当在40000发以上。而敌步兵的伤亡,7天累计,也在4000以上。此后的据闻,日军部以在第三师团此次战役损失太大,师团长被撤职。而我方的刘栋平团兵力,最后整编时也仅剩一营兵了。

此役作战最勇敢者算是刘团第一营营长黄玖辉。他自备两箱手榴弹,控制着两挺重机枪,扼守在通塔儿湾的要道上,拒敌猛攻。当他足部被敌军炮弹破片击断跟筋后,他仍坚持不退,其他官兵深受感动,也固守岗位直至牺牲,毫不畏缩。

敌军此次进攻,先是从我军阵地右端发动,被我反击惨败;后又改攻我阵地的中央,又伤亡累累而败归。于是敌又改攻我阵地左翼。即与粟旅相衔接之处,终于被敌突破一个缺口,冲进200余米,我军遭到敌军侧射,以至伤亡颇多。我乃用电话约定粟廷勋旅长派出预备队夹击,毙敌200余人,而将其击退。这是第5日的战况。此时,我见兵员日益减少,致电话钟毅师长,要求他派杨剑亭团前来增援,他重申了杨团不能轻易调用的原因,如我需要,可直接向军长请求。我乃以电话报告覃连芳军长,答复:"杨团我已派出增援凌压西的一八九师,那里通公路的正面,恐敌人的械机化部队从该方面来,故预先给他增援,距你阵地的右侧约 60 里,一时调回不及,就近派川军李岳嵩团暂归你指挥,今日午后即可到达。"

当日下午 4 时,李岳嵩果派少校团附携官兵花名册和武器册来到我旅部的指挥所报到,我见这一团只有两营兵力,武器是成都兵工厂造的七九步枪,无轻机关枪和迫击炮装备,仅有马克沁式的重机关枪四挺,手榴弹也缺乏。我对他说:"我的刘团已苦战了 5 昼夜,正希望贵部来接替,给他们以片刻休息。但阵地的正面颇宽,深恐你部的两个营不能分配;而且你部缺轻机枪和迫击炮,刘团所构筑的工事,不适合你部应用。怎么办?"他说:"请旅长放心,我们这一团原是完整的一个师,参加山西、河北、山东、江苏各战场作战后,仅剩下来缩编而成的一个团,官兵们都沉着勇敢。阵地不合我们应用,可以修改。"我问他们现在要补充什么?他道:"七九步枪子弹和手榴弹。"我即电话报告覃军长,请求给李岳嵩七九步枪弹药 10 万发和手榴弹 200 箱,得覃军长许可,派骑兵送来。5 时许,其部队到达,我嘱他们暂在后面数里地村落隐蔽处休息。先派出营副、连长或连附到前线来,由刘团分别派员导观阵地,预作分配各连担任地段,黄昏后乃交接防。刘团退到后面村庄休息整理。

次日,天破晓后,敌人的炮兵又继续射击,李团的机枪两挺被击毁,另两挺发生故障,不能使用。敌步兵此次改用疏散队形前进,徒涉过蒋家河后,便利用上岭的边缘与麦田交接成死角之处,构成火线后,即猛烈射击;看清我方目标之后,蜂拥冲来。李团沉着迎敌,先以步枪射击后投手榴弹,继之以肉搏。但敌人仍冲进阵地数百公尺的纵深,情况至为危急。我即电话调刘栋平团复上前线增援。刘团长说:"白天敌人的氢气球望见,行动不便。"我说:"现在川军正在与敌人肉搏,敌人一定不敢开炮,你用疏散的队形前来,可保无恙。"正午12时,刘团增援到后,又将敌人击退,恢复了原来的阵地。

敌军受挫后两次放毒

敌人被击退后,又发来炮弹,但爆炸声不似往时响亮。下午4时左右,旅部的炊事兵送饭来时,我见不少官兵作呕不止,怀疑炊事兵误用桐油炒菜,正拟派副官聂雄前去查问,忽见卫士跑进来说:"报告旅长,毒瓦斯,毒瓦斯!"此时只有大家都流眼泪。我也呕吐流泪了;我这才确信是敌人施放毒瓦斯所致。我命令卫士将我的防毒面具取来,然已不及了;我在呕吐流泪之后,鼻孔及胃腔内,觉得热辣辣的,痛如火烧。从而断定敌人所施放的毒瓦斯,系窒息性和催泪性两种。时近黄昏,敌炮已停止射击,我意及毒瓦斯比空气重,当即令众人迅速离开低洼的指挥所,登上高处,用浸湿的面巾,涂以肥皂蒙面,暂作抵御。并电话通知刘、李两团照办。次日天明后,敌人炮击较稀,步兵亦不见冲过来;是日东风微吹,敌人在东,我阵地在西;敌人又利用风力将毒瓦斯唧筒向我方喷射过来,毒气弥漫我阵地,晕倒的官兵很多,经过迅速抬离阵地后数里处,始苏醒过来,便又纷纷跳下担架,重上火线战斗。

敌占枣阳 我退豫南

晚间8时许,忽接覃军长电话:"枣阳已被敌人攻占。总司令(李品仙)已到唐县镇来,吩咐全线官兵不要后退,只能向北转入河南境内。"并命我担任掩护张光玮和凌压西两部的撤退。我说:"刘栋平团苦战7日之后,缩编不满一营;川军李岳嵩团参战两日,连长皆已阵亡,缩编只剩两个连。兵力如此单薄,何能担当起两个师部队的撤退掩护?"覃军长说:"好吧,如此我就另派白勉初团接你的防,担任收容。你交代防务后,转回厉山,经唐县镇退入河南。"午夜12时,白勉初到达,我即率旅部及刘栋平团残兵,向厉山转进,李岳嵩团则归回原建制部队。

天破晓后,我部尚离厉山街有五六里之遥,而敌人的追击炮弹,从我们的头顶上呼啸而过,飞落到厉山街上。当行到厉山街边时,师部传达兵送来命令,命我率刘团和李剑光团在厉山附近占领阵地,收容前线退下来的部队。我问该传令兵,李团现在何处?他说:就在厉山街上。我命他将命令转与李看。但遍寻不见李团部所在地,只见该团十余名伤兵坐在人家门前。问他们,也不知其团部所在地。我派出传达兵多名,在厉山周围五里内遍寻,始终不见。后来才知道,李团当敌人的炮弹落在厉山街爆炸时,伤其十余名士兵,全团大起恐慌,自行分作数十股,向豫境溃退了。

当我派人寻找李剑光团时,未及告知刘栋平团负有收容任务,而他已率部由厉山街外向北开去。我只得率军士队在厉山西面的隘路口占领阵地,以收容前线退下官兵。只见退下来的士兵三三两两、间间断断的经过,终不见整个部队。晚9时,我乃率旅部队员和军士队向唐县镇转进;于当晚12时到达,只见负伤官兵800余人横七竖八卧于街头,呻吟之声不绝于耳。而我派人找师部、军部或总部,也遍寻不着,对此负伤的800余官兵,虽有同情之心,实也爱莫能助。翌晨9时抵吴王店,军部正在此处,见覃连芳军长愁眉不展,他叹息地说:"张光玮、凌压西两个师部队未见来。不知他们能否安全退出?真对不起朋友了,暂在此处等等他们吧。"我因数日之夜不得睡眠,很觉困顿,乃在附近村落觅宿营地休息。

次日行到豫境的刘博士店。覃连芳军长因未见张、凌两个师部队到来,迟迟不肯行。我建议他可预先指定行进的目的地,先行前去,掩护和收容任务,由一七三师负责;但他默不作声。继而钟毅师长也来劝他先行,他忽然声色俱厉地说:"你走你的,我不走。"使得钟毅也尴尬不堪。当时,我见覃军长的态度如此,乃与师部分别在附近觅宿营地驻扎。午夜,忽闻东西机关枪声甚密,我起而集合所部于路边,以候师部或军部的命令下达。经两个小时之久不见动静,派人往视,则都不知去向了。少顷,见有一支五六十人的小队经过,问之,是李剑光团的一股溃兵。其中有重机枪2挺、步枪40余支,仅有一个司务长率领,而无连、排长,我怕他们路上闹出乱子来,就将他们编在军士队内。

次日抵源潭镇,与刘栋平团的残部相会。忽闻敌人的骑兵驰至,我即命令刘部在麦田中占领阵地,准备应付敌人。少顷,见前面数里外,尘烟滚滚扬起,由西向东横过,未接近我阵地。继得师部命令,军部参谋长钟纪与军部离散而告失踪,要我派兵寻找。我派数排士兵分道于20里内外寻找,终无踪影。据闻在刘博士店的当晚,军部午夜自向东行,途中有李剑光团的一股溃兵百余人混入。半途突遇敌骑百余冲来,开机关枪扫射。当时,覃军长为减小目标,下马步行。而李剑光团的这股溃兵争先恐后地慌忙逃命,蜂拥冲撞过来,几乎把覃军长冲倒在地。钟纪参谋长即在此刻与军部失散,其后安全转到鄂北光化县。

这时,第五战区长官部早已由襄樊移来;十一集团军总部也自枣阳溃退至此了。

（作者时任第八十四军第一七三师第五一九旅旅长）

巷战中的桂军

七、枣宜会战中的八十四军

莫树杰

随枣会战结束后,第八十四军调整人事,我于1939年冬调该军接替覃连芳任军长。到职不久,1940年5月初,又爆发了枣宜会战(或叫第二次随枣会战、鄂北会战)。这一战役,历时将近20天,联系面广,战斗激烈。我方参加作战的部队,有孙震的第二十二集团军,孙连仲的第二集团军,黄琪翔的第十一集团军,张自忠的第三十三集团军,王缵绪的第二十九集团军等,兵力将近20万人。还有汤恩伯的三十一集团军,摆在桐柏山北面一、五战区之间,做机动兵团。第五战区司令长官部,是这一战役的最高指挥机构,司令长官李宗仁是最高指挥官。在反敌人扫荡前提下,各部队各有攻守具体任务和战斗过程,难于全面综述。现着重就八十四军参与这一战役经过和有关见闻,概述如后。

会战前敌我态势和战略部署

1938年10月下旬武汉失守后,第五战区长官部由鄂东宋埠移枣阳(1938年11月);不久,移樊城(1939年春);最后,移老河口(1939年秋)。战区司令长官部移驻樊城时,司令长官李宗仁把在武汉保卫战中突围出来的几个集团军残部重新整补起来,做准备随时反攻武汉的部署。战略计划大致分为以下。

以桐柏山和大洪山为前线基地,做固守准备,与平汉线东大别山的廖磊第二十一集团军互相呼应,与毗邻的第一战区密切联系;不时采用运动战和游击战,进攻、袭扰武汉外围敌据点,培养自己有生力量,准备配合全国抗战形势,对武汉大举反攻。

日军为了确保武汉与平汉线南段外围据点,就必须把我桐柏山、大洪山两个前线基地加以摧毁,不断集结兵力,找寻五战区主力,进行扫荡。其最高目的和要求是进占襄(阳)樊(城)、沙市、荆门、老河口、南阳等重镇,压迫我军进入贫瘠的鄂西山区。

1939年5月的随枣会战,就是敌人执行上述战略计划的初步尝试。这一战役,敌人的计划没有得逞,相反遭到我军的有力反击,敌人不得不退守原来阵地,只占领了一个随县县城。后来,五战区司令长官部对这一战役的总结认为:如果汤恩伯兵团能执行战区作战计划,从桐柏山南插入随县地区,合击进至唐县镇、枣阳地区之敌,就会出现台儿庄那样的胜利。但当时汤恩伯拒不执行这一作战计划,李宗仁亦无可奈何。

日军第一次"扫荡"未能达到其预期目的,并不甘休,为了确保其占领武汉及平汉线南段的安全,于是再次对我五战区来了个希特勒在当时欧洲使用过的"闪电扫荡战"。日军于1940年4月间,调集了五个师团兵力(包括随枣会战的第三师团),加骑兵部队,仍以随枣地区为扫荡重点,分三路进犯:一路从信阳西进,牵制桐柏山北面我军;一路从正面沿襄(阳)花(园)公路推进;一路沿京(山)钟(祥)公路疾进。其意图是采取迂回包围战术,围歼随枣地区我第十一集团军的主力第八十四军和三十九军之后,继续向西纵横扫荡,压迫我们进入鄂西贫瘠山区,占领北自南阳经老河口、襄樊至荆门、沙市之线。

前次随枣会战后,五战区司令长官部对武汉和平汉线南段之敌的作战计划做了如下部署:(一)仍以黄琪翔第十一集团军的第八十四军(三个师)守备襄花线上的随枣地区,刘和鼎的三十九军摆在第八十四军的后右侧,作为集团军的预备部队;(二)王缵绪的二十九集团军摆在十一集团军的右翼,以大洪山为基地,守备汉水以东、钟祥以北地区;(三)孙连仲的第二集团军守备桐柏山北线地区;(四)张自忠的三十三集团军守备汉水以西沙市、荆门一带地区;(五)孙震的第二十二集团军做总预备队。

第八十四军按照战区司令长官部部署,以及第十一集团军总部的指示,做了如下具体布置:(一)以第一七四师、一八九师两个师为

第一线部队,面对随县、应山方面之敌进行防守;(二)一八九师部署高城左前缘大竹山至滚山一带,师司令部及直属部队位置于杜家湾;(三)第一七四师摆在一八九师右翼经滚山至凉(两)水沟之线,师部及直属部队位置于厉山镇附近;(四)第一七三师为总预备队,摆在第二线,部署在净明铺前端公路两侧高地,师部及直属部队位置于净明铺附近的乔家水寨一带;(五)军司令部及直属部队驻唐县镇附近的夏家湾。

会战开始后的战斗经过

在第八十四军正面,战斗于 5 月 2 日开始,敌军一个步兵师团配合骑兵部队,以坦克作掩护,从应山、随县城分向我第一八九师和第一七四师阵地猛扑,敌机则对我地面阵地更番滥炸,同时敌军一部压迫我均川、安居地区友军后退。其左翼部队也配备了坦克群和数十架飞机加骑兵部队,从孝感、云梦、应城、安陆方面沿汉水东岸京(山)钟(祥)公路进犯我第二十九集团军。第二十九集团军因装备较差,抵挡不住,遂向大洪山中心基地撤退。

我第八十四军的第一八九师、一七四师,战斗一开始,在敌机械化部队不断冲击和敌机更番滥炸的恶战中,伤亡惨重,几次发生动摇。我严令全军,非有命令,即使到最后一人,也不能擅自撤离阵地,违者军法从事。他们坚持在阵地上与敌搏斗了两昼夜,曾一度击溃敌人的进攻,有的士兵见到敌军坦克横冲直撞,如入无人之境,气愤不过,便跳出战壕,爬上敌坦克,往车里扔投手榴弹;有的当敌步兵在坦克掩护下,冲到我战壕边,我们无法用火力制止,或因弹药用尽时,便在阵地上同敌人进行白刃战。我军虽伤亡很大,仍不退后一步。战斗进行到第 3 天(5 月 4 日),敌人由于经过两天猛烈攻击,未能突破我阵地,便改变攻击路线与攻击目标,专从山地向我大竹山、滚山两重要据点进行地空联合更番猛袭,战壕全被夷平,防守大竹山的一个营伤亡过半;守滚山的一个营伤亡殆尽,终以劣势装备无法阻挡,被迫于当晚撤入第二线阵地应战(净明铺至厉山一带)。为了执行上级指示,正面要坚持7天的战斗任务,我命令第一七四师、一八九师立即组织突击队进行夜袭,企图收复大竹山、滚山等重要据点未果。翌晨(5月5日),敌联合兵种继续向我第二线阵地进攻,此时又发现敌骑兵已由我一八九师左翼向高城地区疾进,企图截击我一八九师后路;该师又被迫放弃第二线阵地,向军部所在地夏家湾附近撤退。第一七三师、一七四师主力亦同时被迫后撤至唐县镇之线。与此同时,据悉我左翼桐柏山北友军阵地已被突破,敌骑向西疾进。我们判断,这显然是企图与正面进攻随枣地区之敌相呼应,围歼我军于枣阳地区。由于上述敌情的判断,我军为了迅速摆脱敌包围圈,决定以第一七三师为后卫,掩护军主力先向枣阳集中,再做下一步行动计划。随县地区我军防守战,至此结束,进入枣阳地区的战斗阶段。

军部及第一八九师之一部,沿桐柏山南侧经鹿头镇,于5月6日到达枣阳东地区附近集结,第一七四师及一八九师之一部沿襄花公路经唐县镇、随阳店向枣阳转进,同日到达枣阳附近。军部和第一七四师、一八九师到达枣阳集结后,接战区司令长官部电令,着我军即在枣阳城郊占领阵地,拒止当面西进之敌,确保襄樊。

5月6日,敌联合兵种在唐县镇一带向我军后卫部队第一七三师猛袭,虽经该师正面部队(凌云上之五一七团)坚强抵抗,屡挫敌锋,终因不能阻止敌优势装备的猛烈攻击,阵地被突破,该师被迫向北转移。敌机械化部队在敌机掩护下,继续沿襄花公路向枣阳疾进。5月7日中午,枣阳城南公路上和城西北地区,均已发现有敌坦克数十辆和大批骑兵活动,并开始向枣阳城西郊我守军阵地攻击。但敌军对我城西阵地的攻击,只是牵制,其意图是集中优势兵力,摆在城北面,将我军围歼于枣阳附近地区。我军部对敌情做出了如上判断之后,当即命令守城部队迅速脱离火线,于当日下午全军主力(缺第一七三师,当时军部与该师已失去联系)经杨家垱、苍台(新野县属)地区向新野、邓县(均河南属)方向撤退。5月8日,枣阳沦于敌手。

我军主力从枣阳撤退,虽已基本脱离了敌包围圈,但担任后卫的一七四师周敏初团(第五二二团)和第一八九师白勉初团(补充团),于撤退时被敌截击或冲散,未能随主力转移。还有第一七三师自唐县镇掩护军主力向枣阳撤退任务完成后,即被敌压迫向鹿头镇转移,同时与军部失去联络。后来才知道,该师自唐县镇脱离火线后,未见敌军尾追,料敌主力一定直指枣阳,并有抄袭我军可能,该师乃决定分两路纵队由鹿头镇经清凉寺、小河街、太平镇等地区向吕堰驿以北附近集结待命。午后开始行动,不料该师钟毅师长直接指挥的左翼纵队(第五一八团、五一九团及师直属部队),行进至枣阳北太平镇与苍台之间地带时,便与敌遭遇被冲散,陷于各自为战状态,处境十分险恶,师长钟毅在距苍台五六里处河曲中与敌力战,壮烈殉国;所属随员及卫士数十人,绝大部分亦同时牺牲;该师第五一八团团长李俊雄率领该团一部,在太平镇唐河东岸被敌围攻,李团长亲自督率所部与敌搏斗,终以弹尽援绝,李俊雄团长以下官兵数十人被俘;该师伍文湘的第五一九团,在苍台北十余里唐河东岸被敌拦头迎击,经过激烈战斗,当晚主力向北突围。该师右翼纵队五一七团以及左翼五一八团主力(由副团长彭挺华率领),均因未能突出敌包围线,于次日午前退入祈义镇(河南属)以南山地休整待命。枣阳地区我军反包围战,至此告一段落。

军主力在枣阳西北地区敌后,当日深夜陆续到达河东岸杨家垱附近宿营,次日(8日)拂晓越唐白河向邓县撤退,9日、10日先后到达光化(距老河口战区长官部约六七里)附近集中,旋即投入反击战,卫护战区长官部的安全。

5月11日(或12日),敌2000余骑越唐白河直扑老河口,企图冲击我战区最高指挥机关长官部。由于长官部先已料到敌军这一行动,除派部队驰赴老河口东面四五十里处林桥一带布防阻击外,并着第八十四军即派有力部队(两个团)驰援,以便掩护战区长官部的安全,并我部后撤的准备(其实,自第八十四军越唐白河后撤时,战区长官部除作战处外,大都已越襄河向石花街转移。光化、老河口两镇居民亦已进行了紧急疏散,社会秩序非常慌乱)。越唐白河之敌,经我猛烈阻击,使其犯老河口企图未能得逞,退回唐白河东岸,旋集结其兵力转向双沟、张湾之间,强渡唐白河,进袭樊城。襄樊保卫战开始,我军奉令派一八九师驰援。

当时,第十一集团军总司令黄琪翔正在樊城直接指挥所属刘和鼎第三十九军(两个师)与敌在唐白河隔岸对战中,由于敌联合兵种的猛烈攻势,我第三十九军阵地已呈动摇,第八十四军之第一八九师星夜赶到,加入战斗后,我方阵地甫告稳定;不意第三十九军当发现小股敌人在其炮火掩护下,强渡唐白河西岸活动后,便乱了阵脚,既不坚持抵抗,又不事先通知第一八九师,便悄悄地陆续向樊城东郊撤退,使我第一八九师突陷于孤军作战的危险境地。在这紧急情势之下,黄琪翔总司令才命令第一八九师迅即转移樊城北面布防,负确保樊城及第十一集团军总部安全之责。

第一八九师开始向樊城北面阵地转移时,虽已接近傍晚,但敌仍衔尾追击,并对我樊城守军展开全面攻击。战斗很激烈,右翼之第三十九军节节后退。夜半,第十一集团军总部仓皇撤离樊城,向老河口方面去了。当一八九师发现右翼第三十九军阵地战火沉寂,派员入城进行联系时,才知道樊城已是空城。而敌军则不知城内虚实,不敢入城,有由城北面空隙西窜模样,我第一八九师根据这一敌情,为了避免敌军对该师的抄袭和对老河口的威胁(此时该师与第十一集团军总部和第三十九军已失去联系),当即派部队抢先占据樊城西面竹条铺公路附近,以便掩护全部向太平镇撤退。当该师先头部队到达太平镇时,接战区司令长官部电示,着即掉转队头,向樊城疾进,于是我军主力第一七四师(缺五二二团)、一七三师一部,随即向樊城推进。与此同时,在桐柏山北面的汤恩伯兵团(第一、五战区机动部队)一部向随枣之线推进;被敌截击留在敌后之我第一七三师第五一七团、五一八团主力和第一七四师之第五二二团,以及第一八九师的白勉初团一部,则奉令继续在敌后不断向随枣地区、襄花公路敌交通运输线进行袭击;其他方面友军兵团,亦同时奉命对敌进行反攻。这就是五战区司令长官部"部署对敌反攻"的开始。时间是 5 月 14 日、15 日。

当我军向樊城疾进时,犯樊城之敌正掉头转沿襄河左岸退去,在宜城附近强渡汉水,与钟祥西进之敌协同配合江南敌军,于 6 月中旬攻占我鄂西重镇宜昌市。但与此同时,进据枣阳之敌因受我各路反攻部队压迫,于 5 月 16 日放弃枣阳,向随县匆忙退去。17 日我军收复枣阳后,继续向前推进,基本恢复了原来阵线,枣宜会战遂告结束。

一些经验教训

枣宜战役结束后,凡是参战部队,包括师、军以至战区司令长官部都曾集会,讨论会战的得失和经验教训,概分为六个问题。其中,关于战争双方的得失,关于掌握敌情和通讯联系,以至保存实力和战略部署与战术条件不协调的问题,议论很多,莫衷一是。现就回忆所及,谈谈自己亲身经历的当时军政关系和军民关系问题。

关于军政配合方面,在此次会战中,在第八十四军防区内,随县、枣阳两个县政府及其所辖的乡保基层组织,同前次会战那样,一般都能配合部队作战的需要,动员群众进行侦探敌情、担任各种军需品的运输、伤员的抢运等工作。特别是随县县政府,对我军留在敌后打游击受伤较重的人员 80 余人,虽然该县政府此时已转驻桐柏山中,在恶劣环境条件下,给伤员延医悉心治疗使其全部复原归队,体现了军政配合一致的精神。

可是军民关系方面,表现很差。就整个战区来说,军民关系搞得不好,确是普遍存在的现象,只是程度上不同而已。据说在整个战区的几个集团军中,以汤恩伯第三十一集团军军纪最坏。就是我带领的第八十四军,军风纪的败坏程度,也非我到任前所料及的。我当初到第八十四军时,就察觉到这个军的军风军纪已非抗战初期可比,欺压民众者有之,嫖赌之风尤盛。所以我到职后,对整饬军风纪相当注意,虽曾枪决了一个欺压老百姓的士兵,禁闭了几个聚赌的官兵;但积重难返,官兵嫖赌之风仍不能刹住,只是稍敛一时而已。平时同驻地居民,表面上还能相安无事;但一到战时,军民就分家了。尤其是当战争对我不利而撤退时,军风纪的败坏更显得突出,军民合作关系荡然无存,军队经过村庄,群众大都纷纷逃避,于是强拉民夫、掳掠人民财物等不法行为都发生了。所以在随枣会战过后,在桐泊、泌阳、唐河、新野一带,就流传有个民谣。"发、扬、光、大、奸、掳、烧、杀"(当时第八十四军军部和各师臂章代号,军部是"发"字,第一七三师是"扬"字,第一七四师是"光"字,第一八九师是"大"字)。据我知,奸掳是有的,烧杀则未发现。在第八十四军,嫖赌,不但官兵搞,连政工人员也搞;第一七四师政治部,上自主任,下至秘书、科长、科员,除极少数能洁身自好外,大都在防地凉(两)水沟一带窝有姘妇和半公开地聚赌(麻将、扑克)。军风纪的败坏程度,可想而知。

(作者时任第八十四军军长 梁侃记录整理)

八、随北、枣阳、樊城战斗

凌压西

战场的纵横形势和敌我动态

1940 年 5 月 1 日全面展开的枣宜会战,与去年 1939 年 5 月随枣会战的时间虽相隔一年,但战场形势并无多大变化。第一线除随县城在随枣会战时陷入敌手外,左翼仍由桐柏山东麓之小林店起,经天河口、高城、厉山,跨越襄花公路(襄樊至花园)经安居、均川,沿大洪山东南前沿之柳林店、三阳店;右翼与襄河区三十三集团军张自忠部守备钟祥部队连接,全长约 120 公里(依照各部阵地前沿计算,非直线距离),所有桐柏、大洪两大山脉,仍屹然不动,既作我左右翼靠背,又是我阵线上最坚固的两大据点。左右并列于襄花公路随枣段两侧,并向西北绵延至枣阳东南,纵深均约 40 公里,形成左右护卫。而且我第一线又占领在这两大山脉的东南边沿,阵地前面地形均较平坦,射界宽广,虽间有一些小山,亦不过是标高不大的丘陵地带,火力都易于控制。就地形上论,第一线除襄花公路正面较为薄弱外,都属有利于我而不利于敌的。实际上我们已处进能攻、退可守的优势地位。

1939 年 5 月间的随枣会战,日军采用中间突破战术,集中主力向襄花公路正面第八十四军阵地猛烈攻击,左翼第三十一集团军汤恩伯和右翼第二十二集团军孙震部的守备地区,均属佯攻牵制,并无激烈战斗。因此,在会战中他们的阵地既无多大变动,人员亦少损伤;直至枣宜会战时,仍是各守原阵地,只有第八十四军单独与敌激战十余日,即溃败向后撤退,中途遭敌骑兵和坦克袭击,迫使各师分途转进,至 5 月底始集中休整。

第八十四军集中樊城休整约两个月,第一八九师调枣阳,归第二十二集团军孙震指挥,担任襄花公路正面的警戒和轮流整训,军部和第一七四师驻樊城附近,第一七三师仍驻双沟、张家湾补充训练。

1940年3月间,全军集中枣阳,进出随县北面高城、厉山之线,接替第三十一集团军汤恩伯部的守备任务(第三十一集团军北移,缩短守备地区)。

敌第三师团约两万人,在1939年5月随枣会战时,集中主力击溃第八十四军,追击至枣阳后,因感并列在襄花公路两侧之桐柏山、大洪山两大山脉仍为我第三十一和第二十二集团军占领,恐被我军左右夹击,截断其后路;故日军在枣阳只盘踞十余天,即自动退回随县,其主力仍驻马坪港、应山和安陆一带,而投敌之李宝琏此时已由日伪委任为司令,收编沦陷区汉奸、土匪数百人,协助防守随县城,直至1940年枣宜会战前,始将这些伪军调往平汉路花园以东地区驻扎。

敌我双方的部署

这次枣宜会战仍是由日军发动的。他们调动了华中派遣军的大部兵力,企图歼灭我第五战区主力,侵占襄樊,消除对武汉的威胁。自1940年4月中旬,我们就发觉随枣会战时退回后方休整的日军第三师团,陆续向马坪港和随县城郊增加兵力,并由武汉等地调来两个师团(第六师团和第四十师团);及至5月1日此次会战爆发时,所有从信阳地区经岩子河、平靖关、应山、马坪港、安陆、京山和襄河区的钟祥前面等各要点的日军分布兵力,共6万多人,其兵种是步、骑、炮、工、辎和坦克等配备齐全,还有空军和系留气球等助战部队;主力则集结于应山、马坪港、安陆等地区。

我军作战部署与前次会战无甚差异,第三十一集团军汤恩伯部第八十五、第十三两个军和骑兵、炮兵各一部,占领桐柏山东麓之小林店、祝林铺、天河口之线。第十一集团军黄琪翔部的第八十四军,占领高城、厉山之线;第二十二集团军孙震部的第四十一、四十五两个军和炮兵营,占领随县西北之安居、均川(在随县西南),沿大洪山东南麓柳林店,右翼与襄河区第三十三集团军张自忠部连接。所有集团军以下各部队的守备地区和兵力配备,除第三十一和第二十二集团军不清楚外,我当时充任第十一集团军第八十四军副军长兼一八九师师长,只能对第八十四军守备区的兵力部署作较详细的叙述。

随枣之战,实际上只是第八十四军与日军华中派遣军的决战。其余第三十一军、第二十二军两个集团军的正面,敌人不过是佯攻牵制,并无什么激烈战斗,阵地也无多大变动。

第八十四军(莫树杰继覃连芳任军长)于3月间在枣阳集中后,即向随北(随县北面)推进。我军在接替第三十一集团军高城、厉山线的防务时,作以下的战斗部署。

(一)以第一七四师、一八九师两个师为第一线部队;第一七三师为第二线部队。

我率第五六五团(团长谢振东)五六六团(团长王佐民)、五六七团(团长周天柱)和补充团(团长白勉初),占领高城左前方约3里之村庄前沿,右经大竹山至滚山(不包含滚山)之线,为左地区守备队,师部及直属队位置于杜家湾附近。

第一七四师师长张光玮率该师五二一团(团长苏武扬)、五二二团(团长周敬初)、五二〇团(团长陆龙)和补充团(团长秦汉),占领左接一八九师右翼经滚山至凉水沟之线,为右地区守备队,师部及直属队位置于厉山附近。

第一七三师师长钟毅率领该师五一七团(团长凌云上)、五一八团(团长李俊雄)、五一九团(团长伍文湘)为第二线部队,占领净明铺前端公路两侧高地,师部及直属队位置于净明铺附近。

(二)各师接受任务后,即从速构筑野战工事并逐步加固阵地,同时架设前后方的通讯网。

(三)军部位置于夏家湾,各师派出联络员与军部联系并认识军部与师部间的交通路线。

作战实况

随北战斗

第八十四军自 1940 年 3 月接防后，至 4 月底约两个月期间，敌我成对峙状态。4 月下旬，日军就陆续由其后方增兵，但均未迫近我军阵地，每日只有一些飞机和高悬空中系留气球向我阵地前后方侦察和监视。我们亦根据情报，知道敌人在近期要发动大战，并随将情报转报上级。但我们除了督促前线部队加强工事和提高警惕、日夜严密监视日军以外，更没有什么准备，后方也没有什么部队和装备调拨补充，只凭原有的装备和全体官兵坚强的战斗意志去迎击敌人。

5 月 1 日拂晓，战斗的序幕终于揭开。天一放亮，敌人的炮火先作试射，继又密集向我阵地前后轰击；同时骑兵和坦克掩护其步兵纷纷向我全线阵地进攻，一时枪炮声震耳欲聋，很快就进入剧战阶段。天大亮后，敌机分批轮番飞来在我前后侦察和轰炸，系留气球也特别接近我战线前方上空监视，战况甚为紧张。但我前线官兵旬日以来就料到敌人必定发动大战，精神上已有准备，故在一开火时，尚能沉着应战，虽伤亡迭出，全线仍毫不动摇。但根据当前的战况判断，敌人又是同随枣会战一样，选定第八十四军这个薄弱环节，采取中间突破战术是很明显的。因为第八十四军这一段阵地，不独在地形上是一个薄弱环节，即兵种兵力配备上，也是一个薄弱部分，不独敌人看中了这里是他直接夺取襄樊的捷径；我们早已料到，敌人不攻则已，攻必踏着他去年的老路而来。加之开战后得到左、右翼友军的战况，知道第三十一和第二十二集团军的正面，敌人还是虚张声势的佯攻，并无我们正面这样激烈情况，更证实了我们的预料是正确的。但是战区和集团军上级指挥者，竟毫不在意，所以在第八十四军接防后，要求调派工兵部队，拨发工事材料，构筑半永久的防御工事，以补救地形的缺点，并加配炮兵部队，终未得到批准。而在开战后，只知一再以严厉的命令，责成第一线官兵必须要与阵地共存亡。

因此，在开战的第一日下午，第一八九师守备地区，通过田基之一段阵地,就被敌人的炮火轰击和坦克、骑兵冲破两个缺口,幸赖我侧防火力交叉扫射,敌人才不敢深入,夜里自行退出,我军始得乘夜复修已破之缺口。

第一七四师阵地,自拂晓至下午,也同第一八九师正面一样,遭到敌人各兵种的联合攻击,战况非常激烈,但伤亡不大,阵地也尚安全。本日敌人的攻击重点,是放在我左守备地区的第一八九师方面,所以第一八九师的伤亡比第一七四师大。

开战的第二日,敌人改变了攻击路线,专由山地窜进,袭击我重要据点。如右守备地区第一七四师之滚山,第一八九师之大竹山,均为其攻击重点,战况比昨日更加惨烈,专以大炮为其主要之攻击武器,在其实行有效射击时,炮声如机关枪声一样稠密,加之敌机又轮番轰炸。不过,在第一线兵员疏散的地形下,飞机轰炸给予我们的损害并不很大,只有敌人的炮弹对我们是致命打击。因为它的系留气球是炮兵最优越的观察所,我全线掩体内的重机枪,只要一开枪射击,就会遭敌炮火所中;就是阵地后的迫击炮亦被敌人系留气球发现而受到敌炮火的损害。但在这样的情况下,反使我前线官兵自然地节约弹药,当炮火轰击而敌人尚未接近时,我阵地上步、机枪完全停止发射,待敌兵接近,敌炮火延伸射程时,出其不意再施行迅猛射击。果然,敌人看到我阵地上毫无动静,以为我守兵已被它炮火消灭了,即对我第一线停止轰击,只有稀疏的炮声向我阵地后方发射,企图阻止我预备队增援。在敌炮火延伸的瞬间,敌人即以坦克为先导,掩护其步、骑兵向我蜂拥前进,我阵地尚未被击毁壕沟里的守兵,突然以步枪、机枪、手榴弹猛烈密集射击,打得敌军人仰马翻,死伤惨重。敌坦克虽然不怕我步、机枪射击,仍然前进,但在攀登我阵地前人工修成之陡坡时,即被我手榴弹所阻止,只好急转弯向后驶退。这一仗,敌人以步、骑、炮、飞机、坦克联合攻击,企图一鼓作气夺取我阵地最主要据点——大竹山,结果终于被我军击退。但敌人是不甘心失败的,当日下午2时左右,我守兵正在复修被敌炮轰毁的阵地时,敌方又开始轰击,炮声比上午更为稠密,炮弹如雨点一样落在我军阵地上,不及两小时,我大部分战壕被轰平或炸成漏斗,连阵地前人工切削的陡坡亦被炸平,我军守兵伤亡亦很惨重。因此,在敌人仍如上午一样进攻时,就不能有效地阻止敌人的突击而撤回第二线阵地。幸时已入夜,敌占我据点后,即不向我追击,我残存的守兵得以安全进入第二线阵地。

第一七四师守备地区由滚山至凉水沟之线,同一天拂晓后,亦遭日军的步、骑、炮、空和坦克的联合攻击,损失惨重。当第一八九师转入第二线阵地时,亦先后转移到该师厉山前面之第二线阵地,与第一八九师连成一气。

第一八九师转入第二线阵地后,认为日军素来不善夜战,即由预备队选派斗志旺盛和勇敢的官兵,组成夜袭队向敌夜袭,企图收复已失之大竹山重要据点。敌军虽不善夜间攻击,但是依靠他优越装备,夜间防御仍相当坚强;而且在占领我阵地后,已将我阵地工事改造,反过来为它利用,当我夜袭队接近据点时,敌方封锁火力十分稠密,加之他有探照灯和照明弹,使我军无法突进,乃乘夜退回。

战斗的第三日天亮后,敌人一如昨天的打法,向我第二线进攻,但我军的战斗情况则与昨日大不相同了。因为第二线阵地只有一些散兵坑,既无战壕足供掩蔽,更无交通沟可资运动。官兵一看到敌阵地内的气球升起,就好似敌人已站在自己头顶一样,加之单靠自己的步兵火器,抵抗装备优越的敌人,苦战了两日,左、右集团军的友军既不支援,后方又无部队增加,官兵的抵抗信心已经动摇。所以本日全线整个无激战,只有敌人节节进迫,我军就步步后退;刚近中午,两师第一线的部队都已退到各师师部附近了。第一八九师师部所在地杜家湾,已受敌炮火轰击,不久,敌人的机关枪亦扫射到大门口了;同时发现敌骑已由我左翼飞驰向高城前进,几将截断第一八九师的后路。在此紧急情况下,我即以电话向军长请示转进路线和尔后集结地点,但电话尚未接通,前线部队已纷纷退过师部两侧;当即令接近师部之五六五团为后卫,向军部所在地之夏家湾撤退;旋衔随军部后,沿桐柏山南麓经刘家河、吴山店、鹿头镇、太平镇向枣阳转进。其余第五六六团、五六七团和补充团均与第一七四师沿襄花路经净明铺、唐县镇、唐王店、随阳店至枣阳集中。

第一七三师原为第二线部队,在净明铺附近已构筑有加强的野战工事,负有在第一线阵地失守时,即在第二线展开战斗阻击敌人的任务。所以在第一线战况最紧张时,都不作为军的总预备队使用增援前线;但由于师长钟毅思想麻痹,警惕性不高,平时只有一些哨兵在工事地区警戒,不意前方突然溃败下来。当第一线部队退到净明铺时,敌人的坦克和骑兵又衔尾追击,该师的部队竟不能展开进入阵地;被迫随第一线退下的部队撤回唐县镇,改为掩护队掩护主力转进,与来追之敌激战甚烈,虽能完成任务,使军部能安全撤退,但在脱敌转进时,队伍混乱,掌握不了,师部和各团分为四路转进,致被敌人包围。各个击破,师长钟毅阵亡,五一八团团长李俊雄被俘,比起苦战三天的第一线之师损失尤大。

第八十四军由随北战线退下的部队,除第一七三师外,军部及第一七四师、第一八九师,在脱离战场后的第二日都先后到达枣阳集中。

枣阳阻击战

在5月5日左右,第八十四军(缺第一七三师)集结枣阳时,接到第五战区司令长官李宗仁的命令,着即就枣阳城郊占领阵地,拒止西进之敌,确保襄樊安全。军部奉命后即召集到达枣阳的部队营长以上军官会议,传达命令和分配任务。因敌情紧迫和时间短促,来不及构筑工事,只能利用城墙和东、西郊的自然地物进行阻击。在军部到达枣阳的第三日午,枣阳城南门外和公路上,已发现敌人的坦克和骑兵,但只往来侦察,并未向我攻击,我城上的守兵向敌发射,敌人亦未还击。但我守兵对此往来迅速的游动目标,亦很少命中。入夜后,也有一些间歇性的步枪声。这时由于我阵地的守兵在新败后,产生了惧敌心理,风吹草动即疑是敌人来袭击,便以枪声壮胆;其实敌人并未开始袭击,次日拂晓,敌人才以坦克、步、骑、炮联合向我阵地攻击,但敌人并不正面攻击枣阳城,只以飞机轰炸和炮火射击,其主力则集中攻西郊我山坡上的阵地,企图绕过城北,截断我城内守兵退路,包围歼灭。初在山坡下与敌激战,因地势缓斜,被敌骑兵和坦克很快冲进阵地,迫使我军节节后退;惟半山以上山势陡峻,敌人的攻击部队受了地势的限制,我军才站住了脚。由于我军占了顶界线,居高临下,发挥了机枪和手榴弹的威力,把敌人压制于半山下,敌我暂处于对峙状态。但在下午 1 时左右,突然发现敌骑兵六七千人,坦克三四十辆,由枣阳东北之吉家河向我军左后方急进,其先头已接近军部附近,几将形成对我全军的包围,军部不得不急令守城和城外战线上部队迅速撤退。在前线部队尚未完全退出阵地时,第一八九师已被敌骑兵袭击,秩序突然混乱。于是军部和一七四师遂仓皇沿唐河左岸迅速后退,直至杨垱附近渡唐河后,始脱离敌人包围,当晚在离唐河西约四公里之村落宿营。

第一七三师自唐县镇掩护军部转进后即失去联系,情况不明。第一七四师之周敬初团和一八九师白勉初团,以及门国安营均于枣阳撤退时,被敌冲散,未随主力转进。这些部队沿途都与军部、师部联系不上,直至我们转进到老河口时,始知道第一七三师自唐县镇脱敌后,分两纵队向唐河西岸吕堰驿撤退,在枣阳东北与敌遭遇,被敌击散,团长李俊雄退至唐河东岸无法渡河被敌俘去,钟毅师长只率护卫兵20余名至苍台镇被敌围击阵亡。第五一七团和五一八团残部转入祁仪山;周敬初团和白勉初团之一营亦在该山内与一七三师两团会合。以后与长官部电台联系上,旋由长官部直接指挥这些散落部队,向敌后游击。只有五一九团在唐县镇先行撤退,未被包围截击,但队伍仍极散乱,分批退回光化。

我军主力在唐河西岸宿营一夜后,拂晓向邓县转进,准备在邓县收容集结队伍,再开回老河口。不料在下午 6 时左右,大部分队伍已进入邓县城,正在分配宿营地时,忽闻城外枪声四起,当时刚进城门的部队,即仓促登上城楼还击。城内部队均以为敌人追到,不及抵抗,即纷纷向西、北两门退去;由于人多街窄,秩序十分混乱,所有驮载已卸架之步兵炮、重机枪及其辎重,多数遗弃。当队伍退出城后,已是晚上八九时,天黑又下小雨,实际情况一时无从探悉,由西门出城的部队取道林扒、孟家楼回老河口;从北门出城的部队则绕道张村回老河口;在离邓县的第二三日先后到达光化城附近集中。

在离邓县城的翌晨,接到我后卫被袭击部队的报告,才知道昨日上午突然向我袭击的敌人,不是日军,而是河南内乡地方武装别廷芳的民团。部队集中后,全体官兵对此都非常愤恨,但顾虑大敌当前,避免影响抗战,只由长官部向邓县县长交涉,交还被收缴去的武器和辎重了事。

樊城近郊激战

第八十四军在枣阳阻击战失利后,尾追之敌既不侵入新野,也不向邓县追击,只以大队骑兵(据说2000多人马)由排子河附近渡河,径直向老河口东面40余华里地区突进,企图围歼李宗仁将军第五战区司令长官部。长官部察觉敌人这一意图,派出警卫团先到该处阻击。及第一八九师到达老河口时,又急派我率两团驰往增援。当我率队赶到时,敌骑已被击退,并打死敌人战马十余匹。日军这一着未能得逞,仍退回唐白河东岸,增加兵力,再由双沟、张家湾之间强渡唐白河,直接袭取樊城。长官部复令第一八九师驰援,由第十一集团军总司令黄琪翔直接指挥作战。当第一八九师于是夜开到樊城时,天已大亮。黄琪翔即令第一八九师直开唐白河前线协助友军拒止敌人渡过唐白河,巩固襄樊。当我继续率队到达战地时,已闻炮声隆隆,敌人与我友军第三十九军正在隔河对战,战况相当激烈。友军见我师远道星夜开来,已相当辛苦,故请我们暂为休息,必要时加入作战。当日下午2时左右,接到友军通知,敌人已强渡唐白河,在河岸下占领阵地,借东岸炮兵掩护,猛向我军突击,要我师加入战线中部战斗,以便他们左右移动,增厚两翼兵力。当我师部队加入战斗时,敌因受我新增火力猛烈射击,均急伏在河岸下,一时不敢前进。但友军自我师加入火线后,不是向左右移动增厚两翼兵力,而是陆续向两翼撤退,陷我师于孤军作战,敌人乘机向我左右两翼突进,形成对我师的包围态势。我虽以预备队增加两翼,但在兵力、火力敌我众寡悬殊情况下,也只能支持两小时,下午4时即随友军之后,向樊城近郊撤退。

第一八九师到达樊城时,已近黄昏,旋有第十一集团军派来传达命令的参谋,传黄琪翔总司令的命令:"着第一八九师即在樊城北面四五公里之森林地缘占领阵地,迅速构筑工事,抵抗敌人,保卫樊城。"衔接第一八九师右翼跨过公路至襄河边一线为友军(第三十九军)防守。第一八九师刚展开进入阵地,即发现追击之敌出没于我前方,敌骑左右奔驰,往来侦察。正当日暮时,敌人即以小迫击炮向我阵地轰击,步、机枪亦同时发射,我阵地上同时还击,一时枪炮声甚密,战况顿趋激烈,但实际我既未出击,敌人也不敢前进。时东门外的枪声更加稠密,而且越响越近。夜里10点钟左右,我派向友军联络的人员回报说,友军方面敌人实行夜袭,战况十分激烈,友军阵线已动摇,逐步向东门后退,现在距离城门尚有七八华里。

当夜11时许,集团军参谋长打电话给我,传达总司令黄琪翔的口授命令说:"第一八九师的任务是确保樊城,拱卫总司令部,无论如何都不能撤退,总司令坐镇樊城,情况紧急的时候,还要亲到你们阵地巡视。"我听了电话后,即对师部参谋长和各处长说,总司令很镇定,坚决要固守樊城,情况这样紧张,战线这样迫近,总部不但不转移,而且总司令说,还要到我们阵地来巡视,这真足以振奋士气,我们必须迅速将此情转告前线官兵,要坚决固守阵地,不使樊城失陷,才能克尽战斗职责和对得起总司令。不过我自己内心考虑,樊城城内战斗部队,只有总部一个特务营,并无其他部队,平时又未构筑城防工事,单靠近郊这一线的临时阵地,而且右翼友军的战斗力,比我这支在随枣两次战败的部队还要薄弱,在这种条件下,樊城能够固守吗?但是总司令这样镇定，坚决要固守，我们再不应有所顾虑，就是牺牲了，也不丢开总部而退走。

约夜半1时，忽据派往右翼友军联系之副官回报，东门外情况十分紧张，友军不能阻止敌进攻，现已退到东门附近。东门城楼，原是总部特务营防守，联络副官经过东门时，城楼已空无一人。我当即转报总司令，但电话不通，以为线路发生故障，即派通讯兵沿线向总部检查，不久接到查线兵由城内打电话回来说，线路未坏，但总部总机已拆除，总司令部也不在原驻的地方，不知迁移到什么地方去了。当时我甚感奇怪，总部是直接指挥我们的机构，为什么转移位置不通知我们？战况又如此紧张，今后如何联系？当即一面以无线电向总部电台联系，一面复派参谋一人率武装士兵一班，迅速入城切实了解总部的动向。约一个半小时后，入城侦察人员仓皇回报，总部确已空无一人，仅据附近居民说，约12点钟的时候，总部就全部出城，由公路向老河口方向去了。

到了次晨3时左右，我阵地战况仍无什么变化，敌我只以步枪对射。惟东门外友军方面，情况十分沉寂。不久，我们的联系员跑回来报告，始知友军已由樊城南门外渡河退到襄阳去了。但是敌人既不追击我友军，也不进城，现在由城外向西门方面前进。

我根据当前情报判断，第一八九师的处境已相当危险，一夜的战斗，敌对我阵地并未认真攻击，现在绕过我后方，又未向我袭击，必是企图抑留我军于阵地内，以达将我师包围而歼灭的目的。如果被敌先占公路（樊城通老河口），直向太平店窜进，不独第一八九师全无退路，即长官部也要受到直接威胁。当即派出师总预备队的一个营，迅速占领竹条铺公路附近，阻止敌向我军侧后窜进。在危急关头，总司令部的无线电又联络不到，乃即决定先向太平店转移，当我先头部队将到太平店时，遇到长官部派人来通知：第一八九师不能再向老河口撤退，在太平店集结队伍后，仍向樊城前进，坚决阻击来追的日军；长官部已决定派队增援，命令即到。于是第一八九师转头复向樊城前进,当晚在竹条铺附近宿营,并未发现敌人来追。次日即继续向樊城探索前进,始悉敌人已于昨日下午由襄河左岸向钟祥方向退走。长官部派来增援部队,即第八十四军军部及一七四师与一七三师之一部,他们也先后开到樊城。因敌远退,我军未追击,即分驻樊城附近,从事休整。

（作者时任第八十四军副军长兼第一八九师师长）

准备冲锋的桂军

九、在枣宜会战的敌后战斗十二天

凌云上

侵华日军侵占武汉后,曾对我第五战区防区几次发动大举进攻,造成两次大战即随枣会战、枣宜会战。

枣宜会战爆发前,日军将其主力集结于随县、应山间地区;另以有力之一部步骑兵集结于信阳地区,作为右翼包围部队。大战发生后,则欲将我主力包围并歼灭于枣阳以北地区。

此次会战,我八十四军的作战部队:一七四师及一八九师为第一线兵团,一七三师为第二线兵团。第一线兵团占领凉山沟亘塔儿湾、万家店间以东高地,第二线兵团占领净明铺公路两侧高地。

第二线兵团之一七三师,共有三个步兵团及师直属部队。步兵团有五一七团(团长凌云上),五一八团(团长李俊雄),五一九团(团长伍文湘)。五一七团占领净明铺南侧高地,五一九团为预备队,位置于乔家水砦附近地区,各部队均构筑防御工事,并由苏联顾问逐一检查,认为我五一七团的火网构成,尚称严密,各自动火器占领的火点联系良好。但会战发生后,这道工事没有用上。

会战发生之第三日,八十四军各部队向枣阳附近转进,我一七三师,由净明铺移唐县镇附近占领阵地,掩护各部队转进。我五一七团占领唐县镇西侧公路以南高地,五一九团占领公路以北高地;师部及五一八团,位置于万福店附近地区,当八十四军各部队转进通过唐县镇、唐王店之线后,敌即向我尾追,到达唐县镇东端,即被我勇猛阻击,掩护军之转进安全。当敌未到之先,我已派出坚强之班排小部队,占领唐县镇东端家屋及唐县镇以西附近各村庄,预坚固工事。敌到此后,处处遭到袭击,无法前进,乃以大炮和坦克向我猛攻,除象山被敌战车攻陷外,其他阵地屹立不动;敌乃继续炮击。尤其将近黄昏时,攻击更为猛烈。因此,师部命令我们在唐县镇附近的掩护部队,于下午5时撤退,以五一九团掩护五一七团撤退,但五一九团不堪敌之压迫,不遵照师部命令,又不通知五一七团,擅自仓皇退走,致五一七团左侧受敌严重威胁,迫得抽调有力一部,到左翼掩护团之安全。直至5时完成任务后,即行撤退,按照师部命令,向枣阳东北之鹿头镇东端高地,掩护军之转进。是晚天候昏黑,咫尺不辨,行进极为缓慢,至次日拂晓前,始到达目的地。是晚我团到达随阳店正转向吉家河时,即接到十一集团军黄琪翔总司令的命令,要五一七团就近选择阵地,节节抵抗敌人,苦撑十日等语。我当时考虑:我团脱离军而独立作战,补给问题怎办?不能执行掩护军的行进命令,打破了军的整个作战计划,行不行?实在使我为难。最后决定仍向师指定的任务地前进,待到达目的地后,再和军、师联系。本日我团伤亡官兵20余名。

掩护战斗展开之第二日,我一七三师各部队,到达鹿头镇附近,掩护军之转进,因敌主力指向枣阳城,不经我之掩护阵地,故是日直至黄昏尚无战斗发生。本日师部命令:按五一九团、师部及师直属部队、五一八团之顺序为左纵队。由鹿头镇附近经清凉寺、太平镇向吕堰镇以北附近地区集结待命,五一七团为右纵队,由鹿头镇经清凉寺北侧,沿桐柏山南麓道路,经太平镇北端及小河街向吕堰镇北侧附近地区,集结待命等语。师之各团均于是日下午3时出发。五一七团行进至清凉寺西北10余华里处即遇五一八团占用我军之行进路。原因是下午4时许,敌骑兵已出没于枣阳西北30余里地区,复因清凉寺西10余华里通太平镇道上,有敌战车40余辆活动,该团之行进路受到威胁,乃靠北行,占用我之行进路,而该团遂与师长失去联络。是夜微风细雨,道路拥挤,行进极为缓慢,直至将到小河街时,该五一八团始靠西南行,仍不能与师部联系。

我五一七团经过小河街后,即向西南行,离小河街约10华里处,天将拂晓,发现我所经路上几个村落,均有敌军宿营,复询地方居民,据说昨日下午,有敌四五千骑兵到达前面各村落宿营等语。天明后即派搜索队三组,向附近各村施行搜索,但均被敌军阻击撤回。我亲自观察情况,实在无法突出重围;同时敌已向我展开进攻。

当敌向我团展开进攻后,我即指挥有力之一部,占领阵地,掩护团撤入山里,好在此时小麦尚未收割,我掩护队利用天然地物与敌对抗,虽然敌骑兵几次向我猛冲,仍未得逞,我团得以安全撤至祈仪镇以南的大山里。将各要道警戒后,即从事整顿部队。

我团进入山地后,见五一八团副团长彭挺华率领该团主力前来与我汇合,据该副团长说:李俊雄团长与团主力失去联络后,自率一部向西进,在太平镇西30余里唐河东岸处,遇大队敌兵将他包围,经过剧烈战斗,除一部归来外,其余60余人及李团长等,闻均已被俘等语。当时即派队掩护五一八团到山里整理部队。当晚将我们这两个团的情况电报师部。屡呼未见复音,又呼军部和总部,也无答复。最后与五战区长官部电台取得联络,当将以上情况请其转告李宗仁长官。当晚得李长官复电,指示如下:五一八团归凌团长指挥,向敌后攻击,每日由长官部指定一个电台与我联络。是晚即与五一八团副团长彭挺华开会讨论尔后的行动和战斗。

第三日晨,按五一七团、五一八团之秩序,经张博士店向型川前进,是晚在型川附近宿营,在将到张博士店时又遇到一七四师之一个团(五二二团,团长周敬初,系湖南人)及一八九师白勉初团之门国安营,乃相约共同开到型川再作计议,本日下午4时到达型川附近,据居民说:型川南十里村庄内,有一个团长带有10余人在此住宿两日了等语。我即派人去找,始知系一八九师团长白勉初,乃请他来共同商讨以后的行动,并将门国安营交归他指挥,本晚又将他们这两个团的情形电报李司令长官,得到的指示是:一七四师五二二团归白勉初团长指挥,向敌后进攻。

第四日,我们在敌后这四个团均在型川附近严密警戒,并向各方搜索敌情。本日下午5时,我们各团商定次日的行动目标,决定以白勉初团长率领所部及一七四师之五二二团,由桐柏山南麓道路向太山庙前进,并在随县、厉山、太山庙等地区活动,相机打击敌人;我率领五一七团并指挥五一八团,由型川经桐柏东进到达吴山店,在枣阳唐县镇、净明铺等地区活动,相机打击敌人,我们商定后,即各自准备次日的行动。

一七三师钟毅师长直接指挥之左纵队,通过清凉寺约20华里处,其后尾之五一八团,因左侧被敌威胁,靠入桐柏山南麓小道行进,与师脱离联系,彼此又不设法取得切实联系,致左纵队减少一个团的战斗力量,尔后钟毅师长之牺牲殉国,此亦为原因之一。左纵队通过太平镇到达苍台北10余里唐河东岸,被敌拦头迎击,五一九团即与敌展开战斗。部队相当混乱,乃靠敌之北边突围,除一小部未能向西突围外,其大部已向西行进,钟毅师长在混乱中率警卫连手枪兵三四十名,由唐河西岸南行,企图向西突围,不意到达苍台镇以北五六十里处河曲中,即遇敌大队骑兵向他围攻,因所率士兵均系手枪,敌闻此手枪声音,知系高级指挥官所在,围攻更加猛烈。所部尽力抵抗,弹尽援绝,伤亡殆尽,钟师长壮烈殉国,士兵仅得二三人生还,其余尽行牺牲。此役转进,一七三师师长殉国、团长李俊雄被俘,官兵伤亡200余人,损失相当严重。

第五日,白团长指挥各部,安全到达唐王店附近,我指挥之两个团到达吴山店附近宿营,并向各方搜索敌情。

第六日,白勉初到达太山庙,除以五一八团向枣阳县城进攻,我率五一七团向唐王店前进,获知枣阳及唐县镇等处均有敌之兵站,遂令五一八团本晚到达枣阳附近后,即夜袭枣阳城内敌之兵站;我率领五一七团到达唐王店后,乘夜袭击唐县镇敌之兵站。晚10时,以一个加强营由该唐县镇东端进攻,因该镇东端高地有敌碉堡二个,街市上亦做有巷战工事。进攻至午夜1时许,除一部攻入街市外,其外围碉堡未能摧毁,其兵站略受损失。是役我伤亡士兵十余人。至2时许,即向唐王店撤回。五一八团黄昏后到达枣阳附近,即进行夜袭,出北门城墙爬入城内,出敌不意突击敌之运输部队。计虏获敌军马4匹,击毙军马 30 余匹。并掳得一部分军粮。

第六日夜半后,我派第三营营长率领 6 个连进出唐县镇以西四里许隘路及公路两侧高地埋伏,准备袭击敌之汽车队,部署完毕,天已拂晓。

第七日上午 11 时,敌汽车 80 余辆,由唐县镇向我驶来,其先头车辆到达被我先行破坏之公路处,忽然停驶,我即发出信号弹,集中火力向敌突行猛攻,敌酋发出紧急集合号音,汽车上敌之正副驾驶兵,各携步枪一支,跑到敌之队长前集合,共七八十人,与我军展开战斗。此役,击毁及烧毁敌汽车 30 余辆,我亦伤亡官兵 40 余人;在完成任务后,即向安全地点转移。

第八日拂晓前,一七四师之五二二团,在太山庙前面通厉山道上四里处隘路上,埋伏部队。于是日 9 时许敌汽车 30 余辆西驶(因净明铺附近公路已破坏,敌汽车改道由厉山东端经太山庙向唐县镇驶去),遭到五二二团伏击,计烧毁及击坏敌汽车 16 辆,夺获敌胶雨衣 70 件,军粮甚多。

此后,五一八团以吉家河以北山地为根据地,随时出没于枣阳及随阳店间破坏公路,我率领五一七团活动于万福店、唐县镇、净明铺间,破坏公路及打击敌人。白勉初团长率领之部队活动于太山庙、厉山、凉水沟间;因此敌之后方交通大受威胁,运动困难;乃集中兵力向我进行扫荡,企图维持其后方运输安全。

我军因战斗多日,弹药及卫生药品均已缺乏,经电请一七三师补充,得师军械室电复谓唐县镇东北 4 里处某山沟内有 3 个坟墓,用木牌写有士兵某某之墓,墓中埋有各种弹药,希望我们按址寻找出使用。我即派出部队于夜间进行挖掘,计得步兵炮弹百余发、步枪弹 3 万余发。这样我们尔后的战斗,就有把握了。

第十日上午 9 时,敌 200 余人由唐县镇向唐王店我团进攻。我以两个营占领唐王店南侧高地与敌展开战斗,敌之进攻异常猛烈,冲锋三次,均被我击退。最后,敌使用烟幕筒及双红绿线的毒气筒向我进攻,因风向临时转向他方,并经我沉着勇猛抵抗,敌始回窜,我团追击至唐县附近撤回唐王店,是役在战场捡获敌未擦着发火剂、尚未着火之烟幕60余个,以后均缴呈五战区长官部,向国际证明日军使用毒气的罪恶行为。是役我团又伤亡10余人。当晚8时,在唐王店听到太山庙附近枪炮声极为浓密,料为白勉初部被敌攻击,旋又接白来电报谓:敌向太山庙我军进攻甚烈,请速派兵驰援。我当派一个加强营乘夜驰往增援,我营到达太山庙附近后,即向敌左右攻击,敌不支向厉山溃退。是役白勉初部伤亡10余人。

此次向敌后作战,共12日,各团负伤较重的80余人,因药品缺乏,均送桐柏山内青台镇随县县政府,请其代请中医治疗,得到热忱帮助,仅及月余,均已痊愈出院归队。这次战斗过后,敌主力由宜城附近强渡襄河,转向宜昌方面,我们这几个团接到长官部电令,由新野以北,开回光化附近整理。

(作者时任第八十四军第一七三师第五一七团团长)

十、守卫大别山和商城战役

莫树杰

1941年1月,皖南事变,3月中旬,我奉军事委员会命令率领第八十四军的第一七四师和第一八九师两个师及军直属部队(一七三师残部归建五战区司令长官部)划属第十战区。司令长官部设在立煌县城附近的古碑冲,战区司令长官是李品仙,副司令长官张义纯,参谋长陆荫辑。第十战区拥有原第五路军辖下的第七军、第四十八军、第八十四军共三个军,以及四川的第三十九军等,兵员约十万人,任务以守卫安徽省西部金家寨(当时改称立煌县,是安徽省政府迁移驻地)为中心的大别山游击根据地,配合平汉铁路西线友军袭扰平汉铁路南段敌人的交通线。

大别山区横亘于淮河与长江之间的鄂、豫、皖三省交界处,山区有30多个县,北枕淮河,南临长江,丛林密布,山路崎岖,平汉铁路南北贯穿于第十与第五战区之间。第十、第五战区俨然一把钳形夹向武汉,皖南还有第三战区踞于长江下游。当时日军占领平汉铁路明港以南至汉口一段,但自明港以北至许昌一段则在我方控制之下。因此我们随时做好准备配合伺机反攻收复武汉重镇。第八十四军部置是:一七四师驻扎在潢川、光山、罗山一带布防,一八九师驻防于麻城、罗田、滕家堡一带;军部和军直属部队驻扎在河南省属的商城附近。

再次整肃军容

我鉴于八十四军在鄂北襄樊一带时曾堕落到军风纪败坏,嫖赌盛行,军官借赌出卖情报,虽经严厉整肃,但后来战火一起,失利转移之际,军纪仍不能控制。今移防到大别山区来,又发现有嫖赌苗头,民间搓麻将,打牌九是公开的,有些旅舍伙铺的女客来历不清,我决定必须再次严加整饬,防止敌谍汉奸混入防区。与居民群众关系务必建立鱼水之情,才能同心抗日,不然,一支无纪律的队伍便是乌合的一堆散兵游勇,怎能作战? 在护法战争、北伐战争时期,我是有亲身体会的。乃用八十四军军部名义贴出布告,重申军令部的四条律令。布告张贴以后,有一天在商城县城街上一家住户被巡逻队抓获聚众赌博犯四名,内有两名是送补充新兵排排长,经军法处审讯后立即执行枪决了,另两名一是中学教师,一是小学教师,判陪杀,刑后游街示众释放。从此军容大为改观,纪律严明,深得商城及附近各县我军驻防地方民众称赞,军民相安。寒冬腊月,有些部队士兵尚无棉衣御寒,有时甚至以田间小野生动物为食也不犯百姓。据当地群众反应,自民国以来,商城附近几县驻军的番号很多,能得群众称道者唯有我第八十四军和前西北军而已,群众称呼八十四军叫"莫"军。

枪毙严正国除暴安良

我军部一进驻商城,就知道本地有两个大恶霸,一叫严正国(第八十四军防区光山县县长,商城县城关人),一叫顾敬之(第八十四军防区商城县县长,商城县达权店人),占田千顷。尤其是严正国更是当地几个县人民所痛恨,拥有武装千余人,武器精良,有炮,有轻重机关枪,俨然一个部队长,私设法堂,自定律令,掳掠征敛钱财,鱼肉百姓,奸淫妇女,逼良为妾。如我军需要征雇民夫或补充给养时,政府行政机关竟必须仰严正国、顾敬之的鼻息,没有他们许可,一个民夫,一担青菜都成问题,只要一经他们点头,就能立即如期如数解决。因为驻军是流动性的,严、顾则是永久住霸的,所以群众畏于其淫威,只能唯严、顾之命是听。更有甚者,商城郊外附近有个山神寺庙,庙宇轩昂,有楼宇的古建筑,住着一个老和尚带有徒弟10多人,在严正国保护下,大兴封建迷信的问仙求神活动。几县甚至成十县群众受其宣传愚弄,百里之外也来朝拜进香,进香油钱最少一块大洋银圆,多达上百银圆。每天朝拜进香求福者不下数百人,行人如蚁,据说一天收入上千银圆。我军部参谋处发现我们的军事行动,驻地布置变动很快泄密给敌人。有一天有个民夫在完成挑运任务后回家，我哨兵观其神态可疑，搜查出严正国的通敌密信，经审讯据实招供。同时也发现朝拜山神求福的人群中杂有敌谍。我决定必须除掉严正国，除暴安良，砍断敌人谍手。

我轻装简从，登门拜访严正国交朋友，感谢他的帮助。严正国的住宅，建于一个利用低洼地修建的人工小湖中间，有围墙电网拦护，只有一座铁制吊桥通行出入。白天警卫森严，晚上收起吊桥，桥外通宵派哨兵警戒，他拥抱美人淫乐于孤岛式屋宇中间，以为这样就可以确保安全。我登门拜访时，严正国出迎于吊桥之外，设宴殷勤款待，顾敬之也邀来作陪。道别时严正国和顾敬之携手送我过吊桥，边走我边和他开玩笑说："保护你的是老百姓，群众都拥护你，听你的话，濠水和吊桥还不是主要的。"我赞羡他的高明，他听了很得意忘形，顾敬之也在旁边帮腔，严正国叫我"贵军有什么需要，尽管找我严老弟解决，不用找那些什么县政府"。

那个山上寺庙的老和尚在朝拜求福者进香时是不得见面的，老和尚高坐在庙宇高楼上，由一个巫婆或一个仙公在香堂接受进香者的祈求。老和尚在高楼高声答话，排难解纷，大多数是模棱两可的双关签语，横猜直解都相似。因此一般受愚弄的群众都是道听途说的灵验话，因为另有一个老学究式人物在庙宇大厅横门用传声筒把叩拜者的祈求、身份、装束或集体求拜的人数、乡里等向楼上老和尚报告。我预期去庙堂朝拜，用各种方式向附近乡民宣告，目的是鼓励招来群众，准备揭穿其欺骗戏弄百姓的骗局，当场逮捕老和尚。到预定那天，我秘密布置了一个营的部队以防万一，果然附近数十里乡民那天一清早就集有五六百的"信男善女"，比往常热闹多了。我约在上午10时到达寺庙，以军长身份，带一个参谋，军装整齐，恭敬地上香叩首朝拜，拟计划于某日向敌人某驻地偷袭，求卜胜负。另一位化装平民的参谋当作好奇地在庙堂横门暗中监视那个老学究的传声秘密。那高居寺庙楼宇的老和尚不见我面而知道是军长朝拜，谦声请免叩首起座,并读签"要加强力量,到时神明感我虔诚,有天兵相助,必定胜算"。那些朝拜的老百姓和各信徒,更互相传颂神明灵应,因为老和尚并不见面就知道是军长来进香。就在这个时候,一个未化装仍穿军服的参谋和那个化装穿平民服装的参谋同时拔出手枪把那个玩弄传声筒的老学究抓出来示众。武装便衣原来杂在善男信女之中,也拔出手枪登楼把老和尚捆绑下来,当香众面前揭穿老和尚的欺骗勾当。我宣布立即开放寺庙,给群众登楼参观他们的戏法设备、签语书等。将当天所收香油钱3000多银圆发还群众,劝群众回去互相传告此后不要上当。并搜查出通敌文件密送回军部。我下令立即把寺庙贴上封条,派部队保护,进一步搜查敌谍材料。守庙的老和尚、巫婆、仙公,解送交商城县政府收押。当晚审讯招供是严正国、顾敬之的阴谋,香油钱都要当天交缴给严正国。

第二天上午,严正国带领一排武装卫队,机关枪几挺,到军部拜会我。我热情地招待他,亲自奉烟敬茶,寒暄几句客套话之后,严正国说:"这间山神寺庙从前清以来,就是附近百里信男善女群众进香求福的灵神,对地方治安、道德、良心起很大作用。前西北军在这里打仗,凡上香许愿者都获得胜利。请钧座体念群情,顺应民意,把扣押的神人全部释放,揭封寺庙,撤走卫兵,我们保证会合作抗日,不然,犯了众怒,贵军行动所需民夫将无法说服乡民服从征集,平时蔬菜给养也无法供应。"我说:"有你出面,一切好商量,这是一场小误会,照你意见办就是了。"立即吩咐酒宴招待,严正国很得意。我密示参谋立即叫通长官部电话找李品仙司令官通话请示。此次严正国亲自到军部来,是我意料中事,我同时派武装部队出动把梅治潮(第八十四军防区罗山县县长,商城县双椿铺三里坪人)关押起来。我向李司令长官报告:"严正国已到军部,梅治潮也已经逮捕,是否可以立即枪决?"李长官说:"先扣押起来,立即用电话请示李宗仁。"我说:"请示李宗仁就杀不成了,鄂北会战时我要求惩办别廷芳他就不同意,还是先斩后奏吧,不然在我们辖区内有第二个政权武装,我军行动他很快就通报敌人,汉奸不杀,留他做什么? 文字手续补办,用军部名义布告群众。"李品仙同意立即枪决严正国、梅治潮。

我讲完电话,即进行布置,回到客厅,向严正国道歉,说一八九师在麻城前线抓到两个通信汉奸,小事。酒宴开始,我和副军长凌压西夹着严正国坐于中间,陪席的参谋处长、副官等高级官员夹陪于严正国的秘书、参谋之中,严正国带来的警卫队则由副官、团长等陪饮于另一大厅。酒席中我们互相敬酒,我以酒礼碰杯,答应当天席罢释放和尚和寺庙人员,严正国得意致谢回敬。正亲切交杯之时,预约好的上菜侍候是一位力大体壮的班长,选在我和严正国之间进菜。

"请长官让让,菜来。"

我和严正国及其随员正举杯齐眉,严正国斜身让菜站立不正的顷刻间,上菜班长突然把一盘多汁热菜朝严正国脸上盖去,严正国失防,被身边高大力壮的凌压西副军长和在旁服侍的卫士背手绑起来了,凌副军长随即拔缴挂在他腰间的左轮手枪,他的随员也同时就擒。在外一厅架了枪喝酒正兴的卫队排长同时被背手捆绑,腰间插着的两条手枪被收缴了。外面架着的枪支、机关枪也突然一下子给预伏的士兵全部搬走,几十个徒手兵只得跪地求饶。领席的团长叫这些士兵起来食饱饭、不用怕,我们的目的是抓汉奸严正国。

我叫人给严正国揩抹干净脸上菜汁,这个横行霸道商城、潢川、固始、光山、息县几个县,鱼肉人民的大恶霸,享受初夜权的封建主,当了阶下囚,跪地求军长饶命,不敢为欺骗军长的和尚说情,保证抗日到底。参谋把他通敌的证据,他亲笔写给日本联队长的信,摆在他面前叫他看。严正国脸色立即变青,额头冒汗,全身打抖,求军长饶命,保证戴罪立功。军部军法官宣判严正国,商城人,通敌当汉奸,坑害百姓,罪大恶极,立即执行枪毙。我命令严正国的秘书、参谋下令严正国在各地的武装分别按时到指定地点缴械,但有的带枪逃跑了,只缴获六百多人枪,四门炮。梅治潮也同时枪决,布告各县,为民除暴安良,凡属胁从的士兵当差者一律释放回家务农,老和尚及其所属官佐随员、管家均扣押交各县政府司法部门昭告群众揭发,量罪判刑,无罪交保释放,百姓称贺,有些妇女来到军部台阶前下跪谢去。日本人则被砍断了一条得力谍手。商城、潢川、光山各县政府基层组织才真正建立逐渐巩固,行使政权。八十四军纪律严明,原来在第十战区甚盛的嫖赌在我军辖区内严禁敛迹,把收缴来的麻将牌在军部台阶前砌成"亡国灭种赌博犯"七个大字,凡出入军部的官兵,来访人士都要踩字步过,以示昭戒禁绝的决心。军民关系融洽,团结抗日,尤其得群众亲密协助,对防奸防谍工作比以往严密。布告把严正国、梅治潮全部财产没收充公,妾婢解散,有家归家,无家者由当地政府妥善安顿,人心大快,为后来的商城战役军民合作打下了良好基础。

日寇佯动八十四军调防

第八十四军任务是巩固大别山根据地,袭击平汉铁路南段,扰乱敌人的交通运输线。1942 年秋,接到第十战区司令长官部电令云:"根据军令部指示,日寇在平汉线北段与陇海铁路东段调动频繁,着八十四军调驻淮河以北及汝南县附近地区布防。"我立即召集军部有关将领、师长和幕僚研究,一致认为我军原来的主要任务是巩固大别山及袭扰平汉铁路线南段敌人的交通运输的重要战斗任务,敌人正苦于我军的袭扰,现在如果我军他调,无疑是解除敌人之忧患,敌人又可乘虚扫荡,我们回援不易,拟在正阳、息县、潢川几县地区作梯形配备,俾能兼而顾之。这个建议经两次上报都不获司令长官部批准。这时适因司令长官李品仙去重庆开会,副司令长官张义纯代理,参谋长陆荫辑与张副司令长官意见不合,互闹矛盾。我不得已于 10 月间遵照长官部命令移驻汝南地区完毕。当八十四军军部离开商城,民众送来很多慰劳品,有酒肉和"为民除害""除暴安邦"的锦旗,学生和各界列队欢送,对我们除掉严正国、梅治潮两个土豪恶霸,表示感谢。

我军部遵命调到汝南等地区后,利用一切可资利用的时间,就地整训部队。这时我发现友军和长官部中上级军官与敌占区走私经商的歪风盛炽,下级军官士兵坐庄开赌,实为敌我两军对峙中的大隐患。我下令禁止八十四军部属,不准走私庇私经商,辖区内百姓也严禁聚赌,加强防奸措施。

驰援立煌与商城战役

上述重庆军令部所获的情报:"日寇在平汉铁路北段与陇海铁路东端调动频繁。"实际是日寇卖出的假情报,信以为真而被汉奸迷惑,上了敌人的当。果然不出所料,浩劫终于发生。日寇见重庆军令部已上了他假情报的当,并已命令八十四军调离商城、麻城、罗田一带防地,远驻汝南。自立煌(金家寨)到商城、潢川一带空虚,立煌附近只有刘和鼎四川军第三十九军一个军和一个警卫团防守。敌人第三师团加强到一万多人配备,向立煌进攻扫荡。1942年12月中旬,八十四军军部突然接到第十战区司令部急电:"日军由英山、罗田方面窜袭立煌,着八十四军兼程向立煌驰援进击。"军部立即召集各师师长、参谋长及军部僚属会议决定:①现驻在军部附近的一八九师第五六五团团长莫建章率领该团为军部前卫,立即由驻地出发经息县,越过商城向立煌县急进;派军部情报科率军部搜索连立即出发向立煌、麻城方面侦察敌情具报;军部直属部队跟着在五六五团之后前进;②一七四师在军部后面跟着开拔;③第一八九师(缺五六五团)由驻地出发经固始县向立煌疾进。散会后各部队立即按计划全军以急行军速度,日夜兼程驰援立煌县。

由淮河以北汝南县附近驻地到商城走了6天,由商城到立煌都是崎岖山道,还需要走一天行程,我军部到达商城已是12月23日。我军自淮河以北汝南附近南下行军所经各地,居民百姓都挑茶担食出迎慰劳,特别是到达商城时,乡绅父老、男女老少、商界、学生都沿街欢迎。因战事已迫在眉睫,居民都在做疏散准备,学生已停课,军部即择驻街上一间小学校里,校长教师热情地协助我们安排。且政府机关已部分撤离,留守人员积极协助我军组织民夫、给养,军民关系很融洽。此时军部各位官员更进一步体会到当时果断地清除严正国、梅治潮势力的必要。

　　军部到达商城的第二天凌晨，参谋处就接到前方情报，知悉原驻防滕家堡友军刘和鼎部已向东撤去，日军一股约3000人，相当一个师兵力已占领了滕家堡，正继续越过界岭向商城方向前进。立煌城里已闻炮声，李品仙在重庆开会未回，长官司令部将帅不和，没有制订作战计划。刘和鼎既已东撤，立煌县城于1943年1月2日失守，李品仙在重庆闻知立煌失陷，转回广西，副司令长官张义纯与参谋长陆荫辑不和，又与守军刘和鼎宿怨很深。虽拥有四川一个军兵力，不抵抗敌人，不战就走，既不及时将敌情向长官司令部报告，也不和八十四军联系，我军驰援的先头部队到达进驻立煌附近的深沟铺时，川军部队还不知道有我军来援。我即着无线电台向长官司令部呼叫，呼叫了一天也不得回音，联络不上，长官部行址不明，整个战局形势无法获悉。根据军部搜获情报，敌人在立煌正与我八十四军部队激战中，自滕家堡向北窜犯之敌，当然是为了企图牵制阻止我军向立煌增援。我决定立即命令一七四师派出一支加强部队攻占汤泉池一带高地，阻止敌人北窜，军部率五六五团和一七四师主力由商城向立煌疾进增援，设法与友军刘和鼎取得联络、配合先围歼侵入立煌之敌。并即命令五六五团迅速占领苏仙石一带高地，掩护后续部队前进，行军序列为：五六五团、工兵营、军部、特务营、第一七四师。拟占领商城东南方向约30公里，海拔1584米金刚台脚下的苏仙石以后，派出部队经皂靴河向立煌搜索前进。这时，与一八九师无线电联系突然中断，他们已否按计划前进到什么地方也不知道。五六五团出发时间迟误了一些，行动缓慢，苏仙石一带高地已被由立煌西犯之敌先我占据。敌人炮兵阵地向我正前进中的工兵营突然施行炮击，双方立即展开激战。军部随即命令特务营和五六五团增援工兵营，加入前线战斗，几次强攻冲锋仍不能把苏仙石一带高地全部夺回，敌人也陆续增援兵力，我方只凭所占的一部分高地成为暂时的对峙态势。

　　与此同时，由滕家堡北犯之敌在敌机数架的空中掩护下，与我军第一七四师一部在汤泉池一带山地战斗，争夺也非常激烈。敌人大部分兵力被我军堵截激战于立煌以外至商城之间。窜犯进入立煌之敌人仅 3000 多人，没有后续援兵，立煌之敌受到我一八九师自固始方面的压迫，已受挫于立煌城内外，东面还有刘和鼎部队的威胁，陷于有被整个包围歼灭的危境中。军部突然接到潢川方面情报，信阳方向之敌人已倾巢出动向潢川进犯。长官部呼叫不出，没有指示，也不知道敌人在那个地方有什么行动。军部此时只根据前方搜索和地方提供的情报综合判断，敌人退回罗山的后路已被我军截断，由信阳犯潢川与由滕家堡向商城北窜之敌两股同时发动战斗，显然是策应立煌一带日寇，企图由立煌经商城沿商潢公路西逃，避免被我军围歼于立煌的危险。形势发展也确实如此，可是，长官司令部仍呼叫不出，无法了解整个战局，也无法请示行动，与刘和鼎部也联系不上，一八九师的无线电仍然未能取得联络，立煌战事不明。军部能指挥仅有第一七四师和五六五团及军直部队，这些部队经过 10 多天的长途行军和激烈战斗，官兵已十分疲劳。在此两面受敌的紧急恶劣形势下，不得不避开正面作战，转而采取侧击尾追的分段截击的攻击行动。乃命令一七四师逐步向商城西南山地和商潢公路南侧山地转移，部署对敌人进行侧面分段伏截，各个围歼，五六五团则尾追压迫，军部迁移到商城与固始之间的郭陆滩指挥。一七四师部署留五二〇团黄建猷团长在商城以南堵击由滕家堡北向商城袭来之敌，掩护军部转移和群众疏散。1943 年 1 月 3 日中午时分，五二〇团赶到商城以南 10 多公里处的长冲口一带布防迎击堵截由滕家堡北犯之敌。双方在长冲口一带展开激战。敌人先头部队冒死多次冲锋厮杀，企图冲开血路进入商城，都被击退，伤亡遗于阵前。由于五二〇团团长黄建猷及全团官兵的英勇战斗，敌人受挫，进退皆危之时，一七四师随即组织围歼。战斗到 4 日凌晨，敌人后续主力赶到参战，战斗更为激烈，从晨至晚，更番冲锋，敌人飞机在空中助战，也不能突破我军阵地。1 月5 日军部全部安全撤出商城进驻郭陆滩完毕，群众也已空室疏散，剩下一座空城。五二〇团奉命突然让开正路，迅速往商城西南山地沿商潢公路南侧疾进、埋伏。由立煌向固始北逃之敌也突然折向商城而来,两路敌军在商城会合,进城后发现是一座有秩序撤退的空城。五六五团原随军部撤驻在郭陆滩附近,军部即命令五六五团从商城北郊压迫商城。敌人疑我有计,不敢逗留,两股敌军会合后立即离开商城向商潢公路西逃。五六五团衔尾紧追,压迫敌人,不许敌人有喘息的时间,以策应一七四师拦堵截击。军部率直属部队回驻商城指挥,民众也陆续回城收拾被敌人纵火后的残墙破屋。军部通讯部队一直不停地向一八九师呼叫,经长时间耐心拍发讯号,终于得到回叫取得联络。一八九师与第七军一七二钟纪师及战区干训团配合攻城,经激烈战斗,敌人后退无路,撤出立煌北逃。师部已进入立煌,正在清理战场,埋葬尸体,安抚居民。沿商潢公路逃走之敌,沿途遭我一七四师伏击,分段围歼,1万多人挤在一条公路上,乱哄乱叫。由信阳犯潢川接应之敌前来接应,两路先头部队遭遇,互相开火,后才发现是自己打自己。就在这个宝贵时机,一七四师五二〇团从横侧冲出,敌人乱成一团,失去秩序控制,经潢川、罗山、光山狼狈溃返信阳。我一七四师随即收复潢川、罗山、光山等县城,先头部队直追逐到信阳城郊的五里店。溃敌被我部队侧击拦截,五六五团尾追迅猛,特别是在潢川与罗山之间,敌人自相开火的瞬时遭到突袭,慌乱中丢弃大量辎重,沿途尸体、重伤官兵也不能运走。战斗结束后,各部队就地休整,才与第十战区长官部无线电取得联络。此役敌人是乘虚孤军深入侵扰破坏我第十战区的生产秩序性质,并非大规模会战,敌人遗尸及重伤官兵千余人,伤亡人数不下 3000 多人。第十战区拥有作战部队不下 10 万人,但此役参加作战部队只我八十四军不到 1 万人。阵亡和重伤医治无效死亡的殉国烈士共 400 多人。

八十四军军部曾在 1942 年拨出一笔经费,在商城南郊购买荒地 40 多亩,建忠烈祠一座。此役各战场殓葬的忠骨亦收集群葬于此,在每座墓前立碑记载殉国烈士的姓名、籍贯。在墓群左侧建筑的忠烈祠,宽 22 米,深 15 米,建筑面积 330 平方米,净高 4 米半,正门是李宗仁亲笔题书"忠烈祠"匾额,祠内撰刻有我的"陆军第八十四军忠烈祠碑记",落款书"莫树杰撰书 剑青印,中华民国三十一年四月谷旦"以资纪念。碑刻记载陆军第八十四军参加抗日民族战争的史绩,祠内墙壁上刻铭各役壮烈殉国官兵的姓名、籍贯、官职及殉国牺牲地点。军政治部有一位画家,很精于描绘人物画像,因此尽可能将烈士遗容绘在每位烈士姓名之上方,供后人瞻仰英姿,永垂千古。可惜这些历史遗迹已遭破坏,李宗仁的题额捣毁无存,烈士们的石刻,墓碑也全部毁灭,现在祠内仅存我撰写的碑文残余,今已列入文物保管,然而忠魂千古,浩气长存!

忠烈祠的正对面建有一座半月孤矢形音乐厅,余音回绕,音响优美。军师部军乐队常在此演奏,政治部宣传队演剧宣传抗日,和群众开文娱晚会等等。

忠烈祠建成不久,敌人有一架侦察飞机飞到商城上空侦察,突然机械发生故障,天气恶劣,被迫降落在商城以南的一个荒坡平地修理。军部即派搜索连带同日语秘书将飞机包围起来,逐渐缩小包围圈,在距飞机百米左右用日语拿话筒喊话,要抓活的,叫他们不要怕,保证他们的生命安全和生活优待,请他们不带武器走过来,语调是很客气的。喊了约20分钟,他们只顾修机,突然,这两名飞行员开枪打烧飞机,随即,一个飞行员用飞机上的机枪连发打死同伴,然后举起手枪自杀。两名飞行员身上没有番号、姓名标志,文件资料都已随飞机烧毁了,只剩下一张日本长堤地图,我收藏留作纪念("文化大革命"遗失)。搜索连就地埋葬了尸体,把飞机残骸运回商城展览,当时重庆报纸报道是我军击落,并非事实。我把飞机残骸刻印有日本昭和年号的发动机壳安置在忠烈祠正厅作祭奠者的烧钱炉。

日军飞机连续几天飞来侦察,低空飞行,我们没有防空武器,用机枪仰射。随后日军一支小分队300多人,相当一个营,轻装潜走山道,突然在一个近黄昏时分冲入商城开枪。我们军部情报部门毫无所知,仓促应战,哨兵也不知来敌多少,我率军部全体部属、卫队跑步出城,组织五六五团、五二〇团立即把商城对外通路堵塞包围起来。敌人在巷战中纵火烧民房,五六五团派部队冲回城里救火,压迫驱逐敌人。敌人在忠烈祠发现飞机的发动机壳已被仰置作烈士的化钱炉,遂放火烧忠烈祠,待我部队赶到,敌人已逃跑了。经军队和群众协力抢救,忠烈祠大火烧不起,音乐厅则被烧去右边一角。敌机一架飞来低空盘旋,于暮色苍茫中,敌人集中向南冲出重围,向西南方向逃入长竹园山地。突围时被打死打伤70多人,沿途遭我守军拦击,估计逃回者已不超过200人,死伤过半。敌人进城不到一个小时,晚上9时左右全城秩序恢复,轻伤群众数人,部队轻伤十多人,没有死亡。被烧民房七八家,第二天部队就动工帮助修复,音乐厅也修复原状。忠烈祠正堂迄今犹存,列为文物保管,音乐厅已被拆毁改建为仓库了。

商城战役以后

沉痛的教训是:第十战区拥兵10万人,而且都是久经奋战之师,只是司令长官部高级将领代司令长官张义纯与参谋长陆荫辑意见不合,处理问题事无论大小都各持己见,无法平衡,不以国事为重,意气用事。三十九军军长刘和鼎与张代长官虽有嫡表之情而闹个人矛盾,宿怨私恨,大敌当前,主将不睦,贻误戎机。守军各自为防,互相不通情报,有时更有故意与长官部为难者,致使敌情不明,局面混乱。敌第三师团调动频繁于三十九军防地阵前的黄陂、宋埠及佯攻行动,上至重庆统帅部,下至第十战区长官部、各军军部竟一无所知。迨至敌人侵犯立煌城下,幸有战干团派在山顶的排哨发现,鸣枪抵抗。长官司令部和省政府仓皇撤去麻埠山沟,火急命令我八十四军驰援,战斗激烈危急时没有派一卒援兵,致使八十四军打得焦头烂额。当敌人倾巢从信阳袭击潢川接应逃敌时,长官部也不指挥友军向信阳攻敌之后以牵制之,拥10万之兵而让不到2万之敌,横扫战区心脏,从罗田、英山、麻城、立煌、商城、固始、光山、潢川、罗山等一线九个县境,孤军贯穿烧杀掳掠践踏,遭受严重损失,达到破坏我大别山游击区生产秩序的目的。

　　商城战役结束，八十四军军部仍驻商城整休，一七四师各团分驻在罗山、潢川、光山、息县对敌警戒和袭扰；一八九师驻固始、立煌，前哨驻扎到界岭、长竹园、麻城与罗田方面之敌对峙。人事调整，一七四师师长张光玮任八十四军副军长，一七四师师长凌压西，一八九师师长张文鸿。经过商城战役以后，地方损失严重，敌人过处，农田被敌人践踏，房屋被烧毁，生产秩序正在恢复期间，部队生活很艰苦。敌人驻地，群众避入深山，空室清野，敌人的给养无法就地解决，远途运输时有不济。因此我防区的农产品，自给已很困难，友军军官还利用职权走私庇私与商贩勾结，运出农产品资敌谋利，沿防线坐庄开赌，敌谍汉奸，互卖情报。军委有鉴于此，张贴布告严厉禁止，凡军政官吏走私庇私者枪决无赦；凡聚众坐庄赌博的为首者枪决无赦；奸商资敌、通敌者以军法严惩。布告贴出之后，友军歪风暂时敛迹，唯有四川的刘和鼎三十九军依然走私如故。八十四军号令各部队利用会议、上课时间宣读布告，严格执行，军师部宣传队到各县城、乡村宣传。但时日一过，一八九师前线受友军影响，赌风又起。我去滕家堡拜访刘和鼎，刘军长和我于 1929 年在安徽芜湖市时有一段夤缘，相见甚欢。畅述旧事之后话题转到商城战役，我问他敌人在宋埠、黄陂调动你有无所闻。刘军长说："一无所知，敌人响火了，我命令抵抗，电询长官部，张义纯和陆荫辑不但无情报供给也不作指示，电询军委，只是责令抵抗，究竟敌人意图、部署、战斗规模均无所告。贵军又远驻汝南，我为什么坐而待毙，因此只得东撤上山，保持我三十九军实力以观其变。再者李品仙远去重庆不归，张义纯哪有能力去招架敌人，前鄂北大会战以李宗仁之能还指挥不动汤恩伯，张义纯能指挥谁。贵军来援，长官部一直没有电告。"我说："这一仗苦了我就算了，但现在歪风盛行，军委的布告我们两军要执行，不然军心涣散，敌谍纵横，我们危险呀！"刘军长解释说："我们部属多年袍泽，一生打来打去，身上不名一文，也怪可怜了。蒋家嫡系丰衣足食，器械精良现代化，他们不但经商走私，还抢老百姓呢！我们不干扰老百姓，公平买卖，做点小生意，开个眼闭个眼，部下找两个钱算不了什么。"这次拜会，意见相左，但旧谊深厚，兴辞而归。不久，刘军长也很客气地来商城回访，言谈之间，他对与张义纯怨心难已，对李品仙则视为无能，对李宗仁表示服从，对抗战前途表示乐观。谈到蒋委员长，他说："你莫剑青北伐胜利后在芜湖的下场是够可悲的了，抗日胜利了我们又怎样下场，杂牌军的命运现在天晓得。"

渐渐地八十四军中下级军官在友军影响下，也有个别化装成平民参加赌博，甚至有做头家抽水坐庄的，我再申令严禁。有一天巡逻队在前线抓获几个形迹可疑的人参加赌博，坐庄为首的也被抓来了，在他身上搜获一份我军最新部署换防地图。军法官审讯，供认不讳，判处死刑，才知是本军一八九师的连长，他自称是李品仙司令长官的表弟，"不管你是莫剑青还是莫剑红，也不敢动我一根毫毛"。军法官夹着判案卷宗来找我，我签署依法执行，把这个连长枪毙了，全军为之震动。事后，李品仙找我来了，说我明知是他的表弟不给三分脸，判个有期徒刑就算了嘛。我说此人屡教不改，在师部就要执行。李品仙说："八十四军纪律好？鄂北会战，你军也是有嫖有赌，现在在第十战区赌钱的就只他一个？"我说："法之不行，自上犯之。李宗仁早年在玉林城隍，他的同乡拿了老百姓一包旧衣服，他还立即枪毙以正军纪。我们防地前线敌谍借赌审进来，又是他把我军情报通敌，军法官判了我签署。"李品仙调阅了卷宗，大发雷霆，责备应先报长官司令部，不能随意杀人。我说："军委规定通敌叛国，师部就有权执行。"李品仙悻悻然走了。自此以后，全军中下级军官就不大遵守纪律了。川军对我颇多评论，赌风又起，经商走私也悄悄进行。情况至此，赏罚不明，1943年7月我写了一张请假条给长官司令部人事处，人事处立即批准我请假回广西，职务由副军长张光玮代理。

我携眷回到重庆，谒见了军委会蒋委员长，汇报了商城战役经过和现在前线情况。蒋委员长听后,对商城战役嘉奖一番,表示要严肃军纪,最后说一位军长请假,长官部怎么有权批准,也不请示军委。他要我回广西探亲后重返驻地。白崇禧同我夤缘较深,谈话比较亲切,他说前线军长请假,长官部人事处哪里有权批准,你回来这么快,先不同我打个招呼,通通气。实际上桂系里边暗中实有亲李(宗仁)亲白(崇禧)的分派,我自1925年在龙洲(州)与胡宗铎会见以后,很自然一直是亲白一派的人物。白崇禧见事既如此,问我今后打算,我说:"回广西南丹老家务农,一位美国将军空送来赠送我一批良种葡萄秧,我回去种葡萄园。"白说:"战场正需军事指挥人才,不要意气以私误国,回广西也好,把广西整顿一下。日本人有个打通大陆走廊的计划,因为太平洋海路受到美国海、空军威胁着,日本想打通从武汉、长沙、桂林、柳州、南宁直达安南一条陆路交通线,广西可能会有事了。柳州沙塘石碑坪有个荣誉军人生产事务处,是1942年筹组的。目的收集安排前方伤愈官兵,按等级安排暂时从事生产劳动,潜贮一批军事人才力量,日后有用处。现任处长张任民、副处长张蕴良,我已电广西调他们两位到绥署(原因是借公营私被免职),你回去接任。"我于1943年10月回到柳州接任,处下设三个股,秘书股股长肖劲华少将,总务股股长曾乃劲上校,生产股股长朱汝培。技正同上校或中校级;技佐同上尉、中尉;技术员同少尉;文职书记同中尉;司书同上士。还是筹建阶段,官兵到的不多,生产规划是开垦荒地,私人有些插花地则倍价征用,种植甘蔗、木菇、养鱼、养猪、奶牛等。此时柳州行政专员尹承纲代张任民向我说情,要求暂保留正在升华烧石灰的五个石灰窑,我同意了,张很高兴。这些石灰窑一直经营到1944年春末日军进犯广西前夕,我奉令把该处移交给广西企业公司经济农场经理曾其新。

八十四军军长一职,我虽请假离职,但仍挂我的名字一段时间,后来才任命副军长张光玮升任,凌压西也辞去军职回南宁赋闲。

（本文节选自 1997 年 11 月 南丹县文史资料第八辑莫树杰回忆录《风尘漫忆》林南章整理）

在操练的桂军部队

经典战斗

1943年1月，第八十四军商城长冲口战斗遗址

1943 年 1 月,第八十四军五二〇团商城长冲口战斗地耳平洼鸟瞰

第八十四军抗战经典战斗

一、第一七三师蒋家河沿岸血战

1938 年 10 月武汉会战后，日军企图一举攻略随枣，进窥襄樊。八十四军为保卫鄂北重镇襄樊，坚守在随县、枣阳。日军第三师团藤田部及第十六师团藤江部，从 11 月开始，不断向钟毅一七三师蒋家河阵地猛攻，经半年多苦战，敌人始终不能得逞，战场形成胶着状态。军部为吸引日军兵力达持久战目的，于 1939 年 4 月初，派部出击应山、进攻广水，断平汉路南段运输线路。敌人军备受到威胁，遂由大江南岸调集约 2 万重兵增援鄂北。一七三师为导敌进入预定歼敌地域，遂退守塔儿湾附近蒋家河主军阵地。

此时，汤恩伯部到达高城集结，准备由北向南攻击日军侧背；第三十九军守备大洪山东麓洛阳店、浪河店附近，为拘束部队。八十四军为掩护汤集团出击，以一七四师、一八九师守备塔儿湾以南，一七三师于 5 月 1 日晚进入塔儿湾以北，沿蒋家河西岸布置阵地，左为高城汤集团。5 月 2 日上午 9 时，千余名日军，在其炮兵掩护下分三路向青笼山、松树湾、宫家寨前进阵地反复攻击。一七三师邝、郑两营官兵沉着应战，总是待敌接近射击，至晚日寇在阵地前遗尸百余具。5 月 3 日，又有从万家店增援之敌千余，向青笼山、宫家寨阵地进犯，守军与之激战三个多小时，阵地岿然。日寇集中野山炮十余门，向我阵地炮击并施与毒气弹。我军青笼山阵地中弹 500 余发，伤亡惨重。敌人乘机猛攻，九连及时赶到增援，战况惨烈，阵地多次失而复得。宫家寨方面同时发生激战，守备该处的郑营第八连被日军逐出寨，但集合整顿后，趁敌立足未稳之际，于夜半进行夜袭，夺回阵地，缴获敌

"华中派遣军藤田部队吉川泽田队"许多武器和重要文件。两昼夜的战斗,日军仍未能攻入一七三师前进阵地。

5月5日拂晓,日军升气球进行观测,以大炮20门,对塔儿湾、蒋家河主阵地进行不断炮击。随后,敌4000余人在炮空掩护下,实行全线猛攻,尤以一〇三八团正面更为激烈,战况空前,日军反复炮击、冲锋,阵地前日军死伤累累,遗尸600余具、马百余匹。黄昏,日军投放大量窒息毒气弹,我阵地官兵中毒过半。后日军趁势发起冲锋。万分危急时刻,我军冲锋号响起,预备队冲上阵地,与敌展开肉搏,阵地上我军负伤和中毒较轻者,跃然而起,喊杀声震撼云霄,敌人丧胆狼狈而退,我军集中火力向逃退之敌猛烈射击。又经此一日战斗,一七三师刘、凌、李三团中,刘团伤亡三分之二,凌、李两团也伤亡三分之一,日寇伤亡逾千。战斗中,刘团第二连连长罗坤,敌以毒气掩护其步兵冲破防线,罗连长抱杀身成仁决心,身先士卒,率队逆袭,手刃杀敌数名,终以身殉国。三连轻机枪射手朱三、弹药手刘兆兴、李育才、李天培四人,日寇冲入第一线阵地,续向第二线阵地攻击,他们抱与阵地共存亡决心,潜伏于田家湾原阵地,突由敌人侧背猛烈射击、投掷手榴弹,敌人猝不及防死伤惨重,四人终因寡不敌众以身殉国!一〇九、二二六高地也展开反复争夺战,敌人损失惨重,我守军也伤亡过半。5月7日,滚山、紫檀寺相继失守,我军增援部队遂于七姑山附近设伏以待,日军迫近,我伏兵四起,杀声震天。敌人受挫,遂以大量混合毒气攻击,当时毒气弥漫数十里,我阵地官兵全体中毒。毒气太浓,敌人也不敢前进。

八十四军钟毅一七三师所部在蒋家河沿岸血战七日七夜,广大官兵视死如归,伤亡3000余人,他们以血肉之躯抗击日寇飞机、坦克、大炮、毒气配合下的进攻,予敌重大杀伤,阵地上日军遗尸累累,伤亡4000余人。日寇遭此重大打击,不得不放弃由高城、天河市包围攻击计划,由主动陷入被动,我军奉命撤退时,敌因伤亡惨重,不能发起追击。

二、第一七四师郝家店关帝庙歼灭战

武汉会战后，八十四军一七四师奉命由应山向随县战略转移，1938年11月到达随县东方，形成拱卫襄樊外围第一重屏障。一七四师在防御期间，随时派遣部队赴日军后方游击，在余家店、徐家店、娘娘庙一带山地，先后击毙日寇数百，使敌人疲于奔命。1939年3月，军部派一七四师部队为第一出击队，绕击应山，策应战区右翼友军作战，与大别山西进部队夹击日军。

此时，盘踞郝家店、马坪淅河、损河西岸、徐家店、马鞍山、应山、广水、麻襄市、蔡家河、平靖关敌军7000余人，有向随县、枣阳进犯企图。3月27日，一七四师师长亲率两个团，以迅雷不及掩耳之势，向蔡家河、麻襄市、郝家店、平靖关进袭。各部与敌人展开激烈战斗，郝家店之敌增至千余，我一〇三九团主力部队三营向郝家店猛烈进击。29日拂晓，我军炮击郝家店之敌，午后开始围攻。晚200余敌人仓皇向南高楼房逃窜，中途被我伏兵击毙40多名。我军攻入郝家店外廓，与敌相持到天明，敌负隅期待增援。31日晨，敌人在炮火掩护下，以步兵、骑兵500余人，向我郝家店东南九四五高地进犯，阵地反复易手，战况惨烈，双方互投掷手榴弹，继之肉搏，敌人伤亡严重不支而退。

郝家店东南八九里与高楼房相毗邻，该两处敌军相互呼应，对我军不利，我军遂派一部攻击高楼房。4月3日，我军先后攻入郝家店、高楼房，均与敌军展开激烈巷战。4日，敌军增援，郝家店、高楼房两地之敌达2000余人，敌机则在上空盘旋助战。因敌据有坚固工事，我又缺乏重火炮，一时不能将敌阵地攻下。为避免大部兵力与敌胶着和伤亡，即以一部兵力监视郝家店之敌，大部兵力移至凤凰寨、银珠岭、楼子堰和黄家岗，控制大小九冲、李家冲、老官冲一带地区，掩护主力改道由郝家店与徐家店之间,攻占关帝庙,威胁应山。

9日,进攻关帝庙部队于晚10时利用黑夜,将关帝庙附近外面之高地完全占领,以监视日军活动和增援。子夜时分部队分由西北门及东南门扒城攻入。进入部队立即夺取城门,继而焚其兵舍,一时火光熊熊、杀声四起,敌人由梦中惊醒,衣履未着,有的赤身裸体惶然撞入街心狂奔。我军以手榴弹和机枪扫射消灭大部,有逃出城的,又为城外部队机关枪扫杀干净。负隅顽抗之敌,被我军穿壁投弹,并以长竿束火引燃房屋,日寇被炸、烧得鬼哭狼嚎,未死者狂奔出来,又都丧命利刃之下。

此战,我10余人壮烈牺牲,日寇第三师团第六联队受甲大队松野中队120余人完全被我歼灭干净,我缴获械弹等战利品甚多。战后检视,日军中队长松野大尉被击毙,得敌尸首96具,其余多葬身火海和断壁残垣之中,其所谓慰安妇10余名同葬火窟。随后,日军从广水等地增兵,企图以郝家店为中心,向我军侧背迂回攻击,进行报复,我军星野将攻克关帝庙之部队转移到左翼阵线。自此,我军与敌相对峙,并抓住战机随时派队袭击,令敌不敢轻进。日军还将武汉方面第十三师团部队调向随县、枣阳战场。

三、第一八九师防守淅河西岸阵地中的游击战

1938 年 11 月 3 日,第八十四军一八九师由平汉南段转进到洛阳店府君山浪河店附近地区,奉命 5 日接替六十八军防守淅河一线。一八九师官兵在这里一边战斗,一边构筑了以随县为中心,南北延长百余里,纵深达 30 余里的防线,并据此一直坚守到 1939 年 5 月初随枣会战,与日军在这里对峙半年多。一八九师在淅河防守中积极主动,通过西岸阵地防守、袭敌军用物资、小规模游击等方式,不断吸引消耗日军大量有生力量,达到阻敌西进的战略目的。

火烧日军后勤补给线。淅河到随县 20 里,是随枣东面的日军一个重要据点,一八九师刚到这里接防,敌我双方就在望城岗一带激烈交战,11 月 5 日至 15 日,一八九师官兵与日军血战 10 天,往来冲杀不下 40 余次,终于将敌人的主力逐回淅河东岸。一八九师侦查获悉淅河是日军前线数千人行李辎重的补给所在,城内外有防守的日军1000 多名。为减轻我军正面压力,我方决定出一支奇兵,迂回袭击淅河日军物资站,达到动摇日军后方目的。在一个伸手不见五指的夜晚,袭击部队携带破坏工具和引燃物质,神不知鬼不觉地渡过蒋家河,向淅河城疾进。战士们勇敢地摸进敌人堆积物资的仓库,大家一齐行动,随着噼噼啪啪手榴弹声、机枪声响起,到处天崩地裂,敌人的辎重、粮草都燃起熊熊火光,烈焰照红淅河半个天空。守卫仓库的日本鬼子仓皇奔逃,被我消灭大半;马坪港等地来援日军,又被我伏兵痛痛快快大杀一阵。这一仗,敌人这里全部粮食、汽车、马匹、行李及弹药,一八九师官兵替他们烧得干干净净。这次战斗我参战官兵消灭日军 400 多人、烧毁许多军用物资。

一八九师除坚守阵地、迂回打击日军补给外,还经常派小规模敢死队,利用熟悉地形出击日军据点。在 1939 年 1 月的一个雪夜,狂风

怒吼,一八九师30多名敢死队员精神抖擞地集合,在排长的带领下,一个跟着一个向回龙寺前进。他们悄悄摸掉敌人哨兵进入回龙寺后,按照事先侦察情报和计划,敢死队员们快速冲进敌人驻地,还在呼呼大睡的10多个日军,丝毫没有察觉天兵神降,都在梦中给杀回老家去了。一八九师部队善于夜战,各阵地官兵发挥自己特长,经常进行像这样的袭击,积小胜为大胜。

日军对武汉外围的中国军队恨得要死、怕得要命,为确保武汉和各据点的安全,他们不得不用更多军队来把守其交通线和战略要地。

准备投入战斗的第八十四军战士

四、缴获日军飞机

1941 年 3 月，第八十四军的一七三师归建第五战区司令长官部；一七四师、一八九师和军直属部队划属第十战区，第十战区司令长官部设在立煌县古碑冲，司令长官为李品仙，辖第七军、第四十八军、第八十四军、第三十九军等，负责守卫安徽省政府驻地立煌为中心的大别山游击根据地，配合平汉铁路西线友军袭扰平汉铁路南段敌人。第八十四军之一七四师驻扎在潢川、光山、罗山一带；一八九师驻防麻城、罗田、滕家堡一带；军部和军直属队驻扎在商城。

1942 年 2 月 17 日（农历正月初三）午夜，有群众向第八十四军军部报告，鲇鱼山狮子山大河滩有一架飞机，军部立即派搜索连前往。报告的群众李好事说，当夜亥时，从西北方向传来震耳的轰隆声响，出来查看，只见一个好大的黑影从他家飞过，黑影过处房草乱飞。只见那个黑影栽到河滩上了，有胆大的摸到河埂跟前，被叽哩哇啦的吼声吓得跑了回来。搜索连在第二天拂晓赶到，接近飞机，飞机驾驶员早已逃离飞机跑到鲇鱼山公路桥，顺商潢公路向西逃窜。当夜雾浓重难辨方向，他们逃到龙头河就停了下来，后又折向西南方向进入山林躲藏，欲等天大亮辨清方向再逃。

根据群众提供的线索，搜索部队跟踪追击，上午 9 点钟，终于在洪家畈一个山头附近发现并包围了两名日军飞行员，并派翻译向日军喊日语。日军飞行员见被包围，就开枪负隅顽抗，第八十四军日语翻译让他们立即投降，缴枪不杀！日军飞行员见大势已去，就焚烧文件，其中一名开枪打死同伙后开枪自杀。搜索部队找来门板，把两具日军尸体抬回县城，沿路群众奔走相告，来看狂轰滥炸商城的日本鬼子下场。

后来查明，日军飞机因故障，飞到商城上空寻找适当地方紧急降落,正好灌河鲇鱼山一带比较开阔,日军飞行员就在这里降落。由于惯性作用,飞机着陆冲撞在河沿的山石上,机翼被撞断、机身也深深地陷进狮子山下的沙中。机上的日军飞行员在深沙中挣扎许久,才从机舱上扒开一个小洞爬出来,接着对飞机重要部件进行破坏后逃走。

嗣后,第八十四军军部报告战区司令长官部,派人来把飞机残骸全部拆卸,运送到第十战区司令长官部驻地安徽省立煌县。

缴获日军飞机

五、长冲口战斗

长冲口位于商城县汤泉池管理处大桥东侧约 1000 米处（1971 年兴修鲇鱼山水库蓄水后被淹没）。民国时期，长冲口属亲区通下保，商城县到湖北麻城县的公路穿长冲口街而过，时街的两边住有 40 多户人家，这里距县城 30 余里，过往客商们多在这里歇脚、住宿。1943 年元月 3 日至 5 日，国民革命军第八十四军留守商城部队、一七四师五二○团，在长冲口一带与日军进行了激烈的战斗。

1942 年秋，驻守在商城县城的八十四军军部接重庆军令部"日寇在平汉线北段与陇海铁路东段调动频繁，着八十四军调淮河以北汝南县附近地区布防"的命令后，留下 1 个连在商城守备，即率驻商城、潢川、麻城等地主力于 10 月移驻汝南地区。日军侦知八十四军主力已调驻汝南，自立煌到商城一线只有川军三十九军防守情报后，日军第三师团遂调集 20000 多人的部队，于同年 12 月向第五战区二十一集团军司令部和安徽省政府驻地立煌扫荡，意在破坏第五战区生产生活秩序。

12 月中旬，在第十战区驻防的八十四军接到战区司令部急电："日军由英山、罗田方面窜袭立煌，着八十四军兼程驰援进击。"八十四军军部立即调遣部队，从汝南以急行军速度向商城、立煌进发。

部队转进中

111

第八十四军部队由淮河以北到商城走了 6 天,军部到达商城时,县长顾敬之和商城乡绅父老、商界、学生等挑茶担食,沿街欢迎慰劳。因战事迫在眉睫,县政府随即着手组织对机关、居民进行疏散,并派得力人员积极协助八十四军组织民夫、给养等。第二天凌晨,军部接到前方情报,日军约 3000 人,相当 1 个师的兵力已占领罗田县滕家堡,正继续越过界岭向商城方向扑来。1943 年 1 月 2 日,立煌县城失陷,长官部情况不明,八十四军与长官部联系不上,对整个战局形势无法获悉。驰援立煌的八十四军一八九师先头部队抵达立煌附近的深沟铺,即与日军展开激烈的战斗。为阻敌北窜,军长莫树杰命令一七四师派出一支加强部队攻占汤泉池一带高地,军部则率五六五团和一七四师主力由商城向立煌疾进增援,五六五团一部迅速占领商城东南方向苏仙石一带高地,掩护后续部队向立煌方向前进。

长冲口战斗地旧址(今为鲇鱼山水库淹没)

在八十四军主力到达商城前,留守商城连队已派出一排人,于 2 日晚赶至商麻公路有利地段矮山口(距达权店镇盛店村 2 公里处,距长冲口 5 公里),侦查发现有日军在汪埠附近宿营,遂利用矮山口原有暗堡和公路两侧地形构筑工事阻击日军。3 日,由罗田滕家堡北犯日军在飞机的空中掩护下向商城行进,至矮山口遭到突然打击,经两个多小时激战,日军未攻下守军阵地。恼羞成怒的日军用大炮轰击、施放燃烧弹等手段配合进攻,据守暗堡和公路两边的阻击部队全部牺牲。矮山口距汤泉池长冲口有10余里,矮山口战斗是长冲口战斗的前奏,为匆忙赶到的一七四师五二〇团在长冲口附近占领有利地形赢得了宝贵时间。中午时分,日寇进抵长冲口附近的时候,据当地李延坤老人(1936年出生)回忆:"国民党和日本人在杨大畈先打起来,长冲口街上的人都跑了。"五二〇团前卫与日军率先接火,黄建猷团长率五二〇团官兵抢占了长冲口附近藕塘坳东西侧的几个制高点,及时地在盛潭子、耳坪洼、大龙尖等制高点构筑简易工事、部署防守。长冲口距县城仅30多里,敌先头部队发动多次冲锋,企图冲开血路进入商城。五二〇团官兵英勇战斗,日军冲锋多次受挫,战斗一直持续到4日凌晨。天大亮后,敌人后续主力赶到,并有飞机助战,五二〇团阵地遭到日军飞机多次轰炸、伤亡惨重,但敌人依然不能突破五二〇团各阵地。1月5日,商城县城群众、财产已安全疏散,八十四军军部也转移到固始县郭陆滩。五二〇团奉命突然让开正路,迅速往商城西南山地之商潢公路南侧疾进、埋伏。

由立煌北来之日军与长冲口之日军在商城县城汇合,发现商城县城是一座有序撤退的空城,疑惑有计,不敢逗留,立即向商潢公路西窜。八十四军军部遂令五六五团衔尾紧追,不给日寇有喘息时间,以策应一七四师沿路拦堵截击。商潢公路之敌,沿途遭一七四师伏击,万余人乱哄哄地挤在公路上逃窜。在潢川与罗山之间,驻信阳的日军前来接应,敌人两路先头部队遭遇误会,互相开火,最后才发现是自己打自己。恰恰在此时,五二〇团又从横侧冲出,日寇惊恐万状,经罗山狼狈溃返信阳。八十四军乘势收复潢川、光山、罗山等县城,先头部队直追到信阳城郊五里店。

日军这次扫荡,损失惨重,留下没有来及火化的遗尸和不能运走重伤官兵1000余人。八十四军在战斗中也阵亡400多人,犹以长冲口战斗中,因日军飞机轰炸耳坪洼等阵地,五二〇团伤亡最多。

战后,八十四军军部回驻商城城关,军部把战斗牺牲人员安葬于商城南关忠烈祠,并立碑纪念,军长莫树杰亲自撰写碑文。

长冲口远眺(今长冲口为鲇鱼山水库淹没)

忠烈祠碑文

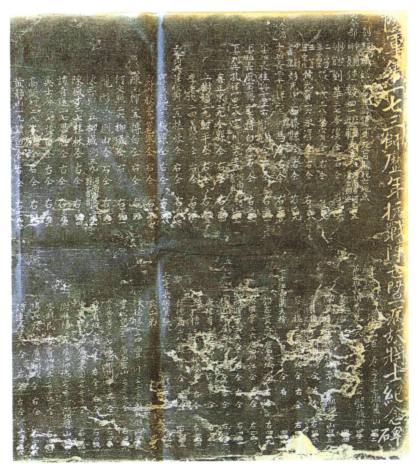

商城忠烈祠第一七三师纪念碑文

第八十四军站岗放哨的战士

一、陆军第八十四军忠烈祠碑记

盖闻：马革裹尸，名将怀决死之志；沙场暴骨，战士具牺牲之心。此皆古今名将、战士杀身成仁、舍生取义，其精神之磅礴，足以惊天地而泣鬼神者也！忆抗战之初，我一七三师、一七四师首先北上参战。二十六年冬，淞沪、孝丰诸役及二十七年夏徐州会战，淮河南北，考城、寿县、定远、蒙城诸役，均予敌以重大打击。我旅长庞汉桢、团长陈昭汉于淞沪壮烈牺牲，副师长周元与蒙城偕亡。同年秋，武汉外围战，本军前一八八师及一八九师复由粤南海疆防次北上，参加黄梅、广济各役，与敌周旋者几阅月。而一八九师出击黄梅尤建奇勋，克复双城驿之役，且奉委座嘉奖，并颁赏金壹万元。旋一七三师、一七四师、一八九师各部，转移平汉南段作战，应山、平靖关、随县诸役，均能发挥高度威力打击敌人。二十八年初，接防塔儿湾、随县、安居之线，数度出击，马坪、淅河、应山、随县迭有斩获。是年五月间，随枣会战、襄花路各战役，击破进犯之敌。同年冬季攻势，军奉令出击京钟路，血战于钟祥北长寿店、高城一带，一七四师夜袭石灵寺之役战绩特著。二十九年五月，再度随枣会战，厉山、唐县镇、枣阳、苍苔诸役，由内线转移外线反击敌人，予敌重创。尤以苍苔之役，一七三师师长钟毅于战斗残酷之际，身先士卒，与敌搏战竟日，终以身殉，其壮烈牺牲精神，实足与革命先烈后先辉映。此后，军转移大别山，拱卫战略要地。三十年春，豫南会战出击正阳、明港；秋冬间敌两次进犯长沙，奉命出击平汉南段，均能达成策应任务。综计抗战迄今大小数十百战，先后牺牲官兵达万余之众，换来不少光荣战绩。苟非我忠勇先烈浴血奋斗，曷克臻此？乃者，本军于商城南郊购地一隅，将散厝各地忠骸畀集安葬,复于墓地左侧建立忠烈祠,并置墓田数亩,以供禋祀。呜呼!有幸青山已安王罴之塚,报功崇德为树介休之田。忠烈祠前英灵秀藉,浩气长存于天地,血食永享于春秋!谨为之记,以勒诸贞石焉。

莫 树 杰 撰

莫树杰(印)　　剑青(印)

中华民国三十一年四月　　榖旦

二、陆军第八十四军司令部直属队
抗战阵亡暨病故将士姓名

部别	级职	姓名	年龄	籍贯	死亡日期	死亡地点	墓号
副官处	中校课长	谭 治	36	广西柳州	31.3.29	商城军医院	1
	少校副官	卢鹤山	56	广西横县	30.2.6	安徽立煌	2
	上等兵	周星明	22	湖南衡阳	29.9.4	湖北樊城	3
	一等兵	任天佑	32	山东鲁县	30.2.4	信阳林家坡	4
经理处	上等兵	何维强	50	广西怀宁	30.3.14	商城军医院	5
军机处	上等兵	甘桂廷	27	广西岑溪	30.8.23		6
军医院	上等兵	李 庭	39	广西都安	30.2.26		7
	上等担架兵	黄正经	49	广西南宁	30.2.13		8
特务营营部	二等兵	农有宿	30	广西同丘	30.8.29		9
第一连	一等兵	谢介熙	26	广西怀集	29.5.9	商城军医院	10
第二连	二等兵	宾祖名	30	广西博白	29.2.26		11
骑兵连	上等兵	夏显才	24	江苏沛县	30.2.18		12
	一等兵	陈有才	25	安徽怀宁	30.2.12		13
		方未德	21	安徽合肥	30.2.4	河南信阳	14
	二等兵	张鲁成	30	安徽桐城	30.3.6		15
		陈青起	27	安徽怀宁	29.12.7	商城军医院	16
		何可明	27	安徽怀宁	29.12.8		17
通讯营	上尉副营长	庾济民	38	广西灵川	30.12.25	立煌	18

部别	级职	姓名	年龄	籍贯	死亡日期	死亡地点	墓号
第一连	下士通讯	陈崇尧	27	广西岑溪	30.6.26	商城军医院	19
第二连	上等兵	黄寅清	22	广西	30.2.1		20
工兵营通讯排	少尉排长	唐国羊	31	广西桂林	30.10.27	安徽立煌麒麟湾	21
	中士班长	龙煜芳	30	广西怀集	30.4.6	商城军医院	22
工兵营营部	二等兵	滕子焕	34	广西梧州	30.9.29		23
第一连	上等兵	陈七	34	广西龙名	29.5.6		24
第二连	二等兵	杨金机	25	安徽凤台	30.3.22	河南商城	25
第三连	□工中士	胡飏	28	广西柳州	29.8.10	湖北老河口	26
	信号中士	龙云标	22	广西桂林	29.8.20		27
	中士班长	胡木成	26	河南罗山	29.8.10		28
	中士班长	徐乃武	24	江苏南通	29.8.10		29
	上等兵	李士富	30	河南信阳	29.8.10		30
		韦东	25	广西众县	29.8.10		31
	上等驭手兵	高双成	26	湖北谷城	29.8.10		32
	二等兵	米广有	29	安徽合肥	29.8.10	河南商城	33
辎重营营部	上等兵	麦图福	34	广西陆川	30.3.19		34
第二连	少尉排长	续清圃	27	湖北随县	29.4.9	湖北樊城	35
	准尉排长	刘运森	29	广西榴江	29.4.9	湖北枣阳	36
	上等兵	朱亚二	28	广西陆川	30.1.1	河南商城	37
军补团	中士看护	陈剑	25	安徽太湖	29.12.7		38
第一营第一连	一等兵	王作恒	41	湖南邵阳	29.12.2	商城军医院	39
第二连	上等兵	谭云光	34	四川钥梁	28.5.9	白关庙	40
		杨四	28	广西贵县	30.4.3	商城军医院	41

部别	级职	姓名	年龄	籍贯	死亡日期	死亡地点	墓号
	二等兵	阮显全	3□	四川乐山	29.5.9	白关庙	42
		郑长兴	28	浙江杭州	29.5.9	白关庙	43
		孙兴山	32	山东济南	29.5.9	白关庙	44
第三连	上等兵	张光才	19	湖北随县	30.9.29	商城军医院	45
第二营 第四连	少尉排长	申桂林	25	贵州锦屏	30.5.19	河南商城	46
	新兵	高继明	24	安徽凤台	29.5.24	白关庙	47
		张进良	23	安徽临泉	29.5.27	白关庙	48
		刘家祥	28	安徽临泉	29.5.27	白关庙	49
		李怀广	28	安徽临泉	29.5.27		50
		张洪海	23	安徽临泉	29.5.27		51
		李传德	19	安徽临泉	29.5.28		52
		杨德举	28	安徽临泉	29.5.3		53
		李宗金	28	安徽临泉	29.6.3		54
		刘文兴	28	安徽临泉	29.6.2		55
		程登富	25	安徽临泉	29.6.9		56
		王红奔	21	安徽临泉	29.6.9		57
		朱汉田	35	安徽临泉	29.6.3		58
		赵福云	35	安徽临泉	29.6.28		59
		张鸿孔	25	安徽临泉	29.5.28		60
		吴仁宽	33	安徽临泉	29.5.28		61
		莫家财	32	安徽合肥	29.5.29		62
		刘兴	29	安徽舒城	29.6.30		63
		姚为福	29	安徽舒城	29.6.4		64
		陈良朋	37	安徽庐江	29.6.5		65

部别	级职	姓名	年龄	籍贯	死亡日期	死亡地点	墓号
		陈尚能	31	安徽立煌	29.6.15		66
		柴金生	27	安徽宿松	29.5.3		67
		齐金生	31	安徽宿松	29.6.4		68
驻地师管区一连	二等兵	李春清	25	广西临桂	29.1.9	龙头沟	69
第一连	二等兵	赵铭怀	20	广西全县	29.12.23	永绥	70
第五连		邓德良	20	广西全县	29.11.22	东泉	71
		覃大富	29	广西阳朔	29.11.21	东泉	72
		刘华生	25	广西阳朔	29.12.23	东泉	73
		梁日距	22	广西阳朔	29.12.22	东泉	74
第八连	一等兵	胡忠	25	广西家山	29.3.16	谷城太平店	75
	二等兵	蓝绍伦	31	广西忻城	29.11.21	桂林	76
第十一连		黄庭栈	30	广西兴安	29.12.23	麻阳寨	77
第十二连	二等兵	周玉发	21	广西融县	29.12.28	拔毛寨	78
第十三连	二等兵	韦瑞福	29	广西天河	29.12.30	武关	79
		姚克治	30	广西天河	29.12.13	永绥	80
第十五连	二等兵	韦朝忠	27	广西宜山	29.2.30	武关	81
第一营第一连	二等兵	李顺清	25	广西临桂	29.1.9	龙头镇	82
		李丙生	24	广西桂林	29.1.25	紫金洞	83
		邓朝晖	22	广西南丹	29.1.25	紫金洞	84
第二营第一连	二等兵	黄新保	31	广西临桂	29.1.31	太平店	85
第五连	二等兵	周伍仔	32	广西全县	29.2.6	龙平镇	86
		唐炳垲	32	广西全县	29.1.9	阳坡	87
		唐经配	27	广西全县	29.1.11	四东	88

部别	级职	姓名	年龄	籍贯	死亡日期	死亡地点	墓号
第六连	二等兵	刘军兴	26	广西阳朔	29.1.10	朱砂大	89
		韦玉荣	29	广西东兰	29.2.2	巴东	90
		谢景升	18	广西宜山	29.1.27	石花街	91
第七连	二等兵	王克刚	30	广西灵川	29.3.6	石花街	92
第十一连	二等兵	罗元富	27	广西忻城	29.1.24	玛瑙观	93
第十二连	二等兵	黄如高	30	广西天峨	29.2.26	石花街	94
		邓其运	27	广西融县	29.6.28	谷城	95
第十四连	二等兵	蓝世苗	27	广西忻城	29.1.28	谷城	96
第十五连	二等兵	韦祖昆	29	广西宜山	29.1.9	龙头坝	97
		恭修廷	27	广西宜山	29.1.18	交场坝	98
第三营第一连	二等兵	吴瞄富	31	广西临桂	29.2.25	太平店	99
第五连	二等兵	唐世廷	21	广西全县	29.2.18	太平店	100
		唐喜花	25	广西全县	29.2.26	太平店	101
第六连	二等兵	何土贵	29	广西阳朔	29.1.16	太平店	102
		银荣明	29	广西阳朔	29.2.17	太平店	103
第七连	二等兵	梁邦通	29	广西罗城	29.2.17	太平店	104
第八连	二等兵	游家智	29	广西永福	29.2.8	太平店	105
		黄四四	26	广西永福	29.2.14	太平店	106
		恭盛财	30	广西永福	29.2.14	太平店	107
第九连	二等兵	吴国仁	31	广西宜山	29.3.12	太平店	108
		廖有登	20	广西榴江	29.2.25	太平店	109
		韦莫昌	21	广西榴江	29.2.25	太平店	110
第十三连	二等兵	覃祥林	30	广西天河	29.2.18	太平店	111
		莫善安	29	广西天河	29.2.1	太平店	112

部别	级职	姓名	年龄	籍贯	死亡日期	死亡地点	墓号
第十五连	二等兵	杨善培	30	广西全县	29.2.10	太平店	113
第三连	二等兵	唐立祀	31	广西全县	29.2.2	沙头店	114
		马光房	33	广西罗城	29.3.21	沙头店	115
		韦宽明	31	广西榴江	29.3.23	河南潢川	116
第九连	二等兵	廖小界	26	广西榴江	29.3.6	太平店	117
		陈小才	20	广西榴江	29.3.7	太平店	118
		谢家华	28	广西阳朔	29.3.10	太平店	119
第十连	二等兵	陈顺为	28	广西宜山	29.3.5	太平店	120
第十三连	二等兵	蓝世学	26	广西融县	29.3.8	太平店	121
师管区补团一连	二等兵	文寒先	37	广西怀集	30.2.4	太平店	122
		吴兆奇	27	广西怀集	30.2.4	湖北巴东	123
		黄树西	37	广西怀集	30.2.4	湖北巴东	124
		陈启通	31	广西怀集	30.2.24	湖北谷城	125
		何佳秋	26	广西怀集	30.2.28	湖北谷城	126
		闵昌云	40	广西怀集	30.1.30	湖北谷城	127
		梁伦行	21	广西怀集	30.2.24	湖北谷城	128
第二连	二等兵	覃福复	32	广西钟山	30.2.28	湖北谷城	129
		周福登	28	广西钟山	30.3.5	湖北谷城	130
		廖万安	28	广西钟山	30.2.9	湖北谷城	131
第三连	二等兵	何文进	30	广西罗城	30.2.1	湖北建始	132
		韦寿隆	27	广西罗城	30.2.16	湖北保康	133
		何国平	29	广西罗城	30.1.20	湖北保康	134
		莫启诚	31	广西罗城	29.1.24	湖南衡阳	135

部别	级职	姓名	年龄	籍贯	死亡日期	死亡地点	墓号
		方六一	28	广西罗城	30.2.6	湖北巴东	136
		覃士金	25	广西罗城	30.2.6	湖北谷城崔家营	137
		路天恒	26	广西罗城	30.2.10	湖北谷城崔家营	138
第四连	二等兵	何亚月	27	广西贺县	30.1.2	湖北建始	139
		黄安春	22	广西贺县	29.2.26	阳□	140
		苏寅有	29	广西怀集	30.2.8	湖北谷城	141
		曾亚娘	30	广西怀集	30.2.1	湖北建始	142
		陈五生	28	广西怀集	30.2.8	湖北谷城	143
第五连	中士班长	韦礼佩	20	广西荔浦	29.12.14	湖南芭蕉托	144
		覃世鸿	29	广西融县	29.12.29	湖南卧西秤	145
		覃善吉	31	广西榴江	30.1.4	湖北讨都塘	146
		张国荣	29	广西百寿	30.1.4	湖北讨都塘	147
		姚世挺	38	广西榴江	30.1.13	湖北大峡口	148
		梁国许	32	广西榴江	30.1.17	湖北野两河	149
		覃德光	29	广西融县	30.1.28	湖北野两河	150
		刘保坤	40	广西融县	30.1.17	湖北野两河	151
		杨进阴	23	广西龙滕	30.1.15	湖北龙泽坪	152
		韦寿晏	20	广西榴江	30.3.7	湖北谷城	153
		韦更八	33	广西榴江	30.3.30	河南铺子口	154
第六连	二等兵	曾众文	28	广西宜山	29.12.2	湖南长谿	155
		李金廷	31	广西宜山	30.12.1	湖北保康	156
		蓝学伍	29	广西宜山	30.1.14	湖北兴山	157
		蓝治熙	32	广西倍都	29.12.14	湖北洞口	158

部别	级职	姓名	年龄	籍贯	死亡日期	死亡地点	墓号
		覃政敏	29	广西倍都	30.1.9	湖北巴东	159
第七连	二等兵	龙老为	38	广西三江	30.1.5	湖北龙潭坪	160
		吴建韬	34	广西三江	30.1.21	湖北玛瑙观	161
		覃国俊	37	榔城	30.2.18	湖北谷城	162
		罗振洲	21	广西中度	30.3.1	湖北谷城	163
		吴老保	38	广西三江	30.3.1	湖北谷城	164
		黄柱中	29	广西柳城	30.3.30	河南点村铺	165
		韦明佑	30	广西中度	30.3.30	河南点村铺	166
第八连	中士班长	朱云起	30	广西宜山	30.2.23	湖北谷城	167
	二等兵	右老生	41	广西三江	29.12.15	湖北□阳塞	168
		廖黄告	34	广西柳江	30.1.4	湖北建始	169
		陆天基	42	广西榴江	30.2.7	湖北巴东	170
		韦家芬	40	广西榴江	30.1.21	湖北玛瑙观	171
		曾宗礼	47	广西三江	30.1.20	湖北安点瑞	172
		韦廷龙	29	广西榴江	30.2.29	湖北崔家营	173
第九连	二等兵	韦鼎新	30	广西蒙山	30.1.6	湖北巴东	174
第十连	二等兵	吴吉冨	28	广西罗城	30.1.6	湖北大□	175
		潘志新	27	广西罗城	30.1.26	湖北兴山	176
		何宝兰	32	广西罗城	30.2.20	湖北保康	177
		管老同	30	广西罗城	29.12.26	湖北恩施	178
第十一连	二等兵	韦从德	32	广西雒县	29.12.2	湖北恩施	179
		韦政治	18	广西雒县	30.12.27	湖北恩施	180
		韦中堂	26	广西雒县	30.1.17	湖北兴山	181
第十二连	二等兵	曾小福	24	广西百寿	29.12.9	湖南黄溪口	182

部别	级职	姓名	年龄	籍贯	死亡日期	死亡地点	墓号
		谭传礼	26	广西百寿	30.1.2	湖北建始	183
第十三连	二等兵	廖学才	29	广西富川	29.12.30	湖北恩施	184
		吴德寿	28	广西富川	30.1.16	湖北兴山	185
		唐天养	30	广西富川	30.6.16	湖南辰溪	186
		陈文珍	38	广西富川	30.1.9	湖北巴东	187
第十四连	上士文书	何 节	26	湖南零陵	29.2.15	湖南所里	188
	二等兵	杜老崖	32	广西融县	29.12.12	湖南辰溪	189
		韦老太	26	广西融县	30.2.4	谷城	190
第十五连	二等兵	凤老纯	27	广西三江	29.1.2	广西荔浦	191
		凤老年	27	广西三江	29.1.2	广西荔浦	192
		龙鮀很	27	广西三江	29.1.2	广西荔浦	193
		梁志第	28	广西怀集	29.1.19	湖北武关	194
一连	上等兵	杨胜生	21	广西三江	30.1.7	湖北巴东	195
		廖品逊	26	富川	30.3.5	湖北谷城	196
		陈骥超	30	玉林	30.3.10	湖北谷城	197
		昌景挥	23	桂平	30.1.17	湖北谷城	198
二连	二等兵	覃文龙	20	横县	29.1.10	湖南谷城	199
		余家茂	26	横县	30.1.6	湖北谷城	200
		王工砚	30	横县	30.1.12	湖北建始	201
		梁全志	21	横县	30.2.13	湖北谷城	202
		黄国初	26	横县	30.2.27	湖北谷城	203
三连	上等兵	陈云贵	27	横县	30.3.1	湖北襄阳	204
四连	二等兵	曾才连	36	贵县	30.1.11	湖北保康	205
		黄昌廷	24	贵县	30.2.5	湖北保康	206

128

部别	级职	姓名	年龄	籍贯	死亡日期	死亡地点	墓号
五连	二等兵	韦兆取	23	贵县	29.9.12	湖北公安	207
六连	二等兵	钱务轩	22	苍梧	29.1.31	广西太平江口村	208
		李海远	22	容县	29.12.2	湖南武冈	209
		李树初	34	容县	29.11.30	湖南永安	210
		陈赞初	34	容县	30.1.22	湖北建始	211
		黎绍章	36	容县	30.1.30	湖北谷城	212
		李振轩	35	容县	30.1.31	湖北谷城	213
七连	上等兵	施思惠	40	贵县	29.1.11	湖南龙山	214
		龙伟南	42	容县	30.3.14	湖北谷城	215
		余荣诗	20	广西横县	30.1.15	湖北保康	216
	二等兵	潘福荣	20	苍梧	30.1.18	湖北恩施	217
		唐正贵	40	苍梧	30.1.18	湖北谷城	218
九连	二等兵	覃乃贤	22	北流	29.1.31	广西荔浦	219
		李亚六	19	藤县	30.1.17	广西荔浦	220
		郭守朝	20	苍梧	30.1.17	湖北保康	221
		陈志	25	天峨	30.2.9	湖北谷城	222
		黎宏行	27	苍梧	30.2.8	湖北谷城	223
十连	二等兵	陈卢金	29	岑溪	29.12.29	湖北龙山	224
		谢水木	38	苍梧	29.12.29	湖北龙山	225
		李亚火	21	北流	30.1.29	湖北谷城	226
		黄十八	26	岑溪	30.10.28	湖北谷城	227
		聂兆梅	22	苍梧	29.1.25	湖南黔阳	228
		聂监清	19	苍梧	29.12.5	湖南黔阳	229
十一连	二等兵	梁明康	22	广西玉林	29.2.3	湖南武冈	230

部别	级职	姓名	年龄	籍贯	死亡日期	死亡地点	墓号
		吴振光	23	广西永淳	30.1.5	湖南龙山	231
		卢萃堂	20	广西永淳	30.1.5	湖北宣思	232
		杨光守	28	广西永淳	30.2.12	湖北谷城	233
		周吉祥	27	广西永淳	30.2.12	湖北谷城	234
		黄经贤	27	广西永淳	30.2.12	湖北谷城	235
		李文才	28	广西永淳	30.2.26	湖北谷城	236
		邓泽鸿	29	广西永淳	30.3.1	湖北谷城	237
十二连	二等兵	刘明成	30	广西博白	30.2.2	湖北龙山	238
		宁种本	33	广西博白	30.2.22	湖北巴东	239
十三连	二等兵	郑寿光	31	平南	30.2.23	湖北谷城	240
十五连	上等兵	覃旅杰	19	永淳	30.2.26	湖南武冈	241
	二等兵	阮庆芳	29	兴业	29.1.28	湖北巴东	242
补四团一营	一等传达兵	李树芳	26	桂平	30.1.30	湖北龙潭	243
		黎英才	21	桂平	30.1.27	湖北柴全洞	244
补四团一连	二等兵	区朝堂	41	平南	30.2.18	湖南东安	245
		吴廷姬	38	平南	29.1.3	湖南东安	246
		黄钟勳	39	平南	29.1.3	湖北谷城	247
		盘志道	39	广西迁江	30.1.9	湖北巴东	248
		莫剑英	34	广西桂平	30.2.11	湖北保康	249
		刘汉	37	广西博白	30.2.7	湖北玛瑙观	250
二连	二等兵	曾国淇	35	广西桂平	29.12.3	湖南东安	251
		李昌土	32	广西桂平	29.12.21	湖南太平坊	252
		王福煜	22	广西博白	30.1.1	湖南太平坊	253
		覃持新	21	广西来宾	30.1.12	四川两河口	254

商城忠烈祠

130

部别	级职	姓名	年龄	籍贯	死亡日期	死亡地点	墓号
		陈士乾	23	广西贵县	30.2.12	四川黔江	255
		陈十四	30	广西博白	30.1.1	湖北建始	256
		李右麟	32	广西桂平	30.1.24	湖北龙泽坪	257
		程 十	32	广西博白	30.1.24	湖北龙泽坪	258
		卢银香	30	广西贵县	30.2.4	湖北巴东	259
		韦超调	28	贵县	30.2.4	湖北保康	260
		谭宗更	29	来宾	30.2.13	湖北保康	261
		韦二火	40	桂平	30.1.15	湖北保康	262
三连	二等兵	黄瑞良	36	桂平	30.1.20	湖北保康	263
		陈茂长	36	桂平	30.1.20	湖北龙泽坪	264
四连	二等兵	来佑全	31	贵县	30.1.24	湖北龙泽坪	265
		陆长兴	37	平南	30.1.24	湖北龙泽坪	266
		梁文同	20	博白	30.1.24	湖北龙泽坪	267
五连	二等兵	张国珍	30	广西平南	29.12.16	四川两河口	268
		马秀科	27	广西玉林	30.1.11	四川两河口	269
		黎光潘	28	广西平南	29.2.26	湖北恩施	270
		叶有椂	31	来宾	30.12.7	湖北潭坪	271
		许文举	30	藤县	30.2.3	巴东	272
		黄火凤	30	桂平	30.2.20	湖北保康	273
		韦远议	30	贵平	30.3.15	湖北保康	274
		林发校	27	来宾	30.3.24	湖北谷城	275
		李清球	27	桂平	30.2.24	湖北谷城	276
六连	二等兵	陈伯红	19	象县	30.2.26	湖北谷城	277
		张倚辰	38	象县	29.12.29	湖南所里	278

部别	级职	姓名	年龄	籍贯	死亡日期	死亡地点	墓号
		熊日安	27	象县	30.1.24	四川秀山	279
		覃乃岑	31	武宣	30.1.11	四川两河口	280
		胡全城	24	象县	30.1.18	湖北椒園	281
		覃福良	35	象县	30.1.24	湖北龙烟坪	282
		卢茜见	25	来宾	30.1.24	湖北龙烟坪	283
		覃廷颂	17	象县	30.1.27	湖北巴东	284
		秦德洲	36	博白	30.2.4	湖北大峡口	285
		覃步枢	31	象县	30.2.8	湖北渴马河	286
		韦 征	30	象县	30.2.11	湖北谷城	287
		覃守中	30	象县	30.2.25	湖北谷城	288
七连	二等兵	覃五光	28	藤县	29.11.15	桂林	289
		覃少勋	28	武宣	29.12.6	湖北武冈	290
		郭立强	25	武宣	29.12.8	湖北武冈	291
		潘振良	20	武宣	29.11.14	湖南怀化	292
		徐亚昌	19	藤县	29.2.18	卢溪	293
		陈廷英	21	武宣	30.1.15	湖南所里	294
		李继加	25	藤县	29.1.13	四川点仁	295
		黄金鹏	29	武宣	30.1.13	湖北恩施	296
		李□□	29	藤县	30.11.13	湖北建始	297
		李黄生	29	藤县	30.2.6	湖北兴山	298
		廖玉英	36	武宣	30.2.29	湖北谷城	299
		黄延家	29	武宣	30.1.15	湖北谷城	300
	二等兵	李木秀	23	藤县	30.1.6	湖北两河口	301
八连		徐启清	30	来宾	30.1.12	湖北建始	302

部别	级职	姓名	年龄	籍贯	死亡日期	死亡地点	墓号
		黄其彬	40	来宾	30.1.29	湖北巴东	303
		雷应统	24	来宾	30.4.12	□□□□	304
九连	二等兵	马福祥	37	宾阳	29.12.16	湖南所里	305
		江学区	25	来宾	29.12.29	湖南永绥	306
		梁韦兴	31	来宾	30.1.5	四川秀山	307
		黄绍永	36	藤县	30.1.24	湖北成丰	308
		徐十四	41	藤县	29.2.23	广西桂林	309
		李阿南	31	博白	30.11.26	湖北建始	310
		韦老五	21	来宾	30.11.10	湖北巴东	311
		庞 琨	28	博白	30.2.10	湖北保康	312
		丁甲兴	26	来宾	29.2.14	湖北谷城	313
十连	二等兵	黄晚兴	23	迁江	29.12.29	湖南石溪	314
		庞雄标	28	博白	29.1.20	湖南石溪	315
		蒙如番	21	广西来宾	29.1.20	湖南石溪	316
		覃克谦	28	广西来宾	30.1.4	四川工刀山	317
		覃启就	22	迁江	30.1.18	湖北巴东	318
		莫祖龙	29	博白	29.1.29	湖北巴东	319
		莫自进	26	迁江	30.2.6	湖北兴山	320
		梁□□	24	广西玉林	30.2.7	湖北兴山	321
		罗 安	25	广西迁江	30.11.16	湖北保康	322
十一连	二等兵	魏达生	28	广西横县	29.12.14	湖南卢溪	323
		苏广心	20	广西横县	29.10.30	湖南永绥	324
		李存樟	25	广西横县	30.1.17	湖北成丰	325
		□□□	25	广西横县	30.1.25	湖北建始	326

部别	级职	姓名	年龄	籍贯	死亡日期	死亡地点	墓号
		黄色结	29	广西横县	30.2.5	湖北龙潭	327
		谢天鑑	28	广西横县	30.2.2	湖北巴东	328
		谢亲焕	28	广西横县	29.2.6	湖北兴山	329
		李子机	28	广西横县	29.1.29	湖北龙潭	330
		黄良德	29	广西横县	30.1,27	湖北龙潭	331
		林妙材	29	广西横县	30.2.7	湖北板庙	332
		周兴送	20	广西横县	30.2.28	湖北谷城	333
十二连	二等兵	李成章	26	广西横县	29.11.25	广西桂林	334
		赵耀庸	19	广西横县	29.11.18	广西桂林	335
		黄旭祥	31	广西横县	29.12.2	湖南东安	336
		黄省□	18	广西横县	29.12.10	湖南洞口	337
		滕根帖	30	广西横县	29.12.14	湖南卢溪	338
		何增林	24	广西横县	30.1.7	四川麻旺	339
		周国颁	22	广西横县	30.1.10	四川两河口	340
		滕必柏	20	广西横县	30.1.11	湖北建始	341
		谢荣宾	25	广西横县	30.1.11	湖北建始	342
		何春魁	28	广西横县	30.1.6	湖北场坝	343
		韦□□	29	广西来宾	30.1.27	湖北谷城	344
十三连	二等兵	何礼级	28	广西横县	29.12.4	湖南回龙市	345
		陈好照	29	广西横县	29.12.9	湖北□□市	346
		周鸿春	23	广西横县	29.12.14	湖南卢溪	347
		陶成西	28	广西来宾	29.12.28	湖南排壁	348
		邓京少	23	广西横县	30.1.10	四川两河口	349
		潘世叶	29	广西横县	30.2.21	湖北右板铺	350

部别	级职	姓名	年龄	籍贯	死亡日期	死亡地点	墓号
		陈志传	21	广西横县	30.1.24	湖北龙潭	351
		梁文建	29	广西玉林	30.1.24	湖北龙潭	352
		何建廷	29	广西横县	30.1.8	湖北龙潭	353
		覃九卓	24	广西横县	30.2.2	湖北查溪	354
		庆□佑	24	广西横县	30.2.9	湖北后平	355
		莫立民	23	广西象县	30.2.24	湖北谷城	356
		李宾全	21	广西来宾	30.2.27	湖北谷城	357
十四连	二等兵	农学现	23	广西永淳	29.12.5	湖南秦家桥	358
		覃树扶	28	广西永淳	29.12.10	湖南洞口	359
		陆天秀	31	广西永淳	29.12.15	湖南安江	360
		陈培本	28	广西永淳	29.12.30	湖南辰溪	361
		韦抵空	26	广西迁江	29.12.25	湖南卢溪	362
		覃春茂	25	广西迁江	29.12.15	广西卢溪	363
		黄锦溥	23	广西永淳	30.1.9	湖北大湾	364
		黄家和	29	广西永淳	30.11.21	湖北建始	365
		徐永收	20	广西永淳	30.3.2	湖北巴东	366
		滕相鸿	27	广西永淳	30.3.1	湖北巴东	367
		褚明崇	26	广西永淳	30.11.3	湖北香溪	368
		黄世梁	20	永淳	30.2.16	湖北保康	369
		覃寅龙	23	永淳	30.2.25	湖北谷城	370
十五连	二等兵	黄锡年	31	永淳	30.1.24	湖北龙潭坪	371
		廖春焕	31	永淳	30.1.14	湖北龙潭坪	372
		覃兴□	22	永淳	30.1.29	湖北巴东	373
		陈光论	29	永淳	30.2.16	湖北保康	374
□□□部	技士	潘建叶	24	柳南	30.2.13	立煌槐树湾	无
野战医院	传达士	宋亚木	37	广西贵县			无

三、陆军第一七三师历年抗战阵亡
暨病故将士纪念碑

部别	级职	姓名	年龄	籍贯	死亡日期	死亡地点	墓号
司令部	中将师长	钟 毅	41	广西扶南	29.5.9	河南唐河苍台附近	375
	少校副官	刘 华	37	岑溪	29.5.9	河南唐河苍台附近	376
	二等军需佐	张 景	38	来宾	29.5.9	河南唐河苍台附近	377
	三等军需佐	黄光贵	26	永淳	29.5.9	河南唐河苍台附近	378
	少尉书记	彭光廷	34	滕县	29.5.9	河南唐河苍台附近	379
司令部特务连	上士班长	覃日辉	25	那马	29.5.9	河南唐河苍台附近	380
	中士班长	桂兴言	26	江苏萧县	29.5.9	河南唐河苍台附近	381
	下士班长	庞宝聪	27	博白	29.5.9	河南唐河苍台附近	382
	下士列兵	孔祥富	28	富川	29.5.9	河南苍台	383
		唐正东	29	全县	29.5.9	河南苍台	384
		立树福	29	昭平	29.5.9	河南苍台	385
		李老次	24	义宁	29.5.9	河南苍台	386
	上等列兵	庄伐轩	25	桂林	29.5.9	河南苍台	387
		宁成彪	33	横县	29.5.9	河南苍台	388
		覃屏秋	39	邕宁	29.5.9	河南苍台	389

商城忠烈祠

136

部别	级职	姓名	年龄	籍贯	死亡日期	死亡地点	墓号
		陈玉辉	25	博白	29.5.9	河南苍台	390
		何文照	26	柳城	29.5.9	河南苍台	391
		龙彬	32	凤山	29.5.9	河南苍台	392
		陈三弟	25	柳城	29.5.9	河南苍台	393
		陈盛才	27	桂林	29.5.9	河南苍台	394
		谭奇送	27	思恩	29.5.9	河南苍台	395
		吴士芬	27	博白	29.5.9	河南苍台	396
		高显材	28	岑溪	29.5.9	河南苍台	397
		黄静山	19	镇边	29.5.9	河南苍台	398
		谢家炳	26	广西安城	29.5.9	河南苍台	399
司令部通信连	少校连长	莫燦	30	广西桂林	29.2.21	湖北襄阳	400
	中尉排长	刘毅祥	30	广西恭城	29.5.9	河南苍台	401
	上士班长	韦瑞文	30	广西武鸣	29.5.9	河南苍台	402
		黎志汉	25	卢圩	29.5.9	河南苍台	403
	中士文书	陆朝当	26	武鸣	29.5.9	河南苍台	404
	二等信兵	蓝中立	34	黎城	29.5.9	河南苍台	405
		林国建	18	平县	29.5.9	河南苍台	406
		胡定着	23	贵县	29.5.9	河南苍台	407
		梁标	25	贵县	29.5.9	河南苍台	408
		江亚养	30	贺县	29.5.9	河南苍台	409
		谢富玉	23	桂林	29.5.9	河南苍台	410
		蓝日品	30	上林	29.5.9	河南苍台	411
		吴振阶	31	桂平	29.5.9	河南苍台	412
		黄松					413

部别	级职	姓名	年龄	籍贯	死亡日期	死亡地点	墓号
		易智仁					414
		李高杰	30	武鸣	29.11.19	湖北襄阳	415
	二等吹号兵	邱盛桂	40	北流	29.11.26	湖北襄阳石灰窑	416
	上等兵	黄如明	36	广东连县	29.12.14	湖北襄阳同济医院	417
	二等传达兵	张仕和	21	迁江	29.5.9	河南唐河西湾	418
	上等输兵	邓国宝	38	桂林	29.5.9	河南唐河苍台	419
		蓝金榜	34	思恩	29.5.9	枣阳房岗	420
		韦英连	34	平治	29.5.9	唐河苍台	421
		宁能杰	36	横县	29.5.9	河南湖阳镇	422
五一七团团部	副官	赵铣	32	玉林	28.6.2	湖北老河口	423
	下士传达	莫矜敏	27	□宁	29.5.9	河南唐河湖阳镇	424
	二等兵	卢延章	27	平南	29.5.9	河南唐河湖阳镇	425
		卢玉珍	18	广西上木	30.10.11	湖北应山	426
五一七团一营一连	连附	韦彩群	27	广西士林	28.5.10		427
	中士班长	范国材			28.5.1		428
	一等兵	韦均			28.5.1		429
		赵□文			28.5.1		430
		张齐龙			28.5.1		431
	二等兵	黄仕祥			28.5.1		432
		篮□□			28.5.1		433
		李泰民			28.5.1		434

商城忠烈祠

部别	级职	姓名	年龄	籍贯	死亡日期	死亡地点	墓号
		林广祥			28.5.1		435
		黄永利			28.5.1		436
		何文先			28.5.1		437
		谭朝佳			28.5.1		438
		李广禄			28.5.1		439
五一七团一营二连	准尉连附	梁□禄					440
	上士班长	石宝通		广西桂林	27.10.30	应山县二十里铺	441
	中士班长	□ 清	29	百寿	27.2.23	湖北应山	442
		胡凤光	28		29.2.17	湖北随县	443
		蒙汉潘					444
		陈应标	25	广西桂林	27.10.30	湖北应山	445
		韦良根	20	湖南永州	27.10.30	湖北应山	446
		容 魏	22	广西阳朔	27.10.30	湖北应山	447
	下士班长	萧天榜			27.10.30	湖北应山	448
		邓志贵	26	广西恭城	27.10.30	湖北应山	449
		秦国章	26	广西柳江	27.10.30	湖北应山	450
		蒋进芳	25	广西柳江	27.10.30	湖北应山	451
		杨逢辉	23	镇边	27.10.30	湖北应山	452
		卢隆有	26	广西	27.10.30	湖北应山	453
		王 信	36	广西柳城	27.10.30	湖北应山	454
		龙德高	28	镇边	27.10.30	湖北应山	455
	上等兵	胡赞熙					456
		吴二弟					457

部别	级职	姓名	年龄	籍贯	死亡日期	死亡地点	墓号
		陈德胜	34	丰川	27.10.30	湖北应山	458
		韦代宜	30	广西宜山	27.10.30	湖北应山	459
		韦贵秀	27	广西柳州	27.10.30	湖北应山	460
		覃有珏	26	广西柳州	27.10.30	湖北应山	461
		黄□□	24	广西东兰	27.10.30	湖北应山	462
		谢维福	29	广西柳城	27.10.30	湖北应山	463
		岑利民	22	贵州新立	27.10.30	湖北应山	464
		杨长发	28	广西柳城	27.10.30	湖北应山	465
		谭连寿	28	广西柳城	27.10.30	湖北应山	466
		黄英照	30	广西柳城	27.10.30	湖北应山	467
		罗福元	21	广西柳城	27.10.30	湖北应山	468
		罗福寿	25	广西柳江	27.10.30	湖北应山	469
		韦长庚	36	广西柳江	27.10.30	湖北应山	470
		梁文耀	31	广西柳江	27.10.30	湖北应山	471
		施善禄	18	广西天河	27.10.30	湖北应山	472
		覃有敏	29	广西柳江	27.10.30	湖北应山	473
		黎祖有	37	广西柳城	27.10.30	湖北应山	474
	二等兵	颜老七	21	广西宜山	27.10.30	湖北应山	475
		岑耀文	21	广西东兰	27.10.30	湖北应山	476
		韦日生	26	广西东兰	27.10.30	湖北应山	477
		覃文康	26	广西东兰	27.10.30	湖北应山	478
		韦老怀	29	广西柳城	27.10.30	湖北应山	479
		覃荣宽	29	广西天河	27.10.30	湖北应山	480
		覃士康	26	广西柳州	27.10.30	湖北应山	481

忠烈祠碑文

139

部别	级职	姓名	年龄	籍贯	死亡日期	死亡地点	墓号
		覃□兴	28	广西柳州	27.10.30	湖北应山	482
		张亚连	18	广西柳城	27.10.30	湖北应山	483
		覃耀福	27	广西东兰	27.10.30	湖北应山	484
		韦扶瑞	25	广西宜山	27.10.30	湖北应山	485
		杨本源	29	广西柳州	27.10.30	湖北应山	486
		周全玉	30	广西思恩	27.10.30	湖北应山	487
五一七团一营一连	中士班长	董 森	30	湖北潜山	27.10.30	湖北应山	488
		韦惠民	30	广西田阳	27.10.30	湖北应山	489
		卜桂卿	30	湖南永州	29.5.17	湖北随县	490
		苏英林	32	广西宜山	29.5.13	湖北随县	491
		李德芳	36	广西北流	29.9.17	湖北随县	492
		陈立权	21	广西蒙山	29.9.17	湖北随县	493
		韦凤廷	28	广西隆山	29.9.17	湖北随县	494
	下士班长	林锦文	28	广东清远	29.9.17	湖北随县	495
		李少雄	28	广东右龙	27.10.30	湖北应山	496
		韦时新	24	广西武宁	27.10.30	湖北应山	497
		李忠廷	28	广西都安	27.10.30	湖北应山	498
		梁 斌	22	广西天保	27.10.30	湖北应山	499
		张 碧	30	广西崇善	27.10.30	湖北应山	500
		黄平太	28	广西靖西	27.10.30	湖北应山	501
		李进陆	29	广西进陆	27.10.30	湖北应山	502
		李士表	25	广西天保	27.10.30	湖北应山	503
		李进芳	45	湖南宁远	27.10.30	湖北应山	504

部别	级职	姓名	年龄	籍贯	死亡日期	死亡地点	墓号
		胡鸿光	28	广东罗定	27.10.30	湖北应山	505
	上等兵	骆显坤	23	广西三江	27.10.30	湖北应山	506
		王大益	26	湖南衡阳	29.5.7	湖北随县	507
		谢凤才	25	广西横县	29.5.17	湖北随县	508
	一等兵	黄欲民	28	广西中渡	27.10.30	湖北应山	509
		吴锡安	30	广西柳州	27.10.30	湖北应山	510
		覃永志	25	广西岑溪	29.5.13	湖北随县	511
		沈明宗	21	广西柳州	27.10.30	湖北应山	512
		奚月昌	22	广西邕南	27.10.30	湖北随县	513
		覃八一	29	广西柳州	27.10.30	湖北随县	514
		石德安	28	广西三江	27.10.30	湖北随县	515
		韦北宏	30	广西柳州	27.10.30	湖北随县	516
		陈士亮	24	广西柳州	27.10.30	湖北随县	517
		何有进	22	广西柳州	27.10.30	湖北随县	518
		童超元	28	广西柳州	27.10.30	湖北随县	519
		陶小弟	26	广西中渡	27.10.30	湖北随县	520
		徐恩彬	26	广西三江	27.10.30	湖北随县	521
		覃玉秀	20	广西柳州	27.10.30	湖北随县	522
		曾亚□	19	广西柳州	27.10.30	湖北应山	523
		韦□	18	广西柳州	27.10.30	湖北应山	524
		刘再文	22	广西南丹	27.10.30	湖北应山	525
		龙怀兴	20	广西三江	27.10.30	湖北应山	526
		韦谋裕	28	谷城柳州	27.10.30	湖北应山	527
		侯弟长	30	广西三江	27.10.30	湖北应山	528

忠烈祠碑文

141

商城忠烈祠

142

部别	级职	姓名	年龄	籍贯	死亡日期	死亡地点	墓号
		孙祖富	25	广西三江	27.10.30	湖北应山	529
		石老洪	23	广西三江	27.10.30	湖北应山	530
		曾宗保	19	广西三江	27.10.30	湖北应山	531
		秦有珍	20	广西中渡	27.10.30	湖北应山	532
		韦小老	24	广西中渡	27.10.30	湖北应山	533
		杨递林	28	广西三江	27.10.30	湖北应山	534
		赵文思	28	广西三江	27.10.30	湖北应山	535
		吴银兴	20	广西三江	27.10.30	湖北应山	536
		韦老恩	19	广西柳州	27.10.30	湖北应山	537
	二等兵	盛长隆	28	广西柳州	27.10.30	湖北应山	538
		黄文金	45	广西全县	29.5.10	湖北随县	539
		韦连生	30	广西柳州	27.10.30	湖北应山	540
		吴朝仕	32	广西三江	27.10.30	湖北应山	541
		黄金和	34	广西中渡	27.10.30	湖北应山	542
		梁家思	23	广西三江	27.10.30	湖北应山	543
		陶有福	19	广西中渡	27.10.30	湖北应山	544
		莫忠小	28	广西怀集	27.10.30	湖北应山	545
		唐宗仁	20	广西河池	27.10.30	湖北应山	546
		莫桥保	18	广西河池	27.10.30	湖北应山	547
五一七团一机连	中士班长	张忠培	26	贵州遵义	27.10.30	湖北应山	548
		莫衡森	24	广西柳州	27.10.30	湖北应山	549
	下士班长	戴占胜	28	湖北均县	27.10.30	湖北应山	550
	上等兵	罗广安	24	广西玉林	27.10.30	湖北应山	551

部别	级职	姓名	年龄	籍贯	死亡日期	死亡地点	墓号
	上等枪兵	莫子良	28	湖南常德	27.10.30	湖北应山	552
	二等兵	郭 滨	30	四川横江	27.10.30	湖北应山	553
		王文景	28	广西武鸣	27.10.30	湖北应山	554
		苏维祥	24	广西武鸣	27.10.30	湖北应山	555
		篮 牙	22	湖南祁阳	27.10.30	湖北应山	556
		陈苏文	24	湖北东阳	27.10.30	湖北应山	557
		唐云成	20	四川万源	27.10.30	湖北应山	558
		蓝炳成	23	广西上林	27.10.30	湖北应山	559
		韦□亮	36	广西柳江	28.3.4	湖北钟祥	560
		潘东祥	23	广西柳江	27.10.30	湖北应山	561
		银子田	29	广西罗城	27.10.30	湖北应山	562
		张二秀	24	广西柳城	27.10.30	湖北应山	563
		韦兆□	30	广西□□	27.10.30	湖北应山	564
		韦克明	20	广西柳州	27.10.30	湖北应山	565
五一七团二营四连	二等军医佐	秦果芬	28	广西桂平	30.3.10	河南潢川	566
	中士班长	罗 贤	22	广西思恩	29.5.6	湖北应山	567
		李 营	30	四川福林	29.5.27	湖北随县	568
	中士班长	赵阳光					569
	下士班长	尧□寿	26	广西玉林	29.5.16	湖北随县	570
	上等兵	李元炳					571
		许廷燕					572
		陈庆才					573
		黎金文					574

部别	级职	姓名	年龄	籍贯	死亡日期	死亡地点	墓号
		许国生					575
		唐永贵					576
		姚文启					577
		吴善文					578
	二等兵	许以富					579
		潘万德					580
		韦士荣					581
五一七团二营五连	中士班长	黄荣	44	广西宾阳	29.5.6	湖北随县	582
	上等兵	杨通兴	31	广西敬德	29.5.6	湖北随县	583
		韦永福	28	广西上思	29.5.6	湖北随县	584
		陈林	26	广西平南	29.5.6	湖北随县	585
	一等兵	熊东喜					586
		高云卿					587
		周永志					588
		梁庆东					589
		覃福烈					590
五一七团二营六连	上士班长	容琪					591
		黄撑衡	40	湖南衡阳	30.7.28	安徽庐江	592
	中士班长	石金德					593
		陈特光					594
		莫雄文	33	广西忻县	29.5.7	湖北随县	595
		李水					596
		廖石					597

部别	级职	姓名	年龄	籍贯	死亡日期	死亡地点	墓号
		覃有立					598
		林辉云					599
		罗福金					600
		韦义					601
		黄孝仔	24	广西桂平	28.3.8	湖北钟祥	602
		钟保	28	湖北浦江	28.3.8	湖北钟祥	603
		胡光品	25	湖南衡阳	28.3.8	湖北钟祥	604
	二等兵	陆文茂	31	广西柳州	28.3.4	湖北钟祥	605
		罗德仁	30	广西桂林	28.3.4	湖北钟祥	606
		唐□春	30	湖南临武	28.3.4	湖北钟祥	607
		陈治兴	20	湖南玉庆	28.3.4	湖北钟祥	608
		翁祥和	28	广东潮州	28.3.5	湖北钟祥	609
		罗文现	27	广西上思	29.5.7	湖北随县	610
		蒋德功	36	广西全县	29.5.7	湖北随县	611
五一七团二机连	上士排附	蓝卢蕴	29	广西象山	29.1.12	蔡家集	612
	下士驭长	李东生	22	湖南衡阳	28.3.4	湖北随县	613
	一等兵	蒋方生	24	湖南宝庆	29.5.14	湖北随县	614
	二等兵	韦世初					615
		吴生泰					616
		庞元熙					617
		莫修烈	32	广西思恩	29.5.17	湖北随县	618
		莫显功	28	广西河池	29.5.17	湖北随县	619
		蓝作盛	25	广西上林	29.5.17	湖北随县	620

商城忠烈祠

部别	级职	姓名	年龄	籍贯	死亡日期	死亡地点	墓号
		李玉利	21	湖南东安	29.5.7	湖北随县	621
		尹民标	26	广西全县	29.5.7	湖北随县	622
	一等驭手	覃德明	20	四川云县	29.5.19	湖北随县	623
		高朝芳	25	河南锡铺	29.5.20	湖北随县	624
		梁文进	22	安徽涡阳	29.5.7	湖北随县	625
		黄有正	23	河南息县	29.5.14	湖北随县	626
		徐好武	22	河南罗山	29.5.15	湖北随县	627
五一七团三营七连	上尉连长	翁耀庭	32	广东茂名	30.10.14	安徽庐江	628
	中尉排长	吴奇遇	32	四川□□	30.10.14	安徽庐江	629
	少尉排长	傅云忠	30	四川隆昌	30.10.14	安徽庐江	630
	少尉排长	张遵荣	34	四川西充	30.10.14	安徽庐江	631
	准尉排长	韦胜怀	25	广西柳州	30.10.14	安徽庐江	632
	上士班长	徐振标	28	广西宾阳	30.10.14	安徽庐江	633
		黄生	38	广东惠州	30.10.14	安徽庐江	634
		陈德芳	32	广东灵山	30.10.14	安徽庐江	635
		龙明光	25	广东合浦	30.10.14	安徽庐江	636
	中士班长	熊达云	29	湖南永东	28.3.4	湖北钟祥	637
		王族耀	28	湖南东安	28.3.4	湖北钟祥	638
		王德卿	31	四川培湖	30.10.14	安徽庐江	639
	下士班长	陈庆华	25	广西桂林	28.3.4	湖北钟祥	640
		陈众三	22	湖北光化	28.10.14	安徽庐江	641
		何家琦	28	广西绥东	28.3.4	湖北钟祥	642
		柴大全	24	湖北宣威	28.10.14	湖北钟祥	643

部别	级职	姓名	年龄	籍贯	死亡日期	死亡地点	墓号
		黄金鑑	32	广西镇结	30.10.11	安徽庐江	644
		唐胜仁	33	广西全县	30.10.11	安徽庐江	645
		刘远英	29	广西陆川	30.10.11	安徽庐江	646
	上等列兵	张大耿					647
		王子云	23	湖北谷城	30.10.11	安徽庐江	648
		段高美					649
		覃炳文	28	湖北谷城	30.10.11	安徽庐江	650
		王四旺	27	湖北光化	30.10.11	安徽庐江	651
		赵长发					652
		徐家贵	26	湖北光化	30.10.11		653
		蓝林彬	36	广西永绥	30.10.11	安徽庐江	654
		黄龙堂	36	广西武鸣	30.10.11	安徽庐江	655
		陆汝深	28	广西平南	30.10.11	安徽庐江	656
		曾旭南	36	广西岑溪	30.10.11	安徽庐江	657
		石立运	33	广西钟山	30.10.11	安徽庐江	658
		唐玉山	35	广西全县	30.10.11	安徽庐江	659
		聂伟民	30	广西岑溪	30.10.11	安徽庐江	660
		顺镇文	29	广西镇结	30.10.11	安徽庐江	661
		□清元	32	广西全县	30.10.11	安徽庐江	662
		黎大兴	24	广西阳朔	30.10.11	安徽庐江	663
		黄加讲	45	广西靖西	30.10.11	安徽庐江	664
	一等列兵	陈先金					665
		马学德	26	湖北枣阳	30.10.14	安徽庐江	666
		吴兴钧					667

部别	级职	姓名	年龄	籍贯	死亡日期	死亡地点	墓号
		杨赞标	23	湖北光化	30.10.14	安徽庐江	668
		舒兴才					669
		周兴山	23	湖北光化	30.10.14	安徽庐江	670
		熊老元	28				671
		黎恒甫	27				672
		凌经田	20				673
五一七团三营八连	上等兵	丘荣宗	30				674
	上士班长	许桂南	38				675
		李德胜	32				676
	中士班长	覃进利	38				677
	下士班长	陈廷兴	19				678
		黄殿红	22				679
		何进益	28				680
		覃廷秀	30				681
		农安见	26				682
		□坤南	28				683
		韦国标	28				684
		陆永治	26				685
		徐文仪	25				686
		李培绪	21				687
		韦棣顺	28				688
		张官保	25				689
		邓映秀	23	苍梧	30.10.14	安徽庐江下雷山	690

部别	级职	姓名	年龄	籍贯	死亡日期	死亡地点	墓号
		利心廷	30	北流	30.10.14	安徽庐江下雷山	691
	一等兵	梁长荣	28	容县	29.5.16	安徽庐江下雷山	692
		农成尚	38	田阳	29.5.16	湖北随县唐县镇	693
		施遂雷	25	邕宁	29.5.16	湖北随县唐县镇	694
		吴天月	22	藤县	29.5.16	湖北随县唐县镇	695
		黄裕源	30	苍梧	30.10.14	湖北随县唐县镇	696
		叶亚三	24	岑溪	30.10.14	湖北随县唐县镇	697
	少尉排长	马伟才	24	岑溪	29.5.16	湖北随县唐县镇	698
	中士班长	梁 虎	30	凭祥	29.5.16	湖北随县唐县镇	699
	上等列兵	胡荣兴	45	全县	29.5.16	湖北随县唐县镇	700
		黄任廷	30	宜山	29.5.14	湖北随县唐县镇	701
	一等列兵	黄正儒	34	平南	29.5.16	湖北随县唐县镇	702
	上等枪兵	班永佳					703
		骆其隆	20	容县	29.5.16	湖北随县唐县镇	704
		严子驹	24	岑溪	29.5.16	湖北随县唐县镇	705
		刘子万	23	全县	29.5.18	青台镇万和茂	706

部别	级职	姓名	年龄	籍贯	死亡日期	死亡地点	墓号
		唐启元	40	广西全县	29.5.16	皖□山岩曹岭	707
	少尉排长	李造林	25	广西思恩	30.10.14	安徽江雷山	708
	少尉连附	陈 毓	27	广西容县	28.4.17	安徽江雷山	709
	中士班长	王第贵					710
	下士班长	钟 进	32	广西玉林	30.10.14	安徽庐江□家桥	711
	下士班长	冼贵生	27	广西连山	30.10.14	安徽庐江□家桥	712
		范振兴			28.4.9		713
	上等枪兵	班水佳					714
		陈兴阶					715
		甘秀祥					716
		秦崇辉					717
		韦荣成	22	广西柳城	30.10.14		718
		罗绍献	27	广西忻城	30.10.14	安徽庐江	719
		韦士迪	28	广西河池	30.10.14	安徽庐江	720
		邓明登	28	广西柳州	30.10.14	安徽庐江	721
		廖金标	22	广西柳城	30.10.14	安徽庐江	722
		蓝如结	40	广西柳城	30.10.14	安徽庐江	723
		陆凤麟	28	广西宾阳	30.10.14	安徽庐江	724
	上等驭手	谢 雄	20	广西横县	30.10.14	安徽庐江	725
	传达兵	黄德芬	20	广西那马	30.10.14	安徽庐江	726
	上等列兵	陈镇荣	30	广西陆川	30.10.14	安徽庐江	727

部别	级职	姓名	年龄	籍贯	死亡日期	死亡地点	墓号
	一等兵	关兆宜	22	广西上金	30.10.14	安徽庐江	728
五一八团卫生队	下士护理班长	文明标	23	广西永淳	30.10.14	安徽庐江	729
	上等架兵	赵火生	23	广西平南	30.10.14	安徽庐江	730
	二等架兵	滕文喜	32	广西博白	30.10.14	安徽庐江	731
		彭国雅	25	广西贵县	30.10.14	安徽庐江	732
		郑积善	23	广西永淳	30.10.14	安徽庐江	733
		李水保	33	广西贵县	30.10.14	安徽庐江	734
		黎友安	31	广西横县	30.10.14	安徽庐江	735
		韦嘉德	31	广西横县	30.10.14	安徽庐江	736
		沈 兰					737
		刘品香					738
		陈建文					739
		吴善诰					740
五一八团通信连	传讯兵	马伟全					741
五一八团运输连	中尉排长	罗兴中			29.11.16	湖北枣阳	742
	上士排附	左振华					743
	上士班长	钟三连					744
	上等输兵	韦光明					745
		顾神保					746
		蒋济逵					747
		莫家凤					748

忠烈祠碑文

151

商城忠烈祠

152

部别	级职	姓名	年龄	籍贯	死亡日期	死亡地点	墓号
五一八团一营营部	一等军医佐	潘玉华			30.10.11	安徽桐城	749
五一八团一营一连	连附	毛文义	33	广西富川	28.4.9	湖北应山	750
	中士班长	磨财精	25	广西西隆	29.12.8	湖北钟祥	751
		黄国章					752
	上等兵	陈存章	27	广西横县	29.11.1	湖北钟祥	753
		韦锡同			29.11.26		754
		唐荣甫			28.4.9		755
		文孝和			28.4.9		756
	一等兵	苏元连			28.4.9		757
		赵永祖			28.4.9		758
		□金全			28.4.9		759
		罗亮					760
		黄绍青					761
		李春连					762
		吴天覃					763
		吕德松	30	广西陆川	29.11.1	湖北钟祥	764
	二等兵	覃祖学					765
		许天缘					766
五一八团二营二连	上士班长	周杰	29	广西博白	29.11.1	湖北钟祥	767
	中士班长	林德兴			28.4.9	湖北钟祥	768
	下士班长	麻冬林			28.4.9		769
		陆高明			28.4.9		770

部别	级职	姓名	年龄	籍贯	死亡日期	死亡地点	墓号
		李中一					771
五一八团一营二连	一等兵	陶兴荣			28.4.9		772
		李桂珍			28.4.9		773
		刘东澄			28.4.9		774
		梁炳安					775
		朱 二			28.4.9		776
	二等兵	罗品英			28.4.9		777
		彭在仁			28.4.9		778
		郑 辉			28.4.9		779
		陶尚新			28.4.9		780
五一八团一营三连	中士班长	李修松			28.4.9		781
		蒋远桂	29	湖南东安	29.5.18	湖北枣阳	782
	下士班长	李锡昌			28.4.9		783
		刘 有			28.4.9		784
		韦正伦					785
		聂亚春					786
		谭克如					788
		唐光和					789
		陆益辉	22	广西横县	29.5.6	湖北枣阳	790
五一八团一营二连	上等兵	李有谋			28.4.9		791
		李其清			28.4.9		792
		赵俊才					793

部别	级职	姓名	年龄	籍贯	死亡日期	死亡地点	墓号
		刘开善					794
	一等兵	卢凤首			28.4.9		795
		雷地桂			28.4.9		796
		谭以养			28.4.9		797
	二等兵	周建叶			28.4.9		798
		陆蒙富			28.4.9		799
		王发义			28.4.9		800
五一八团一机连	上士军需	曾天瑞	28	广西灵川	29.5.9	湖北枣阳	801
	中士班长	陈炳林	25	广西东兰	29.5.9	湖北枣阳	802
		谢新甫					803
	中士观测	罗启开					804
		覃志芳					805
		林以祥					806
		蒙老三					807
	上等枪手	黄正身					808
		罗正辉	26	广西融县	29.5.5	湖北随县	809
		李金石	23	广西藤县	29.5.5	湖北随县	810
		黄敬堂	32	广西藤县	29.5.5	湖北随县	811
		谢立兰	22	广西陆川	29.5.5	湖北枣阳	812
	一等兵	黄肇秀	23	广西田阳	29.5.5	湖北枣阳	813
		周建登	28	广西田阳	29.5.5	湖北枣阳	814
五一八团二营四连	中士班长	沈先起	36	湖北随县	29.5.9	河南湖阳镇	815

商城忠烈祠

154

部别	级职	姓名	年龄	籍贯	死亡日期	死亡地点	墓号
		陈国周	31	四川知州	29.1.20	钟祥张家湾	816
	下士班长	赵荣安	36	广西向都	29.5.9	河南湖阳镇	817
		罗权	38	广西都安	29.5.9	河南湖阳镇	818
		黄凤廷	27	广西宜山	29.5.9	湖北枣阳	819
		梁裕南	20	广西藤县	29.5.9	河南湖阳镇	820
	上等兵	梁安华	27	广西藤县	29.5.9	河南湖阳镇	821
		林凤臣	23	广西那马	29.5.9	河南湖阳镇	822
		曾世华	36	广西竹城	29.5.9	河南湖阳镇	823
		黎琼	22	广西平南	29.5.9	河南湖阳镇	824
		唐玉金	28	广西隆山	29.5.9	河南湖阳镇	825
		凌有□	23	广西向都	29.5.9	河南湖阳镇	826
		冯世声	23	广西博白	29.5.9	河南湖阳镇	827
		柳廷志	30	广西苍梧	29.5.9	河南湖阳镇	828
		梁世盛					829
		潘克军					830
	一等兵	覃绍学					831
		陈炳全	30	广西梧州	29.5.9	河南湖阳镇	832
		何奎					833
		胡廷发					834
		应有香					835
		丁全云					836
		丁团元					837
五一八团二营五连	中士班长	杨成轩	25	贵州水城	29.5.10	湖北枣阳	838

部别	级职	姓名	年龄	籍贯	死亡日期	死亡地点	墓号
		甘云清					839
		秦少武					840
		冷泉香					841
		张惜福					842
	下士班长	邱华相					843
		鲜亚东	37	四川南川	29.5.9	河南湖阳镇	844
		张臣兴	21	四川万县	29.5.10	湖南钟祥	845
	上等兵	尹火元					846
		植有兴	42	广西怀集	29.2.4	湖北钟祥	847
		龚德海	26	湖北应山	29.5.9	河南湖阳镇	848
		张忠心	21	湖北德安	29.5.9	河南湖阳镇	849
		夏春和	29	湖北应山	29.5.9	河南湖阳镇	850
五一八团二营五连	上等兵	刘继香	26	湖北应山	29.5.9	河南湖阳镇	851
		吴德义	26	湖北孝感	29.5.9	河南湖阳镇	852
		李章才	25	湖北竹山	29.5.9	河南湖阳镇	853
		向德贵	20	湖北荆门	29.5.9	河南湖阳镇	854
		叶宗友	28	湖北应山	29.5.9	河南湖阳镇	855
		吴文剑	25	湖北应山	29.5.9	河南湖阳镇	856
		曾先全	39	湖北随县	29.5.9	河南湖阳镇	857
		彭世相	29	湖北应山	29.5.9	河南湖阳镇	858
		邓 全	20	湖北应山	29.5.9	河南湖阳镇	859
		尚金锁	22	湖北应山	29.5.9	河南湖阳镇	860
		王长水	25	湖北应山	29.5.9	河南湖阳镇	861

部别	级职	姓名	年龄	籍贯	死亡日期	死亡地点	墓号
		陈廷群	21	湖北应山	29.5.9	河南湖阳镇	862
		杜开模	32	湖北应山	29.5.9	河南湖阳镇	863
		□桂绪	24	湖北应山	29.5.9	河南湖阳镇	864
		高元侯					865
		陈连剑					866
五一八团二营六连	上士班长	戴 标	40	湖南湘阴	29.2.3	湖南湘阴	867
		彭修文	26	湖北应山	29.5.9		868
	中士班长	李策贵					869
		韦□光					870
五一八团二机连	少尉连附	唐漠强	28	广西全县	28.5.5	七姑店	871
	下士班长	杨木林					872
		蒙在金					873
		蒙学生					874
		李埚添					875
	上等兵	钟贵初					876
		黄得芳					877
		张永勤					878
		申志仁					879
		陈树昌					880
		黎春业					881
		梁绘丰					882
		张 森	20	湖北孝感	29.5.11		883
		李炳银	33	河南确山	29.5.5		884

商城忠烈祠

158

部别	级职	姓名	年龄	籍贯	死亡日期	死亡地点	墓号
	一等兵	袁义臣	25	河南南阳	29.5.9		885
		郭安治	24	河南□县	29.5.9		886
		吴楚臣	34	湖北孝感	29.5.9		887
		高志青	36	河南潢川	29.5.19		888
		曹大爱	26	河南光山	29.5.9	湖北枣阳	889
		高万国	26	河南新蔡	29.5.9	湖北枣阳	890
		时清华	19	河南泌阳	29.5.9	湖北枣阳	891
		胡学友	21	河南光山	29.5.9	湖北枣阳	892
		方启德	21	安徽阜阳	29.5.9	湖北枣阳	893
		白志友	25	安徽定阳	29.5.9	湖北枣阳	894
		于小增	19	安徽定阳	29.5.9	湖北枣阳	895
		李占祥					896
	二等兵	李述官					897
		朱小松					898
		林昌春					899
		杨世登					900
		曾杰武	24	湖北孝感	29.5.9	湖南南阳镇	901
	上等枪兵	唐雄勋					902
		徐杰南					903
		李远兴					904
		胡凤明					905
		梁 煜					906
		李介雄					907
		王世彦					908

部别	级职	姓名	年龄	籍贯	死亡日期	死亡地点	墓号
		李云才					909
		梁统卫					910
		陈登生					911
		严启润					912
五一八团三营七连	少尉连附	曾庆	28	广西武鸣	28.5.2	湖北随县	913
	中士班长	白海清					914
		罗肇敌					915
		蓝桂福					916
	下士班长	晏家初	30	广西玉林	29.12.8		917
		蒙珍	26	广西敬德			918
	上等列兵	唐桂林					919
		戈启轩					920
		陈水和					921
		李仕常					922
		戴克章					923
		潘承辉					924
	一等列兵	覃光荣					925
		滕吉光					926
		徐水桥					927
		吴金寿					928
		黄乃荪					929
		卢广新					930
		农财勇					931

忠烈祠碑文

159

商城忠烈祠

160

部别	级职	姓名	年龄	籍贯	死亡日期	死亡地点	墓号
五一八团八连	少尉连附	陆 珍					932
	中士班长	覃汉民					933
	下士班长	李建兴					934
	上等列兵	黄发生	28	广西藤县	29.5.10	湖北枣阳北门外	935
		甘启芳	31	广西宜山	29.5.10	湖北枣阳北门外	936
		唐修智					937
		农万家			28.5.1		938
		唐运炯			28.5.1		939
		尹郁芳			28.5.1		940
		滕世卓			28.5.1		941
		陈老桂			28.5.1		942
		李开天			28.5.1		943
		农伯权			28.5.1		944
	一等列兵	覃文祥			28.5.1		945
		衡世荣			28.5.1		946
		覃良图			28.5.1		947
五一八团九连	中士班长	韦 志					948
	上等列兵	王玉春					949
		杨怀露					950
	一等列兵	黄吉星					951
		韦正中	27	广西荔浦	29.5.18	湖北枣阳北门外	952

部别	级职	姓名	年龄	籍贯	死亡日期	死亡地点	墓号
							空墓号
		梁爱总	27	广西禾叶	29.5.18	湖北枣阳北门外	954
		李振华					955
		黄海宽					956
		陆尚忠					957
五一八团三机连	上等枪兵	韦欠			28.5.1		958
		谭志邦					959
		黄天统					960
		覃茂才					961
		蔡琦叶					962
五一九团通信排	少尉排长	陈庆新	33	广西蒙山	29.5.4	湖北随县唐县镇	963
迫击炮连	上等列兵	庞瑜銮	25	广西桂平	29.5.9	河南唐河苍台	964
		周祥星	22	广西陆川	29.5.9	河南唐河苍台	965
		凌成初	25	广西北流	29.5.9	河南唐河苍台	966
		许元安	20	广西北流	29.5.9	河南唐河苍台	967
		陈忠高	24	广西北流	29.5.9	河南唐河苍台	968
	上等列兵	梁立敬	24	广西柳江	29.5.9	河南唐河苍台	969
		宁裕贵	25	广西陆川	29.5.9	河南唐河苍台	970
		梁景源	24	广西北流	29.5.9	河南唐河苍台	971
		周□□	25	广西宣武	29.5.6	河南唐河苍台	972
	一等列兵	容爵珍	27	广西桂平	29.5.6	河南唐河苍台	973
		林汉武	22	广西北流	29.5.6	河南唐河苍台	974

忠烈祠碑文

161

商城忠烈祠

部别	级职	姓名	年龄	籍贯	死亡日期	死亡地点	墓号
		龙亚六	22	广西北流	29.5.6	河南唐河苍台	975
五一九团一营部	下士传达	韦泰仁	26	广西武宣	29.5.6	河南唐河苍台	976
		张羽勤	21	贵州思南	29.5.6	湖北随县唐县镇	977
一营一连	下士班长	陈宏林	23	广西北流	29.5.6	湖北随县唐县镇	978
		刘老有	40	广西百寿	29.5.9	河南唐河苍台	979
	下士列兵	覃道华	30	广西南丹	29.5.6	湖北随县唐县镇	980
	上等列兵	蒋军龙	25	湖南祁阳	29.5.6	湖北随县唐县镇	981
		何福洵	29	湖南零陵	29.5.6	河南唐河苍台	982
一营二连		覃宜出	25	广西平治	29.5.6	湖北随县唐县镇	983
	上士班长	何光才	29	广西靖西	29.5.6	湖北随县唐县镇	984
		李克	28	广西桂林	29.1.13	湖北钟祥长岭	985
	下士列兵	卢斌	24	广西桂平	29.5.7	湖北随县唐县镇	986
		李绍群	32	广西阳朔	29.5.6	湖北随县唐县镇	987
							989
一〇三八团通信排	输兵	计老五	38	广西柳城	27.1.3	湖北应三道□	990
五一九团四连	下士列兵	杨朝荣	22	广西灌阳	29.5.9	河南唐河苍台	991

部别	级职	姓名	年龄	籍贯	死亡日期	死亡地点	墓号
	上等列兵	覃老六	29	广西东兰	29.5.9	河南唐河苍台	991
		黄金利	29	广西镇结	29.5.6	湖北随县唐县镇	992
		曾亚六	27	广西桂平	29.5.6		993
		陶合义	26	广西柳州	29.1.12	湖北钟祥长岭	994
		潘祖汉	31	广西武鸣	29.1.12	湖北钟祥长岭	995
		黄泽斌	25	广西百色	29.1.12	湖北钟祥长岭	996
		谢大富	29	广西贵县	29.1.12	湖北钟祥长岭	997
		刘保修	23	广西邕宁	29.1.12	湖北钟祥长岭	998
		陈祖桂	23	广西北流	29.1.14	湖北钟祥长岭	999
		覃谋芳	28	广西天河	29.1.22	湖北钟祥长岭	1000
一营三连	下士班长	温□威	28	广西隆山	29.1.12	湖北钟祥长岭	1001
	中士班长	莫皋	19	广西邕宁	29.1.12	湖北钟祥长岭	1002
	下士班长	赵今兴	32	广西龙州	29.5.7	湖北钟祥长岭	1003
		韦治田	25	广西横县	29.1.12	湖北钟祥长岭	1004
		黎光德	25	广西东兰	29.1.12	湖北钟祥长岭	1005
		唐家元	30	广西全州	29.1.12	湖北钟祥长岭	1006
	上等兵	曾秀华	27	广西玉林	29.5.9	河南唐河苍台	1007
		韦守道		广西百寿	29.5.7	湖北随县唐县镇	1008
	一等列兵	朱大才	29	广西百色	29.5.10	河南唐河苍台	1009
五一九团一机连	一等传达兵	刘世祥	25	广西象县	29.5.6	湖北随县唐县镇	1010
	上等输兵	王明卿	29	广西全县	29.5.9	河南唐河苍台	1011
五一九团四连	一等列兵	黄金贵					1012

部别	级职	姓名	年龄	籍贯	死亡日期	死亡地点	墓号
	上士班长	秦中义					1013
	中士班长	黄祖琼	24	广西百色	29.1.12	湖北钟祥长岭	1014
		李桂芳					1015
		吴善加					1016
		曾振佳					1017
		胡明					1018
		陆国常					1019
	上等列兵	黄良才	27	广西桂平	29.1.12	湖北钟祥长岭	1020
		蔡炳基	28	广西梧州	29.1.12	湖北钟祥长岭	1021
		韦轟工	22	广西横县	29.1.12	湖北钟祥长岭	1022
		吴光发	28	广西三江	29.1.12	湖北钟祥长岭	1023
		黄德金	28	广西桂平	29.1.12	湖北钟祥长岭	1024
		黄受才	30	广西桂平	29.1.12	湖北钟祥长岭	1025
		甘进元	27	广西北流	29.4.19	湖北礼山鲁家湾	1026
		黄桂	28	广西桂平	29.3.14	湖北应山跳石冲	1027
		韦棌昭					1028
		覃秋元					1029
		黄正恩					1030
		陈廷云					1031
		黄家润					1032
		吕世荣					1033
		覃槐三					1034
		胡富义					1035

部别	级职	姓名	年龄	籍贯	死亡日期	死亡地点	墓号
		黎其壎					1036
		陆 四					1037
		刘 四					1038
		李琴志					1039
五一九团六连	二等兵	黄家贤					1040
	一等列兵	方富晚					1041
	中士班长	孟德标	35	广西昭平	29.1.13	湖北钟祥长岭	1042
五一九团七连		苏 明	30	广西上林	29.1.13	湖北钟祥长岭	1043
	下士班长	池英信	28	广西横县	29.1.13	湖北钟祥蔡家集	1044
	上等列兵		24	广西陆川	29.1.13	湖北钟祥长岭	1045
		廖新寿	22	广西上思	29.1.13	湖北钟祥长岭	1046
		唐 伟	30	广西横县	29.1.13	湖北钟祥长岭	1047
		张天养	30	广西横县	29.1.13	湖北钟祥长岭	1048
		陈桂清					1049
五一九团八连	上士班长	李目权	28	广西平乐	29.5.10	河南唐河苍台	1050
	中士班长	陈俊桂	26	广东四会	29.1.13	湖北钟祥长岭	1051
	下士班长	李绍仁	30	广西桂林	29.5.10	河南唐河苍台	1052
		吴德飞	32	广东钦县	29.1.6	湖北钟祥长岭	1053
	上等列兵	覃健能	34	广西玉林	29.1.6	湖北钟祥长岭	1054
五一九团九连	下士班长	陈桂芳	25	广西武宣	29.5.11	河南唐河苍台	1055
		黄殿邦	17	广西百色	29.5.11	河南唐河苍台	1056
		吴彬荣	28	广西桂平	29.5.21	湖北钟祥蔡家集	1057

部别	级职	姓名	年龄	籍贯	死亡日期	死亡地点	墓号
五一九团三机连	上士代排长	李桂廷	26	广西阳朔	29.5.10	河南唐河苍台	1058
	中士掌工	黄景禀	27	广西都安	29.5.10	河南唐河苍台	1059
	上等枪手	谢致和	28	广西南宁	29.5.10	河南唐河苍台	1060
一〇三八团特务排	一等列兵	祝超礼	22	广西桂平	27.10.30	河南唐河苍台	1061
通信排	输兵	潘启秀		广西宜山		湖北应山三道桥	1062
		罗宗	30	广西天河		湖北应山三道桥	1063
		何光廷					1064
		陈明发					1065
		梁世和					1066
		王□华					1067
一〇三八团炮连	一等兵	祖厚廷	29	广西北流		湖北应山三道桥	1068
一〇三八团一连	中士班长	韦廷聚					1069
	下士班长	李秀潘					1070
		陈柏贤					1071
	一等列兵	李景轩					1072
		李忠开					1073
		黄中英					1074
		韦有真					1075
		梁十四					1076
		莫自专					1077

部别	级职	姓名	年龄	籍贯	死亡日期	死亡地点	墓号
	二等列兵	覃肇丰					1078
		蓝承章					1079
		杨青松					1080
		黄秀隆					1081
一〇三八团二连	中尉连长	罗 坤	34	广西迁江	28.1.5	湖北随县七姑店	1082
	少尉连附	李天□			27.6.10	湖北应山蔡家湾	1083
		覃□光	20	广西雷平	28.5.5	湖北随县塔儿湾	1084
	上士班长	李 克					1085
	上等列兵	阮绍吉					1086
	一等列兵	陈进林					1087
		李吉生					1088
		黄德全					1089
		漆益均					1090
		梁建忠					1091
		郑永熙					1092
		潘方全					1093
		刘久治					1094
一〇三八团三连	中尉代连长	施忠烈			27.10.30	湖北应山蔡家湾	1095
	中士班长	莫 皋					1096
		李干才					1097
	下士班长	韦昭田					1098
		黎先德					1099

部别	级职	姓名	年龄	籍贯	死亡日期	死亡地点	墓号
		唐家心					1100
		彭祖仁					1101
		张亚□					1102
	上等列兵	朱亚□					1103
		钟廷□					1104
		朱 三					1105
	一等列兵	林 昆					1106
		梁兴□					1107
		黎世□					1108
		马□□					1109
		黄 三					1110
	二等列兵	岑永燕					1111
		李春生					1112
		刘兆兴					1113
一〇三八团一机连	少尉连附	□富祥					1114
	下士班长	覃明焯					1115
	上等枪手	覃日年					1116
	一等枪兵	廖绍模					1117
		韦大作					1118
		吴志章					1119
		丘尊荣					1120
一〇三八团四连	中士班长	梁栋才					1121
		卢仁珠					1122

部别	级职	姓名	年龄	籍贯	死亡日期	死亡地点	墓号
		覃金威					1123
	下士班长	李奎盈					1124
		潘海川					1125
	上等列兵	梁海臣					1126
		陈作美					1127
		邓瑞明					1128
		钟炳寅					1129
		罗二娣					1130
		周国泰					1131
		农铼霖					1132
		邓亚松					1133
	一等列兵	覃水养					1134
		廖煜深					1135
		陆敬星					1136
		卢文报					1137
		黄日记					1138
	二等列兵	蒋树春					1139
		陈林生					1140
		蒙天□					1141
一〇三八团五连	中士班长	陆仕威					1142
		覃金盛					1143
	下士班长	伍师坤					1144
		赵进贤					1145

部别	级职	姓名	年龄	籍贯	死亡日期	死亡地点	墓号
	一等列兵	钟老珍					1146
		阮世珍					1147
		陈 德					1148
		曾继昌					1149
		陈道德					1150
		曾云才					1151
		龙 金					1152
		容水生					1153
一〇三八团二营六连	中尉连附	刘辉俊	33	广西上思		湖北□□□顶石	1154
	少尉连附	罗□舟	24	四川□□		湖北随县□□□	1155
	上等列兵	李□金					1156
		覃 沾					1157
		□荣功					1158
		郑□□					1159
		□德式					1160
		韦保有					1161
		覃国述					1162
	一等列兵	谭特庆					1163
		□启康					1164
		徐敦然					1165
		覃德龚					1166
		徐文甫					1167
		覃启山					1168

部别	级职	姓名	年龄	籍贯	死亡日期	死亡地点	墓号
		吴秀祥					1169
		黄□巫					1170
		蓝忠高					1171
一〇三八团二机连	中士班长	刘选衡					1172
		朱仕珍					1173
	上等列兵	桂鼎魁					1174
		覃初成					1175
		谭国勋					1176
		庞玉兴					1177
	一等列兵	罗顺洁					1178
		韦政甲					1179
一〇三八团三营七连	上尉连长	梁溪	36	广西南宁	28.5.1	湖北随县万家店	1180
三营八连	一等列兵	梁智民	22	广西北流	27.10.30	湖北应山三道桥	1181
	中士班长	李世国	24	广西百色	27.10.30	湖北应山三道桥	1182
	一等列兵	陈诗林	23	广西陆川	27.10.30	湖北应山三道桥	1183
		黄福明	22	广西陆川	27.10.30	湖北应山横家河	1184
		李庆旺	31	广西北流	27.10.30	湖北应县横家河	1185
	二等列兵	莫荣	28	广西河池	27.10.30	湖北应山横家河	1186
		谭水流	28	广西思恩	27.10.30	湖北应山横家河	1187

部别	级职	姓名	年龄	籍贯	死亡日期	死亡地点	墓号
		颜亚德	20	广西北流	27.10.30	湖北应山板家河	1188
一〇三八团三营九连	少尉连附	谭 雄	24	广西思乐	28.5.1	湖北随县万家店	1189
	上士军需	洪万城	48	四川内江		商城	无

四、陆军第一七四师历年抗战阵亡暨病故将士纪念碑

部别	级职	姓名	年龄	籍贯	死亡日期	死亡地点	墓号
一七四师特务连	上等列兵	廖孝甫	31	广西灵川	29.5.21	湖北枣阳俞树岗	1190
		李礼如	29	广西北流	29.5.21	湖北枣阳俞树岗	1191
	一等列兵	黎思民	30	广西玉林	29.5.21	湖北枣阳俞树岗	1192
	二等列兵	王思开	18	广西镇结	29.5.21	湖北枣阳俞树岗	1193
一七四师野补团	上等列兵	王□二		湖北枣阳	29.5.10	河南邓县	1194
		□志明		湖北枣阳	29.5.10	河南邓县	1195
		李甫昆		湖北枣阳	29.5.10	河南邓县	1196
		□长富		广西永淳	29.5.10	河南邓县	1197
一营一连	二等列兵	覃日嫩		广西田阳	29.5.10	河南邓县	1198
		刘盛昌		湖北南章	29.5.10	河南邓县	1199
		秦鹏程		湖北枣阳	29.5.10	河南邓县	1200
		李□强		湖北枣阳	29.5.10	河南邓县	1201
		安家湖		湖北枣阳	29.5.10	河南邓县	1202
		刘□□		广西宜城	29.5.10	河南邓县	1203
		□□□		云南交通	29.5.10	河南邓县	1204
		李金元		湖北枣阳	29.5.10	河南邓县	1205

商城忠烈祠

部别	级职	姓名	年龄	籍贯	死亡日期	死亡地点	墓号
		谢华清		云南交通	29.5.10	河南邓县	1206
		洪□□		湖北平阳	29.5.10	河南邓县	1207
		罗 明		广西柳州	29.5.13	河南邓县附近	1208
		宋振有		湖北均县	29.5.13	河南邓县附近	1209
		陈洪礼		湖北□县	29.5.13	河南邓县附近	1210
		丁占才		湖北枣阳	29.5.13	河南邓县附近	1211
		罗明显		湖北枣阳	29.5.13	河南邓县附近	1212
		李有元		湖北谷城	29.5.13	河南邓县附近	1213
		杨有光		湖北枣阳	29.5.13	河南邓县附近	1214
		陈子双		湖北枣阳	29.5.13	河南新野	1215
二营四连		汤 振		湖北枣阳	29.5.10	河南新野	1216
	二等列兵	谢照龙		湖北枣阳	29.5.10	河南新野	1217
		黄如有		湖北枣阳	29.5.10	河南新野	1218
		聂永富		湖北枣阳	29.5.10	河南邓县	1219
		丁宏通		湖北枣阳	29.5.10	河南邓县	1220
		杜大昌		湖北枣阳	29.5.19	河南新野	1221
		谢培明		湖北宜城	29.5.15	河南新野	1222
		王 忠		湖北枣阳	29.5.9	河南新野	1223
		黄绪乾		湖北枣阳	29.5.9	河南新野	1224
		杨 桂		湖北枣阳	29.5.9	河南新野	1225
二营五连	少尉排长	王星贵		贵州贵阳	29.5.2	两水沟	1226
	中士班长	王东华		湖北枣阳	29.5.8	八小钱	1227
	上等列兵	张天明		四川巴东	29.5.8	八小钱	1228
		何贵清		四川武县	29.5.8	小钱庄	1229

部别	级职	姓名	年龄	籍贯	死亡日期	死亡地点	墓号
		张耀林		河南永州	29.5.10	河南新野	1230
	一等列兵	向洪发		四川武县	29.5.8	八小钱	1231
		李晏湘		湖北枣阳	29.5.8	小钱庄	1232
		丁绍治		湖北枣阳	29.5.8	小钱庄	1233
		庞广昌		广西博白	29.5.8	小钱庄	1234
		姜志连		河南唐县	29.5.8	小钱庄	1235
	二等列兵	王云耀		湖北随县	29.5.8	小钱庄	1236
二营六连	下士班长	鲁祥云		湖北枣阳	29.5.8	小钱庄	1237
	上等列兵	唐桂标		广西柳州	29.5.9	新野	1238
		张发银		湖北枣阳	29.5.9	新野	1239
	一等列兵	梁荣尚		广西平南	29.5.9	新野	1240
		侯明泽		湖北枣阳	29.5.8	枣阳草店	1241
	二等列兵	洪太荣		湖北枣阳	29.5.10	河南邓县	1242
		陈绍举		湖北谷城	29.5.10	河南新野	1243
		谷义生		湖北随县	29.5.9	枣阳草店	1244
		盛文山		湖北谷城	29.5.10	河南新野	1245
		陈明有		湖南槲梨	29.5.1	河南新野	1246
		龚和友		湖北随县	29.5.8	枣阳草店	1247
		李光义		湖北随县	29.5.8	枣阳草店	1248
		陈玉龙		湖北枣阳	29.5.8	枣阳草店	1249
		杨万清		湖北枣阳	29.5.8	枣阳草店	1250
		杨従发		湖北枣阳	29.5.8	枣阳草店	1251
		陈春发		河南桐柏	29.5.8	枣阳草店	1252
		王大贵		湖北随县	29.5.9	河南新野	1253

部别	级职	姓名	年龄	籍贯	死亡日期	死亡地点	墓号
		黄连有		湖北随县	29.5.9	河南新野	1254
		杨道明		河南光山	29.5.9	河南邓县	1255
三营七连	中士班长	李贤清		河南光山	29.5.9	河南邓县	1256
		李昆		湖北枣阳	29.5.9	枣阳草店	1257
	一等列兵	陶洪南		安徽桐城	29.5.9	枣阳草店	1258
		施德才		安徽桐城	29.5.8	枣阳草店	1259
		赵金起		安徽桐城	29.5.8	枣阳草店	1260
		陈福寿		安徽东其	29.5.8	枣阳草店	1261
		胡进海		安徽东其	29.5.8	枣阳草店	1262
	二等列兵	赵开兴		湖北枣阳	29.5.8	枣阳草店	1263
		刘金发		湖北均县	29.5.9	河南新野	1264
		丁立三		河北正定	29.5.9	河南新野	1265
		韦小珠		湖北正定	29.5.9	河南新野	1266
		丘勉之		河南唐县	29.5.9	河南新野	1267
		舒柳		四川成都	29.5.9	河南新野	1268
五二〇团迫击炮连	上士班长	萧芳	21	广西柳州	29.5.9	湖阳镇	1269
	中士班长	韦成章	21	广西永淳	29.5.9	湖阳镇	1270
		韦抗	25	广西柳江	29.5.9	湖阳镇	1271
	下士兽医	施荣宣	26	广西上思	29.5.9	湖阳镇	1272
	上等炮手	石友英	24	广西平乐	29.5.9	湖阳镇	1273
		莫伟熙	29	广西容县	29.5.9	湖阳镇	1274
	一等驭手	任义	19	广西都安	29.5.9	湖阳镇	1275
	二等驭手	高汝良	19	安徽阜阳	29.5.9	湖阳镇	1276

部别	级职	姓名	年龄	籍贯	死亡日期	死亡地点	墓号
		杨如宾	32	安徽阜阳	29.5.9	湖北枣阳湖北镇	1277
		尹南坤	28	安徽宿松	29.5.9	湖北枣阳湖北镇	1278
		黄求保	18	安徽宿松	29.5.9	湖北枣阳湖北镇	1279
		陈厚生	29	安徽宿松	29.5.9	湖北枣阳湖北镇	1280
		戴桑喜	30	安徽宿松	29.5.9	湖北枣阳湖北镇	1281
		李合连	19	安徽宿松	29.5.9	湖北枣阳湖北镇	1282
		汪士利	33	安徽宿松	29.5.9	湖北枣阳湖北镇	1283
		许义厚	27	安徽宿松	29.5.9	湖北枣阳湖北镇	1284
		张八毛	21	安徽宿松	29.5.9	湖北枣阳湖北镇	1285
		尹子育	35	安徽宿松	29.5.9	湖北枣阳湖北镇	1286
		张求安	19	安徽宿松	29.5.9	湖北枣阳湖北镇	1287
		萧三和	29	安徽宿松	29.5.9	湖北枣阳湖北镇	1288
		彭天元	20	安徽宿松	29.5.9	湖北枣阳湖北镇	1289
		朱合三	25	安徽宿松	29.5.9	湖北枣阳湖北镇	1290
		沈荣盛	33	安徽宿松	29.5.9	湖北枣阳湖北镇	1291
	二等弹药兵	余兴南	34	安徽宿松	29.5.9	湖北枣阳湖北镇	1292

部别	级职	姓名	年龄	籍贯	死亡日期	死亡地点	墓号
		陈青松	20	安徽宿松	29.5.9	湖北枣阳湖北镇	1293
		祝普成	32	安徽宿松	29.5.9	湖北枣阳湖北镇	1294
		何昌启	20	安徽宿松	29.5.9	湖北枣阳湖北镇	1295
		陈的虎	19	安徽宿松	29.5.9	湖北枣阳湖北镇	1296
		张信权	26	安徽宿松	29.5.9	湖阳镇	1297
		余宗保	26	安徽宿松	29.5.9	湖阳镇	1298
		张全喜	22	安徽宿松	29.5.9	湖阳镇	1299
		史桂开	32	安徽宿松	29.5.9	湖阳镇	1300
		丁大田	30	安徽宿松	29.5.9	湖阳镇	1301
		贺栋开	30	安徽宿松	29.5.9	湖阳镇	1302
		高泽芝	34	安徽宿松	29.5.9	湖阳镇	1303
		祝普林	32	安徽宿松	29.5.9	湖阳镇	1304
	上等代兽兵	廖百善	30	广西武宣	29.5.4	湖阳镇	1305
通信排	下士班长	莫城	26	广西思恩	29.5.4	两水沟	1306
一营一连	中士班长	蒙醒	27	广西宾阳	29.5.9	枣阳听头镇	1307
		王福长	28	河南宝丰	29.5.9	随县滚山	1308
		易焜	27	广西淮阳	29.5.9	枣阳鹿头镇	1309
	下士班长	王志华	30	广西全州	29.5.9	枣阳湖阳镇	1310
		黎明润	29	广西宁明	29.5.9	枣阳湖阳镇	1311
		陈玉廷	24	广西雷平	29.5.9	枣阳湖阳镇	1312
	上等传达兵	张海河	30	贵州贵阳	29.5.9	枣阳湖阳镇	1313
		梁贵如	24	广西柳城	29.5.9	枣阳湖阳镇	1314

部别	级职	姓名	年龄	籍贯	死亡日期	死亡地点	墓号
	上等列兵	刘志	30	广西博白	29.5.4	随县滚山	1315
		苏加根	27	广西隆山	29.5.4	随县滚山	1316
		黄绍文	27	广西那马	29.5.4	随县滚山	1317
		李根达	23	江苏铜山	29.5.4	随县滚山	1318
		黄同乐	23	广西贵县	29.5.4	随县滚山	1319
		张有华	28	广西贵县	29.5.7	枣阳兴隆县	1320
	一等列兵	樊永年	32	广西隆山	29.5.9	枣阳湖阳镇	1321
		覃绍国	26	广西隆山	29.5.4	随县滚山	1322
		郗桂林	23	广西隆山	29.5.4	随县滚山	1323
		黄钟贵	31	广西隆山	29.5.4	随县滚山	1324
		程辉南	36	广西隆山	29.5.9	枣阳湖阳镇	1325
		李显光	29	广西隆山	29.5.9	枣阳湖阳镇	1326
		叶茂芳	29	广西隆山	29.5.9	随县滚山	1327
		梁家庆	23	广西怀集	29.5.9	随县滚山	1328
		陆玉香	22	广西修仁	29.5.9	随县滚山	1329
		陈志明	28	广西蒙山	29.5.7	枣阳兴隆集	1330
		宋水陆	24	广西陆川	29.5.7	枣阳兴隆集	1331
		陈文瑞	32	广西平乐	29.5.9	枣阳湖阳镇	1332
		黄子固	29	广西怀集	29.5.7	枣阳湖阳镇	1333
		覃福寿	29	广西贵县	29.5.4	随县滚山	1334
		陆忠信	30	广西天保	29.5.9	枣阳湖阳镇	1335
		江亚生	20	广西贺县	29.5.4	随县滚山	1336
	一等传达兵	李锡树	36	广西贵县	29.5.4	随县滚山	1337
	二等列兵	樊玉成	36	广西上林	29.5.9	湖阳镇	1338

部别	级职	姓名	年龄	籍贯	死亡日期	死亡地点	墓号
		潘锡尧	23	广西苍梧	29.5.9	胡阳镇	1339
		朱时善	21	湖南道州	29.5.4	随县滚山	1340
		何应□	26	湖南道州	29.5.9	湖阳镇	1341
		农国义	30	广西那马	29.5.9	湖阳镇	1342
		车文明	30	广西宾阳	29.5.9	鹿头镇	1343
		李 春	24	安徽太湖	29.5.4	滚山	1344
		潘先凤	30	安徽太湖	29.5.4	滚山	1345
		方拔群	24	安徽太湖	29.5.9	湖阳镇	1346
		杨世畅	19	安徽太湖	29.5.9	湖阳镇	1347
		张正勤	28	安徽太湖	29.5.19	鹿头镇	1348
		潘常喜	26	安徽太湖	29.5.19	鹿头镇	1349
		怀小毛	26	安徽太湖	29.5.9	湖阳镇	1350
		罗如奎	29	四川建州	29.5.9	湖阳镇	1351
		陈大寿	22	安徽太湖	29.5.9	湖阳镇	1352
		胡怀有	22	安徽太湖	29.5.4	滚山	1353
		赵顺元	24	安徽太湖	29.5.4	滚山	1354
		秦 锡	30	安徽太湖	29.5.4	滚山	1355
		鲁国海	24	安徽太湖	29.5.7	兴隆集	1356
		章飞玉	24	安徽太湖	29.5.4	滚山	1357
		张定略	28	安徽太湖	29.5.4	滚山	1358
		郭明珍	26	安徽太湖	29.5.4	滚山	1359
		楚家官	21	安徽太湖	29.5.4	滚山	1360
		裘苗臣	29	浙江曹折	29.5.7	滚山	1361
		鲁海河	20	安徽太湖	29.5.4	滚山	1362

部别	级职	姓名	年龄	籍贯	死亡日期	死亡地点	墓号
		李海瑞	21	安徽太湖	29.5.4	滚山	1363
		卢兴明	26	安徽太湖	29.5.9	湖阳镇	1364
		陈少良	22	安徽太湖	29.5.9	湖阳镇	1365
		马官福	17	安徽太湖	29.5.9	湖阳镇	1366
		张小初	26	安徽太湖	29.5.9	湖阳镇	1367
		王成二					1368
一营二连	中士班长	黄 云	30	广西全县	29.5.4	随县	1369
	下士班长	覃家忠	23	广西天河	29.5.4	随县	1370
		黄宏敏	28	广西武鸣	29.5.9	湖阳镇	1371
	上等列兵	覃定邦	29	广西贵县	29.5.9	鹿头镇	1372
		黄秉直	30	广西永淳	29.5.9	鹿头镇	1373
		侯少銮	27	广西宜山	29.5.19	鹿头镇	1374
		成耀彩	33	广西怀集	29.5.4	鹿头镇	1375
		王天保	25	广西永淳	29.5.9	湖阳镇	1376
		劳森甫	30	广西肇庆	29.5.4	滚山	1377
		韦绍棋	32	广西上林	29.5.4	滚山	1378
		杨志瑞	23	广西玉林	29.5.4	滚山	1379
		丁胜标	20	广西汉中	29.5.9	湖阳镇	1380
		马义卿	29	广西全县	29.5.9	湖阳镇	1381
	一等列兵	闭海华	20	广西贵县	29.5.9	湖阳镇	1382
		韦家孟	26	广西河池	29.5.7	湖阳镇	1383
		莫定安	25	广西平乐	29.5.4	滚山	1384
		韦天根	25	湖北南樟	29.5.4	滚山	1385
		秦树林	25	广西永福	29.5.4	滚山	1386

忠烈祠碑文

部别	级职	姓名	年龄	籍贯	死亡日期	死亡地点	墓号
		陆广才	40	广西向都	29.5.4	滚山	1387
		赖放才	25	广西贵县	29.5.4	滚山	1388
		李善山	25	广西贵县	29.5.9	湖阳镇	1389
		刘宗海	18	安徽桐城	29.5.4	滚山	1390
	二等列兵	周银五	33	四川洪雅	29.5.9	湖阳镇	1391
		陈仕才	19	湖北保康	29.5.4	滚山	1392
		蒋□彩	39	湖南道县	29.5.4	滚山	1393
		郭远正	22	湖北南□	29.5.4	滚山	1394
		唐中绩	23	湖南零陵	29.5.4	滚山	1395
		王远义	20	湖北南樟	29.5.4	滚山	1396
		傅泽达	24	安徽宿松	29.5.4	滚山	1397
		陈志新	20	湖北南樟	29.5.9	滚山	1398
		蒋尧	28	湖南永州	29.5.4	滚山	1399
		汪星恺	28	安徽太湖	29.5.4	滚山	1400
		□本焕	22	湖北南樟	29.5.4	滚山	1401
		唐□南	23	安徽太湖	29.5.4	滚山	1402
		盖现清	25	湖北南樟	29.5.4	滚山	1403
		夏世荣	32	湖北南樟	29.5.4	滚山	1404
		马开富	18	湖北保康	29.5.4	滚山	1405
		□志兴	25	广西上思	29.5.4	湖阳镇	1406
		陈重阳	23	安徽太湖	29.5.9	湖阳镇	1407
一营三连	中士班长	王德胜	36	安徽寿县	29.5.4	滚山	1408
		□俊	30	广西容县	29.5.4	滚山	1409
		陈志纯	23	广西思乐	29.5.9	湖阳镇	1410

182

部别	级职	姓名	年龄	籍贯	死亡日期	死亡地点	墓号
	下士班长	龙佩吉	29	广西荔浦	29.5.4	滚山	1411
		陈运上	26	广西贵县	29.5.7	兴隆集	1412
		覃忠灵	24	广西东兰	29.5.9	湖阳镇	1413
		廖如春	20	广西宜山	29.5.9	鹿头镇	1414
	上等传达兵	莫福标	25	广西玉林	29.5.18	邓县	1415
	上等号兵	莫顺经	25	广西宜山	29.5.9	湖阳镇	1416
	上等列兵	陶 安	25	广西武鸣	29.5.19	鹿头镇	1417
		王炳山	28	广西博白	29.5.19		1418
		王明权	32	广西博白	29.5.28	邓县	1419
		覃绍春	23	广西武鸣	29.5.9	湖阳镇	1420
		温杰文	29	广西陆川	29.5.4	滚山	1421
		黄丰凯	28	广西武鸣	29.5.9	湖阳镇	1422
		陈绍华	24	广西武鸣	29.5.9	湖阳镇	1423
	上等炊事兵	韦正日	37	广西思恩	29.5.6	随阳店	1424
	一等列兵	蒙明章	30	广西贵县	29.5.9	鹿头镇	1425
		王前益	20	广西全县	29.5.9	湖阳镇	1426
		谭桂章	32	广西上林	29.5.4	滚山	1427
	二等列兵	陈东祥	36	河南信阳	29.5.4	滚山	1428
		查雨成	22	安徽太湖	29.5.4	滚山	1429
		黄福顺	24	安徽太湖	29.5.4	滚山	1430
		王汉成	24	安徽太湖	29.5.4	滚山	1431
		王四有	20	安徽太湖	29.5.4	滚山	1432
		凌义伏	19	安徽太湖	29.5.4	滚山	1433
		赵光德	21	湖北保康	29.5.4	滚山	1434

商城忠烈祠

部别	级职	姓名	年龄	籍贯	死亡日期	死亡地点	墓号
		刘开先	20	湖北保康	29.5.4	滚山	1435
		习贵永	20	安徽太湖	29.5.4	滚山	1436
		李杖三	28	河南信阳	29.5.9	鹿头镇	1437
		查进为	21	安徽太湖	29.5.9	鹿头镇	1438
		查德桂	30	安徽太湖	29.5.9	鹿头镇	1439
		朱四毛	20	安徽太湖	29.5.9	鹿头镇	1440
		孙家里	19	安徽太湖	29.5.9	鹿头镇	1441
		秦志明	18	安徽太湖	29.5.9	鹿头镇	1442
		梅成章	25	安徽太湖	29.5.9	鹿头镇	1443
		萧林	16	安徽太湖	29.5.9	鹿头镇	1444
		汪四毛	24	安徽太湖	29.5.7	兴隆集	1445
		蒋玉才	20	安徽太湖	29.5.7	湖阳镇	1446
□□□连	中士掌工	罗右均					1447
	下士掌工	顾德宏					1448
	下士驭手	刀水贵					1449
		农恒振					1450
	上等驭手	郭积善	31	广西上林	29.5.4	滚山	1451
		陈秉熙	31	广西上思	29.5.4	滚山	1452
		陈守恺	28	广西玉林	29.5.4	滚山	1453
	上等枪兵	雷德周	23	广西博白	29.5.4	滚山	1454
		梁善和	29	广西玉林	29.5.4	滚山	1455
		苏馨怀	31	广西玉林	29.5.4	滚山	1456
		王永禄	31	广西玉林	29.5.4	滚山	1457
		莫永长	31	广西玉林	29.5.4	滚山	1458

部别	级职	姓名	年龄	籍贯	死亡日期	死亡地点	墓号
		周凤行	24	广西玉林	29.5.4	滚山	1459
		周亮宣	26	广西玉林	29.5.4	滚山	1460
		蓝 英	27	广西上思	29.5.4	滚山	1461
		梁桂南	35	广西玉林	29.5.4	滚山	1462
	一等枪手	黄 华	25	广西贵县	29.5.4	滚山	1463
	上等输兵	杨钜珍	35	广西玉林	29.5.4	滚山	1464
		李执中	26	广西玉林	29.5.4	滚山	1465
	二等驭手	唐培清	23	湖南宁明	29.5.4	滚山	1466
		胡昌满	31	安徽太湖	29.5.4	滚山	1467
		胡先求	21	安徽太湖	29.5.4	滚山	1468
		戴应银	29	安徽太湖	29.5.4	滚山	1469
		辛文科	29	安徽太湖	29.5.4	滚山	1470
		周志昌	29	安徽太湖	29.5.4	滚山	1471
		胡银和	29	安徽太湖	29.5.4	滚山	1472
	上士班长	韦福林					1473
	上等驭手	李德基	22	广西玉林	29.5.9	湖阳镇	1474
		何德友	27	广西博白	29.5.9	湖阳镇	1475
		陈远招	24	广西玉林	29.5.9	湖阳镇	1476
		庞远荣	27	广西玉林	29.5.9	湖阳镇	1477
		鲁万禄	32	广西玉林	29.5.9	湖阳镇	1478
		宾祖兴	23	广西博白	29.5.9	湖阳镇	1479
		白桂芳	30	广西上林	29.5.9	湖阳镇	1480
	一等枪手	梁振连	30	广西贵县	29.5.9	湖阳镇	1481
		钟明理	29	广西博白	29.5.9	湖阳镇	1482

忠烈祠碑文

185

部别	级职	姓名	年龄	籍贯	死亡日期	死亡地点	墓号
		罗德章	31	广西贵县	29.5.9	湖阳镇	1483
		张世龙	31	广西天河	29.5.9	湖阳镇	1484
		谢金养	27	广西怀集	29.5.9	湖阳镇	1485
	一等驭手	刘银存	21	广西全州	29.5.9	湖阳镇	1486
		卢汉德	32	广西桂林	29.5.9	湖阳镇	1487
	上等箭兵	蒋少聚	31	广西玉林	29.5.9	湖阳镇	1488
		雷以烈	26	广西果德	29.5.9	湖阳镇	1489
		李亚四	29	广西藤县	29.5.9	湖阳镇	1490
		覃四名	21	广西博白	29.5.9	湖阳镇	1491
		朱二十	30	广西博白	29.5.9	湖阳镇	1492
	上等枪兵	庞安	26	广西陆川	29.5.20	鹿头镇	1493
		阎林鼎	21	广西全州	29.5.20	鹿头镇	1494
二营四连	下士班长	卢禧卿	35	湖南道州	29.5.26	唐河县	1495
		赵金山	34	广西雷平	29.5.26	唐河县	1496
	上等列兵	黄高议	36	湖南道州	29.5.26	唐河县	1497
		黄开邦	24	广西靖西	29.5.9	湖阳镇	1498
	二等列兵	王新福	24	广西平乐	29.5.26	唐河县	1499
		翟锦齐	29	广西平乐	29.5.26	随县两水沟	1500
		孔招贤	27	广西象县	29.5.3	随县两水沟	1501
		潘云辉	31	广西忻县	29.5.19	鹿头镇	1502
		陈旺友	21	安徽太湖	29.5.19	鹿头镇	1503
		石的宽	25	安徽太湖	29.5.19	鹿头镇	1504
		沈金明	25	安徽太湖	29.5.19	鹿头镇	1505
		齐望元	26	安徽太湖	29.4.3	两水沟	1506

部别	级职	姓名	年龄	籍贯	死亡日期	死亡地点	墓号
		黄 三	23	广西象县	29.5.3	两水沟	1507
	二等列兵	齐万保	29	安徽宿松	29.4.3	两水沟	1508
		李桂兴	26	广西蒙江	29.4.3	两水沟	1509
		黄元明	40	广西龙山	29.4.3	两水沟	1510
		龚锡芝	25	四川□□	29.4.3	两水沟	1511
		王瑞奇	23	广西那马	29.4.3	两水沟	1512
		黄国成	26	广西靖西	29.4.3	两水沟	1513
		覃启春	36	广西贵县	29.4.3	两水沟	1514
二营五连	上等列兵	庞亚火	21	广西贵县	29.5.7	湖北枣阳榆树岗	1515
		蓝春贤	34	广西都安	29.5.7	湖北枣阳榆树岗	1516
	一等列兵	覃克高	24	广西迁江	29.5.7	湖北枣阳榆树岗	1517
		李济廷	37	广西贵县	29.5.7	湖北枣阳榆树岗	1518
		方焕继	31	广西贵县	29.5.7	湖北枣阳榆树岗	1519
		谭北寿	27	广西兴业	29.5.7	湖北枣阳榆树岗	1520
		秦诚如	21	河南信阳	29.5.7	湖北枣阳榆树岗	1521
		李应珍	31	广西北流	29.5.7	湖北枣阳榆树岗	1522
	二等列兵	聂桂生	28	广西贵县	29.5.7	湖北枣阳榆树岗	1523
		黄善文	36	广西隆安	29.5.7	湖北枣阳榆树岗	1524

部别	级职	姓名	年龄	籍贯	死亡日期	死亡地点	墓号
		邵兆年	36	广西怀集	29.5.7	湖北枣阳榆树岗	1525
二营六连	下士班长	郑有为	26	湖南道县	29.5.7	湖北枣阳榆树岗	1526
	二等列兵	方国良	28	广西横县	29.5.7	湖北枣阳榆树岗	1527
二机连	上士班长	刘桂清					1528
	中士班长	凌善德	28	广西横县	29.5.9	湖阳镇	1529
五二〇团三营部	上等传达兵	蓝炳芳	26	广西迁江	29.5.21	随县北门	1530
		梁少山	38	安徽霍邱	29.5.20	枣阳鹿头镇	1531
五二〇团三营七连	下士班长	赵经光	28	广西镇结	29.5.4	随县两水沟	1532
	一等列兵	李水养	30	广西柳城	29.5.4	随县两水沟	1533
	二等列兵	韦建秀	27	广西河池	29.5.4	随县两水沟	1534
		崔心炳	34	湖北襄阳	29.4.8	隋阳北门	1535
三营八连	下士班长	管光泰	31	广西博白	29.5.20	枣阳鹿头镇	1536
	上等列兵	岳鸿德	37	山东博山	29.5.20	枣阳鹿头镇	1537
	一等列兵	戴开铣	36	广西博白	29.5.20	枣阳鹿头镇	1538
		陈泽定	20	广西博白	29.5.20	枣阳鹿头镇	1539
	二等列兵	谭华年	38	广西怀集	29.5.2	枣阳鹿头镇	1540
		石老嫩	28	广西义宁	29.5.3	两水沟	1541
		莫天贵	39	广西蒙山	29.5.3	两水沟	1542
		曾宪仲		湖南祁阳	29.5.20	枣阳鹿头镇	1543
		汪宝丁	23	安徽桐城	29.5.4	两水沟	1544
		吴小荒	21	安徽桐城	29.5.4	两水沟	1545

部别	级职	姓名	年龄	籍贯	死亡日期	死亡地点	墓号
		璩花狗	22	安徽桐城	29.5.4	两水沟	1546
三营九连	下士班长	康绍辉	33	广西修水	29.5.4	两水沟	1547
	上等列兵	莫四海	26	广西信都	29.5.4	两水沟	1548
		张文爵	28	广西玉林	29.5.4	两水沟	1549
	一等列兵	曾绍安	32	广西玉林	29.5.4	两水沟	1550
		蓝玉光	27	广西忻城	29.5.4	两水沟	1551
		赵成启	30	广西雷平	29.5.4	两水沟	1552
		萧就海	28	广西陆川	29.5.4	两水沟	1553
		康亚孙	35	广西玉林	29.5.4	两水沟	1554
		徐世□	25	广西玉林	29.5.4	两水沟	1555
		梁泰发	26	广西博白	29.5.4	两水沟	1556
		黎佩容	28	广西□县	29.5.4	两水沟	1557
		汤金养	28	广西贺县	29.5.4	两水沟	1558
		陶奇惠	32	广西贺县	29.5.4	两水沟	1559
	二等列兵	崔世龙	34	安徽桐城	29.5.4	两水沟	1560
		陈义和	18	安徽桐城	29.5.4	两水沟	1561
		章小申	26	安徽桐城	29.5.4	两水沟	1562
		丁文应	20	安徽桐城	29.5.4	两水沟	1563
		刘来发	19	安徽桐城	29.5.4	两水沟	1564
		高择才	25	安徽桐城	29.5.4	两水沟	1565
三机连	中士兽医	庞英桂	22	广西玉林	29.5.4	随县两水沟	1566
	下士驭手	梁瑞芳	25	广西雷平	29.5.4	随县两水沟	1567
	上等驭手	蒋洪才	27	湖南道县	29.5.4	随县两水沟	1568
	上等枪手兵	韦聚兴	25	广西藤县	29.5.4	随县两水沟	1569

忠烈祠碑文

189

部别	级职	姓名	年龄	籍贯	死亡日期	死亡地点	墓号
	上等炊事兵	庞德芳	25	广西玉林	29.5.4	随县两水沟	1570
	一等枪手兵	覃奎相	34	广西宜山	29.5.4	随县两水沟	1571
		石宏辉	33	广西上林	29.5.4	随县两水沟	1572
	运输兵	苏明志	24	湖北随县	29.5.4	随县两水沟	1573
		韦光珍	27	广西永淳	31.5.27	河南商城两湖	1574
五二〇团二营四连	少尉排长	廖 德	40	广西钟山	31.5.27	河南商城两湖	1575
五二一团迫击炮连	一等炮手	杨德利	26	广西钟山	29.5.12	新野南李口	1576
		周彩南	28	广西玉林	29.5.9	河南邓县	1577
	二等弹药手	韩承林	32	广西潜山	29.5.9	河南邓县	1578
输送连	上等输兵	吴生春	31	湖北荆门	29.5.9	邓县十八里铺	1579
		余永根	19	安徽岳西	29.5.9	邓县十八里铺	1580
		宁振方	50	广西那马	29.5.9	邓县十八里铺	1581
		汪全才	24	安徽岳西	29.5.9	邓县十八里铺	1582
		潘德才	42	广西陆川	29.5.9	邓县十八里铺	1583
		方尔训	29	安徽恒宁	29.5.9	邓县十八里铺	1584
		洪旺友	26	安徽宿松	29.5.9	邓县十八里铺	1585
		朱受天	28	广西玉林	29.5.21	枣阳附近	1586
		廖方才	30	广西修仁	29.5.21	兴隆集附近	1587
三营第一连	下士班长	陈式章	26	广西桂平	29.5.15	随县尚市店	1588
		骆凤鸣	27	广西上林	29.5.15	随县尚市店	1589
	上等列兵	杨京熙	26	广西百色	29.5.15	随县尚市店	1590
	一等列兵	梁廷贤	25	广西博白	29.5.15	随县尚市店	1591
		谢德海	27	安徽桐城	29.5.15	随县尚市店	1592

部别	级职	姓名	年龄	籍贯	死亡日期	死亡地点	墓号
		严永昌	28	湖北广济	29.5.15	随县尚市店	1593
		李祖茂	21	广西玉林	29.5.15	随县尚市店	1594
		莫亚三	20	广西博白	29.5.15	随县尚市店	1595
	二等列兵	李世春	30	广西玉林	29.5.15	随县尚市店	1596
		王光猷	22	广西玉林	29.5.15	随县尚市店	1597
		罗世裩	22	广西玉林	29.5.15	随县尚市店	1598
		吕枝□	25	广西玉林	29.5.15	随县尚市店	1599
第二连	上等列兵	陈朴姝	29	广西临桂	29.5.15	随县尚市店	1600
	一等列兵	宋家善	22	广西玉林	29.5.15	随县尚市店	1601
		王振洲	27	广西玉林	29.5.15	随县尚市店	1602
		蓝瑞福	20	广西隆山	29.5.15	随县尚市店	1603
		杨正卿	23	广西隆山	29.5.15	随县尚市店	1604
		韦耀	38	广西宜山	29.5.15	随县尚市店	1605
	一等列兵	杨新德	38	广西博白	29.5.9	随县尚市店	1606
	二等列兵	韦进才	38	广西上林	29.5.9	随县尚市店	1607
		温健进	32	广西玉林	29.5.9	随县尚市店	1608
五二一团一营一连	中尉排长	□临□	34	湖南岳阳	29.5.4		1609
		张永宽	30				1610
第二连	下士兽医	黄润忠	29	广西都安	29.5.4		1611
	上等枪手	陈春良	27	广西阳朔	29.5.4		1612
	上等驭手	陈炳元	22	广西容县	29.5.4		1613
	一等枪兵	田立□	23	广西玉林	29.5.4		1614
	一等传达兵	何任□	30	广西绥□	29.5.4		1615

商城忠烈祠

192

部别	级职	姓名	年龄	籍贯	死亡日期	死亡地点	墓号
第四连	中士班长	胡文清	24	广西都安	29.5.4	邓县东门	1616
第三营部	上等传达兵	林造杰	22	广西迁江	29.5.9	河南新野县	1617
	中士班长	胡云清	34	广西都安	29.5.9	唐县镇	1618
	一等列兵	梁业昌	22	广西北流	29.5.10	邓县东门	1619
		龙伴祥	32	广西北流	29.5.10	邓县东门	1620
第六连	上等列兵	韦老六	19	广西东兰	29.5.10	河南新野县	1621
	一等列兵	缪明光	25	广西北流	29.5.10	河南新野县	1622
		王如才	36	河南登州	29.5.10	河南新野县	1623
二机连	上等列兵	黄日业	27	广西雷平	29.5.10	河南新野县	1624
	一等列兵	李志恒	29	广西陆川	29.5.10	河南新野县	1625
	一等枪兵	陈秀言	36	广西合浦	29.5.10	河南新野县	1626
	二等列兵	梁华义	25	广西博白	29.5.9	河南新野县	1627
		农宏邦	22	广西□□	29.5.9	河南新野县	1628
第八连	上等列兵	黄国厚	25	广场隆山	29.5.6	河南唐县镇	1629
	一等列兵	韦志军	25	广西都安	29.5.6	湖南唐县镇	1630
		杨俊	28	四川万县	29.5.8	新野县东门	1631
		黄狗牙	20	安徽潜山	29.5.9	邓县东南	1632
		陈满山	19	安徽潜山	29.5.9	新野	1633
第九连	下士班长	莫永朝	26	广西柳城	29.5.9	新野	1634
	二等列兵	潘桂化	35	广西上林	29.5.9	新野	1635
三机连	二等传达兵	赵三六	19	广西博白	29.5.7	枣阳草店	1636
	上等枪手	黄绍卿	23	广西田东	29.5.9	新野东门	1637
	上等驭手	韦才	24	广西隆安	29.5.5	枣阳	1638
		谢德	23	广西昭平	29.5.9	新野	1639

部别	级职	姓名	年龄	籍贯	死亡日期	死亡地点	墓号
	一等担架兵	张松贵	28	安徽怀集	29.5.5	唐县	1640
	二等列兵	陈从友	35	安徽怀集	29.5.12	新野	1641
		何克□	28	安徽怀集	29.5.12	新野	1642
		韦亚十	24	广西北流	29.5.12	新野	1643
五二二团迫击炮连	一等炮手	杨光种		广西钟山	29.5.28	新野	1644
输送连	上等输兵	朱受天	25	广西玉林	29.5.21	枣阳附近	1645
		康才刚		广西修仁	29.5.20	兴隆集附近	1646
五二二团一营一连	上士班长	黎琨	30	广西永淳	29.5.4	厉山镇墩子坡	1647
	中士班长	林有才		广西上思	27.9.27	松山口	1648
		贺开忠		贵州安隆	27.9.27	松山口	1649
		周胜坤		广西藤县	27.9.27	将军山	1650
		农福英		广西龙州	27.11.13	徐家水寨	1651
	下士班长	周明生		广西恭城	27.9.27	松山口	1652
		欧鸿禧		广西上思	27.9.27	松山口	1653
		黄朝清		广西靖清	27.9.27	松山口	1654
		刘树英		广西武鸣	27.11.13	徐家水寨	1655
		梁兴朝	26	广西岑溪	29.5.4	厉山镇墩子坡	1656
		韦焕胜	34	广西上林	29.5.4	厉山镇墩子坡	1657
		陈海廷		广西东兰	29.5.4	厉山镇墩子坡	1658
		银锦修		广西罗山	29.5.4	厉山镇墩子坡	1659
	上等列兵	张贵勋		广西向都	27.10.27	将军山	1660
		李春潮		广西平安	29.5.4	厉山镇墩子坡	1661
		许德安		广西向都	29.5.4	厉山镇墩子坡	1662

部别	级职	姓名	年龄	籍贯	死亡日期	死亡地点	墓号
		钟玉标		广西贺县	27.5.9	安徽定远武店	1663
	一等列兵	马高声		广西向都	27.5.9	安徽定远武店	1664
		刘汉廷		广西全县	27.5.9	安徽定远武店	1665
		韦应隆		广西宜山	27.5.9	安徽定远武店	1666
		覃伯荣		广西马平	27.5.9	安徽定远武店	1667
		欧玉田		广西桂林	27.5.9	寿县胡西	1668
		杨 海		广东隆庆	27.9.27	松山口	1669
		罗轩超		广西信都	27.9.27	松山口	1670
		孟俊湘		广西富川	27.9.27	松山口	1671
		黄同锐		广西靖西	27.9.27	松山口	1672
		苏元喜		广西天保	29.5.4	厉山镇墩子坡	1673
		陆昆住		广西靖西	29.5.4	厉山镇墩子坡	1674
		黄开益		广西向都	29.5.4	厉山镇墩子坡	1675
		韦永德		广西修仁	29.5.4	厉山镇墩子坡	1676
		汪华文		广西平乐	29.5.4	厉山镇墩子坡	1677
		陆永照		广西那马	29.5.4	厉山镇墩子坡	1678
		梁海波		广西修仁	29.5.4	厉山镇墩子坡	1679
		王义忠		广西融县	29.5.4	厉山镇墩子坡	1680
		植玉佩		广西怀集	29.5.4	厉山镇墩子坡	1681
		郝思大		湖北襄阳	29.5.4	厉山镇墩子坡	1682
		黄 江		广西向都	29.5.4	厉山镇墩子坡	1683
		潘定伦		广西向都	29.5.4	厉山镇墩子坡	1684
		韦朝俊		广西隆山	29.5.4	厉山镇墩子坡	1685
		农业勤		广西向都	29.5.4	厉山镇墩子坡	1686

部别	级职	姓名	年龄	籍贯	死亡日期	死亡地点	墓号
		黄若金		广西天保	29.5.4	厉山镇墩子坡	1687
		莫焕星		广西向都	29.5.4	厉山镇墩子坡	1688
		黄万新		广西天保	29.5.4	厉山镇墩子坡	1689
		莫佩书		广西平乐	29.5.4	厉山镇墩子坡	1690
	二等列兵	赵福初		广西平南	29.5.4	厉山镇墩子坡	1691
		农治贤		广西向都	29.5.4	厉山镇墩子坡	1692
		吴积见		广西□□	29.5.7	松山口	1693
		蒙永金		广西向都	27.9.27	松山口	1694
		覃□□		广西向都	27.9.27	松山口	1695
		黄定显		广西向都	27.9.27	松山口	1696
		康有妹		广西怀集	27.9.27	松山口	1697
		胡义发		安徽太湖	27.9.27	松山口	1698
		殷培宏		安徽桐城	27.9.27	松山口	1699
		□家有		安徽桐城	27.9.27	松山口	1700
		沈家禄		安徽岳崖	27.9.27	松山口	1701
		吴金胜		安徽桐城	27.9.27	松山口	1702
		李开忠		安徽阜阳	27.9.27	松山口	1703
		□理海		安徽潜山	27.9.27	松山口	1704
		左三墨		安徽桐城	27.9.27	松山口	1705
		王先英		安徽桐城	27.9.27	松山口	1706
		刘天王	30	广西博白	30.3.17	河南商城两湖公馆	1707
		杨安康			27.6.9		1708
		韦文华			28.5.9		1709

商城忠烈祠

部别	级职	姓名	年龄	籍贯	死亡日期	死亡地点	墓号
		吴八弟			28.7.6		1710
		唐顺义			29.1.2		1711
		唐义发			28.8.5		1712
		雷文物			29.8.1		1713
		吾家乐			27.5.3		1714
		秦东发			28.6.2		1715
		游良怀			29.7.1		1716
		文四八			30.9.5		1717
		韦力二			28.4.5		1718
		唐胜标			27.9.2		1719
		林道生			28.1.2		1720
第二连	下士班长	张玉成		四川知中	30.3.27	湖北随县墩子坡	1721
		吴忠廷		广西荔浦	30.3.27	湖北随县墩子坡	1722
	上等列兵	王 良		广西绥禄	30.3.27	湖北随县墩子坡	1723
	一等列兵	王成康		广西镇结	30.3.27	湖北随县墩子坡	1724
		农兴邦		广西镇边	30.3.27	湖北随县墩子坡	1725
		蓝世明		广西□□	30.3.27	湖北随县墩子坡	1726
		吕大年					1727
	二等列兵	李开西		安徽阜阳	29.4.5	厉山镇墩子坡	1728
		方理海		安徽潜山	29.4.5	厉山镇墩子坡	1729
		左二黑		安徽桐城	29.4.5	厉山镇墩子坡	1730

部别	级职	姓名	年龄	籍贯	死亡日期	死亡地点	墓号
		杨德保		广西三江	29.5.4	厉山镇墩子坡	1731
		梁亚事		广西藤县	29.5.4	厉山镇墩子坡	1732
		陈云卿		四川大林	29.5.7	随县兴隆集	1733
		李玉清		四川绵阳	29.5.7	随县兴隆集	1734
一营三连	上士班长	康振德		广西全县	29.5.4	墩子坡	1735
	一等列兵	邓新养		广西钟山	29.5.4	墩子坡	1736
		农八伍		广西靖西	29.5.4	墩子坡	1737
		唐荣山		广西荔浦	29.5.4	墩子坡	1738
	二等列兵	黄记喜		广西镇边	29.5.4	墩子坡	1739
		方泰山		安徽宿松	29.5.18	蔡家湾	1740
		刘瑞记		安徽宿松	29.5.18	蔡家湾	1741
五二二团一机连	中士班长	周福才		广西博白	29.5.4	湖北厉山镇墩子坡	1742
	下士军械士	林大寿		广西玉林	29.5.4	湖北厉山镇墩子坡	1743
	上等铁工	韦德伪		广西平冶	29.5.6	湖北枣阳随阳店	1744
二营四连	下士班长	长文彦		广西兴安	29.5.18	兴隆集	1745
	一等传达兵	康国才		广西龙胜	29.5.18	兴隆集	1746
	二等弹药兵	施昌金		安徽桐城	29.5.18	兴隆集	1747
二营六连	下士班长	杨有金		广西平南	29.5.18	兴隆集	1748
	上等列兵	刘瑞贵		广西□南	29.5.18	兴隆集	1749
		覃汉臣		广西宜山	29.5.18	兴隆集	1750
二机连	上等枪手	黄忠德		广西钟山	29.5.4	随县厉山	1751
		苏世标		广西都安	29.5.4	随县厉山	1752

部别	级职	姓名	年龄	籍贯	死亡日期	死亡地点	墓号
	上等驭手	侯绍翔		广西桂平	29.5.4	随县厉山	1753
		黄才		广西龙名	29.5.4	随县厉山	1754
		莫垣		安徽阜阳	29.5.4	随县厉山	1755
三营七连	下士班长	陈国雄		广西玉林	29.5.7	枣阳兴隆集	1756
	一等列兵	梁亚二		广西北流	29.5.7	枣阳兴隆集	1757
二营八连	中士班长	陈有兰		广西博白	29.5.8	枣阳兴隆集	1758
	上士列兵	农纯武		广西信都	29.5.8	枣阳兴隆集	1759
		林德才		广西崇善	29.5.5	湖北随县厉山	1760
		林吉才		广西上思	29.5.5	湖北随县厉山	1761
		梁金兰		广西怀集	29.5.5	湖北随县厉山	1762
		李格明		广西平乐	29.5.8	枣阳县兴隆集	1763
		潘凤蚊		广西上思	29.5.8	枣阳县兴隆集	1764
	一等列兵	李秀尧		广西永淳	29.5.8	枣阳县兴隆集	1765
		莫众□		广西钟山	29.5.5	湖北随县厉山	1766
二营九连	上等列兵	黄光现		广西天保	29.5.8	枣阳兴隆集	1767
	上等驭手	杨广义		广西玉林	29.5.8	枣阳兴隆集	1768
	一等列兵	谭文朝		广西那马	29.5.8	枣阳兴隆集	1769
		冯显平		安徽宿松	29.5.8	枣阳兴隆集	1770
		张加升		安徽宿松	29.5.8	枣阳兴隆集	1771
三机连	上等列兵	杨鸿彩		广西玉林	29.5.8	枣阳兴隆集	1772
		何□□					1773
	输兵	陈家瑜		广西桂平	29.5.8	枣阳兴隆集	1774
		□□财					1775
		陆梦德					1776

部别	级职	姓名	年龄	籍贯	死亡日期	死亡地点	墓号
		萧 权	36	广东□□	29.5.4	湖北随县	1777
		张炳堃	29	广东南雄	28.3.4	湖北钟祥张家集	1778
		朱孝云	26	湖南衡阳	28.3.4	湖北钟祥张家集	1779
		唐启元	40	广西全县	30.9.28	安徽庐江大□山	1780
		杨永泰	32	广西同□	30.10.14	□□灵山	1781
		范振兴			28.4.8	湖北钟祥	1782
		吴楚臣	34	湖北孝感	29.5.9	河南湖阳镇	1783
		潘积明	30	河南信阳	29.5.9	湖阳镇附近	1784
		朱大才	28	广场百色	29.5.11	河南唐河苍台	1785
		黄长汉			29.3.4		1786
		胡文金			27.5.2		1787
		赵元长			28.3.2		1788
		梁汉文			29.6.1		1789
		石慎三			28.5.3		1790
		韦法堂			27.9.5		1791
		闭福南			27.1.2		1792
		韦寻斌			28.6.1		1791
		刘杨华			29.3.4		1794
		秦椿保			28.1.5		1795
		黄胜五			27.5.6		1796
		蓝绍雄			29.1.3		1797
		江于山			29.3.1		1798

部别	级职	姓名	年龄	籍贯	死亡日期	死亡地点	墓号
		李桂庆			28.1.2		1799
		林东先			29.1.6		1800
		徐宗现			29.3.2		1801
		马云			28.7.3		1802
		莫老光			27.4.2		1803
		莫柏雄			29.1.4		1804
		郑肇熙			30.9.8		1805
		韦佩小			31.3.5		1806
一〇三九团步炮连	上等炮手	韦立宾		广西贺县	28.5.16	湖北随县□河西岸	1807
		朱福昌		广西贺县	28.5.16	湖北随县□家河西岸	1808
		张春元			28.9.21	河南□□	1809
第四连	中士班长	周永年		江苏邳县	28.1.7	湖北随县	1810
		旷松木		广西全县	28.1.8	湖北随县	1811
		庚红贵		广西全县	28.4.4	湖北应山	1812
		曹荣标		湖南岳州	28.5.7	湖北随县	1813
	下士班长	李世芬		广西茂源	28.5.7	湖北应山郝家店	1814
		何荣卿		广西容县	28.5.13	河南桐柏属西新集	1815
	上等列兵	赵有成		广西兴安	28.5.10	湖北随县	1816
		韦邦钜		广西隆山	28.5.10	湖北随县	1817
	一等列兵	杨坤义		广西龙胜	28.4.4	湖北应山郝家店	1818
		廖贻德		广西龙胜	28.5.7	湖北随县属紫檀寺	1819

部别	级职	姓名	年龄	籍贯	死亡日期	死亡地点	墓号
		潘春梅		广西龙胜	28.4.4	湖北应山属郝家店	1820
		徐□亮		广西钟山	28.5.13	河南桐柏西新集	1821
		杨大生		广西桂林	28.5.13	河南桐柏西新集	1822
	二等列兵	陆佐辉		广西钟山	28.5.13	河南桐柏西新集	1823
		磨益熙		广西上思	28.5.7	湖北随县属紫檀寺	1824
		韦宝珍		广西上思	28.5.7	湖北随县属紫檀寺	1825
		林樊		广西天保	28.5.7	湖北随县属紫檀寺	1826
		陆光通		广西向都	28.5.7	湖北随县属紫檀寺	1827
		李文安		广西靖西	28.4.1	湖北应山郝家店	1828
二营五连	上士文书	唐嵩		广西恭城	28.5.13	河南桐柏新集	1829
	中士班长	王克亮		四川南部	28.4.4	湖北应山郝家店	1830
		秦建初		广西桂林	28.4.4	湖北应山郝家店	1831
		陽老四		广西桂林	28.4.4	湖北应山郝家店	1832
		刘登泰		湖北黄冈	28.5.6	湖北随县无名庙	1833
		罗毅		湖南东安	29.5.9	安徽阜阳	1834
	下士班长	陽狗狗		广西桂林	29.5.9	湖北广济	1835

忠烈祠碑文

201

部别	级职	姓名	年龄	籍贯	死亡日期	死亡地点	墓号
		戴明忠		福建永定	28.4.4	湖北应山郝家店	1836
		莫际松		广西靖西	28.4.4	湖北应山郝家店	1837
		龙甲弟		广西永福	28.5.6	湖北随县无名庙	1838
		徐全有		浙江杭州	28.4.4	湖北应山郝家店	1839
	上等列兵	农永昌		广西靖西	27.5.9	湖北广济	1840
		吴顺		广西合浦	28.4.4	湖北应山郝家店	1841
		罗记清		广西龙安	28.4.4	湖北应山郝家店	1842
		李炳焱		湖南永州	28.4.4	湖北应山郝家店	1843
		吕化陛		广西永福	28.4.4	湖北应山郝家店	1844
		韦焕文		广西镇结	28.5.6	湖北随县无名庙	1845
		农文发		广西镇边	28.4.4	湖北应山郝家店	1846
		黄茂兴		广西龙胜	28.4.4	湖北应山郝家店	1847
		黄贱狗		广西永福	28.4.4	湖北应山郝家店	1848
		李宽清		广西桂林	28.4.4	湖北随县无名庙	1849
	一等列兵	邓小二		广西永福	27.5.9	安徽阜阳	1850
		陈泽儒		广西宁明	27.5.9	湖北应山郝家店	1851

部别	级职	姓名	年龄	籍贯	死亡日期	死亡地点	墓号
		蒋名甫		广西富川	28.4.4	湖北应山郝家店	1852
		黎宝瑞		广西阳朔	28.4.4	湖北应山郝家店	1853
		陈金盛		广西阳朔	28.4.4	湖北应山郝家店	1854
		林笃贵		广西永福	28.4.4	湖北应山郝家店	1855
		李泰昇		广西玉林	28.4.4	湖北应山郝家店	1856
		毛锡祥		广西永福	28.4.4	湖北应山郝家店	1857
		秦桂廷		广西桂林	28.4.4	湖北应山郝家店	1858
		黄国祯		广西镇边	28.4.4	湖北应山郝家店	1859
		李茂凤		广西富川	28.4.4	湖北应山郝家店	1860
		唐妹妹		广西义宁	28.5.6	湖北随县无名庙	1861
		梁桂清		广西全县	28.4.4	湖北应山郝家店	1862
		王秀山		湖北黄梅	28.4.4	湖北应山郝家店	1863
		□志太		广西阳朔	28.4.4	湖北应山郝家店	1864
		刘建安		广西永福	28.4.4	湖北应山郝家店	1865
		张功华		广西阳朔	28.4.4	湖北应山郝家店	1866
	二等列兵	农文仁		广西靖西	28.4.4	湖北应山郝家店	1867

204

部别	级职	姓名	年龄	籍贯	死亡日期	死亡地点	墓号
		罗福昌		四川宜边	28.4.4	湖北应山郝家店	1868
		封荣贵		广西永福	28.4.4	湖北应山郝家店	1869
		何凤龙		广西南丹	28.4.4	湖北应山郝家店	1870
		李锦和		广西祁阳	28.4.4	湖北应山郝家店	1871
		赵留经		广西镇边	28.4.4	湖北应山郝家店	1872
		李广记		广西昭平	28.4.4	湖北应山郝家店	1873
		叶兆先		广西修仁	28.4.4	湖北应山郝家店	1874
		姚为章		广西天河	28.4.4	湖北应山郝家店	1875
		赵日芳		广西天保	28.4.4	湖北应山郝家店	1876
		农英永		广西镇结	28.4.4	湖北应山郝家店	1877
		李崇品		广西敬德	28.4.4	湖北应山郝家店	1878
		黎德桂		广西龙安	28.4.4	湖北应山郝家店	1879
		莫精烈		广西镇边	28.4.4	湖北应山郝家店	1880
二营六连	中士班长	刘燕鸿		广东都城	28.4.4	湖北应山郝家店	1881
	下士班长	孙富宜		广西玉林	28.5.7	紫檀寺	1882
		王贱盛		广西桂林	27.5.9	安徽阜阳	1883

部别	级职	姓名	年龄	籍贯	死亡日期	死亡地点	墓号
		方 贵		广西镇边	28.4.4	湖北应山郝家店	1884
		李全善		河南唐县	28.4.4	湖北应山郝家店	1885
	上等列兵	张绍受		广西靖西	27.4.2	安徽洸山口	1886
		王汉飞		广西柳州	27.5.9	安徽阜阳	1887
		区尚清		广东□要	28.4.4	湖北应山郝家店	1888
		殷明利		四川綦江	28.4.4	湖北应山郝家店	1889
		梁榜巢		广西靖西	28.5.7	紫檀寺	1890
		杨福光		甘肃天水	28.5.14	新集	1891
		刘洪禧		山东梁县	28.5.7	紫檀寺	1892
		罗金贵		江苏上海	28.5.7	紫檀寺	1893
		赵富宗		广西靖西	28.5.7	紫檀寺	1894
		黄文臣		广西靖西	28.5.7	紫檀寺	1895
		蓝锦碧		广西镇边	28.5.7	紫檀寺	1896
		李荣光		广西兴安	28.5.14	新集	1897
		陈 琼		广西象县	28.5.14	新集	1898
	一等列兵	徐息孙		广西桂林	27.4.2	安徽洸山口	1899
		李经元		广西永福	27.4.2	安徽洸山口	1900
		黄明景		广西永福	27.4.2	安徽洸山口	1901
		龙得有		广西桂林	27.5.9	安徽阜阳	1902
		唐绍康		广西武鸣	27.5.9	安徽阜阳	1903
		梁福庆		广西永福	27.5.9	安徽阜阳	1904
		王子华		广西永福	27.5.9	安徽阜阳	1905

部别	级职	姓名	年龄	籍贯	死亡日期	死亡地点	墓号
		吕绍昌		广西臣古	27.5.7	安徽阜阳	1906
		潘福祥		广西灵川	27.5.12	安徽阜阳	1907
		农正芬		广西向都	27.5.20	松山口	1908
		李德胜		广西阳朔	27.5.20	松山口	1909
		李长安		广西靖西	27.5.20	松山口	1910
		王得山		安徽合肥	27.5.20	松山口	1911
		张元标		安徽独山	27.5.20	松山口	1912
		陈怀亮		安徽邳江	27.10.17	松山口	1913
		阮成定		广西镇结	28.2.9	湖北应山	1914
		韦二弟		广西永福	28.2.9	湖北应山	1915
		苏振强		广西阳朔	28.4.4	应山郝家店	1916
		李品元		广西永福	28.4.4	应山郝家店	1917
		雷双林		广西永福	28.4.4	应山郝家店	1918
		龚天锡		广西灵川	28.4.4	应山郝家店	1919
		朱才德		广西永福	28.4.4	应山郝家店	1920
		黄怀可		广西靖西	28.5.4	新集	1921
	二等列兵	阳股保		广西灵川	27.5.7	安徽阜阳	1922
		潘宜功		广西向都	27.9.20	松山口	1923
		梁福昌		广西向都	27.9.20	松山口	1924
		秦子明		广西桂林	27.9.20	松山口	1925
		钟子林		四川明山	28.4.4	湖北应山郝家店	1926
		蒙树昭		广西隆山	28.4.4	湖北应山郝家店	1927

部别	级职	姓名	年龄	籍贯	死亡日期	死亡地点	墓号
		黄朝德		广西靖西	28.4.4	湖北应山郝家店	1928
		龙播禧		广西怀集	28.4.4	湖北应山郝家店	1929
		黄国燦		广西靖西	28.5.14	新集	1930
		马亚楪		广西镇边	28.6.23	新集	1931
二机连	上等枪手	周鸿泉		广西玉林	27.5.8	安徽阜阳	1932
		吕永恒		广西永福	27.5.8	湖北随县紫檀寺	1933
		周惠臣		广西玉林	28.4.4	湖北应山郝家店	1934
		谢龙弟		广西阳朔	28.5.8	随县紫檀寺	1935
		李为斌		广西义宁	28.4.4	随县紫檀寺	1936
		莫配坍		广西永福	28.4.4	随县紫檀寺	1937
		易良七		广西阳朔	28.4.4	随县紫檀寺	1938
		黄瑰林		广西田阳	28.5.13	河南桐柏新集	1939
		梁廷新		广西天保	28.5.13	河南桐柏新集	1940
	上等输兵	潘长涑		广西钟山	28.5.13	河南桐柏新集	1941
		钟济科		广西蒙山	28.5.13	河南桐柏新集	1942
三营七连	中士班长	吴光耀		广西宜山	27.9.17	松山口	1943
		张俊杰		广西南宁	27.11.13	浙河	1944
		陆桂清		贵州西德	28.5.6	高庙坡	1945
		陈汉荣		广西贺县	28.5.6	高庙坡	1946
	下士班长	唐瑞生		广西桂林	27.11.13	浙河	1947
		唐炳耀		广西西平	28.5.6	高庙坡	1948
	上等列兵	梁绍发		广西怀集	27.6.24	寿县	1949

208

部别	级职	姓名	年龄	籍贯	死亡日期	死亡地点	墓号
		张国雄		广西靖西	27.9.27	松山口	1950
		李坤银		江苏徐州	27.9.27	松山口	1951
		石云增		广西寿县	27.9.27	松山口	1952
		唐继伦		广西恭城	27.9.27	松山口	1953
		李锦然		广西恭城	27.2.13	浙河	1954
		黄英隆		广西振安	27.2.13	浙河	1955
		谢庆年		广西恭城	27.2.13	浙河	1956
		卢九州		广西武鸣	27.2.13	浙河	1957
		邓福球		广西义宁	28.3.1	新店娘娘庙	1958
		韦良仁		广西义宁	28.3.1	新店娘娘庙	1959
		张永成		广西恭城	28.3.1	新店娘娘庙	1960
		杨运崇		广西恭城	28.5.6	高庙坡	1961
		杨日作		广西武鸣	28.5.6	高庙坡	1962
		赵安仁		广西柳州	28.5.6	高庙坡	1963
	上等炊事兵	李 四		广西贺县	28.5.6	高庙坡	1964
		黄明生		广西柳州	28.5.6	高庙坡	1965
	一等列兵	李佩文		广西灵川	27.9.17	松山口	1966
		罗积玉		广西荔浦	27.11.13	浙河	1967
		梁明玉		广西恭城	27.11.13	浙河	1968
	二等列兵	朱桂标		广西贺县	27.11.13	浙河	1969
		黄尚笑		广西靖西	27.11.13	浙河	1970
		农纪灵		广西靖西	27.11.13	浙河	1971
		赵瑞盛		广西□□	27.11.13	浙河	1972
		覃兆全		广西□□	28.3.1	新店娘娘庙	1973

部别	级职	姓名	年龄	籍贯	死亡日期	死亡地点	墓号
		黄维清		广西□□	28.3.1	新店娘娘庙	1974
		秦子琚		广西容县	28.3.1	新店娘娘庙	1975
		郑茂成		广西镇边	28.3.1	新店娘娘庙	1976
		韦建发		广西东兰	28.5.6	高庙坡	1977
	上等输兵	陈雄坤		广西贵县			1978
三营八连	少尉连附	□绍□		广西宾阳	27.9.13	湖北广松山口	1979
	中士班长	颜 达		广西邕宁	28.5.6	随县高庙坡	1980
	下士班长	龙朝亮		广西平乐	28.5.6	随县高庙坡	1981
	上等列兵	张有嵩		广西兴安	27.6.4	安徽寿县独山	1982
	一等列兵	李秀军		广西修仁	28.3.6	随县高庙坡	1983
	二等列兵	易永德		广西恭城	27.6.1	安徽定远龙头镇	1984
		胡来安		广西贺县	27.10.17	湖北应山陈家巷	1985
		朱义成		广西荔浦	28.3.5	湖北应山徐家店	1986
	上士班长	蒋振生		广西全县	28.5.13	河南桐柏新集	1987
	中士班长	胡 新		广西桂平	27.9.2	湖北黄梅两河口	1988
		赵子城		广西灵川	27.10.28	应山石家湾	1989
		唐子清		贵州江口	28.5.13	河南桐柏新集	1990
		潘顺隆		广西隆山	28.5.6	随县蒋家河口南岸	1991
		姚庆永		广西横县	28.5.6	随县蒋家河口南岸	1992

部别	级职	姓名	年龄	籍贯	死亡日期	死亡地点	墓号
	下士班长	黄国安		广西藤县	27.9.29	湖北新集香山	1993
	上等列兵	陈 光		云南路虚	27.9.29	湖北新集香山	1994
		赖盛全		广西荔浦	28.2.25	应山森林寺	1995
		邓家严		广西庚县	28.3.1	湖北应山娘娘庙	1996
		覃锡森		广西藤县	28.5.5	河南桐柏新集	1997
		韦编忠		广西钟山	28.5.6	蒋家河	1998
	一等列兵	黄崇心		广西容县	27.9.20	湖北黄梅两河口	1999
		董庆成		广西柳州	27.5.2	安徽阜阳	2000
		程世文		广西明江	27.2.12	随县铁家坡	2001
		张正芳		广西玉林	28.5.9	蒋家河	2002
		陶开茂		广西平兴	28.5.9	蒋家河	2003
		陈仕标		广西平乐	28.5.12	桐柏新集	2004
		官中正		广西蒙山	28.5.12	桐柏新集	2005
		陆光秀		广西平乐	28.5.12	桐柏新集	2006
	二等列兵	陈德荣		广西荔浦	28.5.6	随县高庙坡	2007
		颜正规		广西镇结	28.5.6	随县高庙坡	2008
		谭尚二		广西河池	28.5.6	随县高庙坡	2009
		王老红		广西三江	28.5.13	河南桐柏新集	2010
		黄清生		广西思乐	28.5.13	河南桐柏新集	2011
三机连	上等列兵	刘有才		广西桂林	27.5.11	安徽阜阳	2012
		覃庆华		广西玉林	27.6.4	安徽寿县唐家山	2013
		李亚来		广西武鸣	28.5.6	湖北随县高庙坡	2014

部别	级职	姓名	年龄	籍贯	死亡日期	死亡地点	墓号
		曾国知		广西宾阳	28.5.13	河南桐柏新集	2015
		苏水生		广西武鸣	28.5.13	河南桐柏新集	2016
		李凤山		广西隆安	28.5.13	河南桐柏新集	2017
		李 章		广西贵县	28.5.13	河南桐柏新集	2018
		陆逢进		广西永淳	28.5.13	河南桐柏新集	2019
		潘京史		广西镇结	28.5.13	河南桐柏新集	2020
		苏光芷		广西天保	28.5.13	河南桐柏新集	2021
		卢士火		广西桂平	28.5.13	河南桐柏新集	2022
		甘启仁		广西桂平	28.5.13	河南桐柏新集	2023
		丁 凤		广西兴安	28.5.13	河南桐柏新集	2024
		黄启凤		广西宾阳	28.5.6	湖北随县高庙坡	2025
	上等号兵	黄 崑		广西柳城	28.5.13	河南桐柏新集	2026
	上等炊事兵	唐发清		湖南零陵	27.6.2	安徽定远少炉桥	2027
	一等列兵	农绍红		广西镇结	28.5.13	河南桐柏新集	2028
		陆启明		广西左县	28.5.13	河南桐柏新集	2029
一〇四〇团团本部	上等传达兵	梁瑞初		广西容县	27.3.29	安徽怀远龙头與	2030
卫生队	上等担架兵	刘清瑞		广西钟山	27.6.2	安徽怀远龙头與	2031
		陈寿仓		广西贺县	27.6.4	安徽寿县	2032
	上等输兵	凌起颜		安徽寿县	27.10.31	应山蔡家沟	2033
		吴少甫		安徽怀安	27.10.31	应山蔡家沟	2034
		郑仁为		安徽寿县	27.10.31	应山蔡家沟	2035

忠烈祠碑文

211

部别	级职	姓名	年龄	籍贯	死亡日期	死亡地点	墓号
		叶得理		安徽寿县	27.10.31	应山蔡家沟	2036
		孔庆和		安徽寿县	27.10.31	应山蔡家沟	2037
		李彩球		广西平乐	28.3.31	应山蔡家沟	2038
	一等列兵	孔昭升		广西怀集	27.5.29	安徽怀远龙头與	2039
		李裕嘉		广西平乐	27.10.31	应山蔡家河	2040
通信排	一等通信兵	黄相成		广西恭城	27.10.31	寿县附近	2041
		廖金水		广西桂林	27.10.31	应山骆家店	2042
		罗德才		广西藤县	27.10.30	应山骆家店	2043
	上等输兵	钱保养		安徽怀远	27.10.30	应山骆家店	2044
		王金山		安徽怀远	27.10.30	应山骆家店	2045
	上等列兵	高敬初		湖南永州	27.8.15	安徽宿松破凉亭	2046
		王文标		江苏徐州	27.8.15	安徽宿松破凉亭	2047
		邓 二		广西田州	27.8.15	安徽宿松破凉亭	2048
		梁贯钦		广西天保	27.10.30	湖北骆家店	2049
特务排	上士班长	韦少武		广西桂林	28.4.30	随县塔儿湾	2050
		熊 高		湖南道州	28.4.10	应山郝家店李家冲	2051
	上等输兵	王太福		湖南永州	28.4.10	应山郝家店李家冲	2052
一营一连	上士班长	陈少初		广西领州	28.4.10	湖北应山白水冲	2053
	中士班长	甘 汉		广西北流	28.4.10	湖北应山白水冲	2054

部别	级职	姓名	年龄	籍贯	死亡日期	死亡地点	墓号
		石芳兰		广西灵川	28.4.10	湖北应山白水冲	2055
		何利修		安徽寿县	28.5.6	湖北随县高庙坡	2056
	下士班长	吴家余		广西北流	28.4.10	湖北应山白水冲	2057
		王登五		安徽寿县	28.5.6	随县高庙坡	2058
	上等列兵	陈子纲		广西上思	28.4.10	应山白水冲	2059
		李时官		广西扶南	28.4.10	应山白水冲	2060
		卜功成		安徽寿县	28.5.6	随县高庙坡	2061
	一等列兵	李家材		广西北流	27.6.2	安徽怀远王古堆	2062
		蓝学兴		广西隆山	28.4.10	应山白水冲	2063
		陈亚木		广西北流	28.4.10	应山白水冲	2064
		郑威邦		广西北流	28.4.10	应山白水冲	2065
		周惠邦		广西北流	28.4.10	应山白水冲	2066
		凌永元		广西那马	28.4.10	应山白水冲	2067
		李鸿春		湖北随县	28.5.1	湖北随县高庙坡	2068
		常传栋		安徽寿县	28.8.4	湖北随县孙家寨	2069
		史中发		安徽寿县	28.5.6	随县高庙坡	2070
		於广和		安徽寿县	28.5.6	随县高庙坡	2071
	二等列兵	卢瑞安		广西北流	27.6.3	安徽怀远王古堆	2072
		农先照			30.9.6		2073
		雷渊洪			29.9.2		2074

忠烈祠碑文

213

部别	级职	姓名	年龄	籍贯	死亡日期	死亡地点	墓号
		黄锡三			31.2.5		2075
		周志强			31.2.4		2076
		张秀南			29.8.7		2077
		段清海			29.9.6		2078
		廖松福			30.1.10		2079
		黄大登			30.8.7		2080
		傅良志			31.4.10		2081
		李纪备			30.9.6		2082
		叶绍纪			30.8.7		2083
		黄成学			30.9.4		2084
		杨彬桢			31.1.5		2085
		韦耀辉			30.3.5		2086
一〇四〇团 一营一连	上等列兵	何家锦			29.8.5		2087
		莫特委			30.5.6		2088
		黄亚三			30.9.8		2089
		龙临溪			31.3.4		2090
		赵国臣			31.4.5		2091
		李忠之			29.7.6		2092
		李敬之			30.9.8		2093
一营二连	上士班长	唐树春		湖南永州	27.10.31	湖北应山 四十里	2094
	中士班长	邓顺祥		广西平乐	27.8.15	安徽宿松	2095
		彭继凤		安徽□县	28.4.4	湖北应山□坊	2096

部别	级职	姓名	年龄	籍贯	死亡日期	死亡地点	墓号
		伍于兴		庹广□江		湖北应山□家冲	2097
		黄德□		广西龙州		湖北随县孙家寨	2098
	下士班长	邓桂保		广西北流	27.6.4	安徽寿县	2099
		刘国□		广西上林	28.4.4	湖北应山马楼坊	2100
		源盛明		广西北流	28.4.4	湖北应山马楼坊	2101
		□□□		广西宜山	28.4.4	湖北应山马楼坊	2102
		□□□		湖北随县	28.5.9	湖北枣阳唐县镇	2103
		□□□		广西陆川	27.10.30	湖北应山四十里铺	2104
		□□江		广西陆川	27.10.30	湖北应山四十里铺	2105
		□□及		广西玉林	27.10.30	湖北应山四十里铺	2106
		□□□		广西那马	27.□.□		2107
		□德彩		河南南阳	28.5.9	湖北枣阳唐县镇	2108
		□朱光		安徽合肥	28.5.9	河南□家□	2109
		郑文上		安徽合肥	28.5.9	河南□家□	2110
		□传明		江苏镇江	28.5.13	河南唐河县	2111
		□华		安徽寿县	28.4.11	湖北应山孙家寨	2112
		莫大蕃		广西玉林	28.5.1	湖北随县孙家寨	2113

商城忠烈祠

216

部别	级职	姓名	年龄	籍贯	死亡日期	死亡地点	墓号
		吕亚安		广西陆川	28.5.1	湖北应山孙家寨	2114
		农□才		广西天保	28.5.1	湖北应山孙家寨	2115
		梁进荣		广西玉林	28.5.1	湖北应山孙家寨	2116
		荣福槐		广西玉林	28.5.1	湖北应山孙家寨	2117
		刘建民		广西北流	28.5.1	湖北应山孙家寨	2118
		鲍得胜		湖北随县	28.5.1	湖北应山孙家寨	2119
		姚 匿		广西天保	28.5.1	湖北应山孙家寨	2120
		韦□□		广西崇善	27.6.30	湖北应山孙家寨	2121
	一等列兵	吕锦云		广西陆川	27.6.30	湖北应山四十里铺	2122
		徐德科		安徽寿县	28.4.4	湖北应山高楼	2123
		梁□□		广西宾阳	28.4.4	湖北应山高楼	2124
		蒋家福		广西北流	28.4.4	湖北应山高楼	2125
	二等列兵	王子廷		广西陆川	28.4.4	安徽寿县	2126
		徐联明		广西上林	27.10.30	湖北应山四十里铺	2127
		邓绍维		广西上林	27.10.30	湖北应山四十里铺	2128
		周兴祥		广西隆安	27.10.30	湖北应山四十铺	2129

部别	级职	姓名	年龄	籍贯	死亡日期	死亡地点	墓号
		武统斌		广西隆安	27.10.30	湖北应山四十里铺	2130
三连	一等列兵	陶长庚		安徽寿县	27.4.11	湖北应山大小九冲	2131
		万亚清		广西玉林	27.5.10	安徽凤阳刘府	2132
		刘六		广西陆川	27.5.10	安徽凤阳刘府	2133
		黄水保		广西陆川	27.10.31	湖北应山四十里铺	2134
		覃诗佐		广西玉林	27.10.31	湖北应山四十里铺	2135
		陈善海		广西玉林	27.10.31	湖北应山四十里铺	2136
		周宗瑞		广西博白	27.10.31	湖北应山四十里铺	2137
		蔡志华		广西博白	1921.10.31	湖北应山四十里铺	2138
		周祖裕		广西玉林	27.10.31	湖北应山四十里铺	2139
		关宗仁		广西玉林	27.10.31	湖北应山四十里铺	2140
		张叶振		广西玉林	27.10.31	湖北应山四十里铺	2141
		巫高才		广西上林	27.10.31	湖北应山四十里铺	2142
		李稔二		广西博白	27.10.31	湖北应山四十里铺	2143
		黄亚三		广西博白	27.10.31	湖北应山四十里铺	2144
		秦明科		广西博白	27.10.31	湖北应山四十里铺	2145

忠烈祠碑文

217

部别	级职	姓名	年龄	籍贯	死亡日期	死亡地点	墓号
		黄德三		广西博白	27.10.31	湖北应山四十里铺	2146
		杨福楼		广西□林	27.10.31	湖北应山四十里铺	2147
		刘观庠		广西博白	27.10.31	湖北应山四十里铺	2148
		丘得福		广西□□	27.10.31	湖北应山四十里铺	2149
		黄俊才		广西博白	27.1.31	湖北应山四十里铺	2150
		凌金福		广西北流	28.4.10	湖北应山白水冲	2151
		阮耀明		广西北流	27.1.31	湖北应山白水冲	2152
□机连	下士班长	李茂初		广西北流	28.4.10	湖北应山白水冲	2153
	上等列兵	覃儒协		广西□□	28.4.10	湖北应山白水冲	2154
□营营部	下士传达兵	刘祖封		广西富川	27.6.5	安徽寿县	2155
	上等传达兵	杨孔仪		广西兴安	28.4.4	湖北应山高坊	2156
		刘华勋		四川西充	28.6.12	湖北化□□	2157
第四连	中士班长	廖秀文		广西荔浦	27.6.4		2158
		龚守光		广西龙州	27.6.4		2159
		陈文山		安徽□□			2160
		李汉荣		广西北流	28.5.9	湖北随县唐县镇	2161
	下士班长	唐吉宗		广西富川	27.6.4	安徽寿县□头山	2162

部别	级职	姓名	年龄	籍贯	死亡日期	死亡地点	墓号
		□□中		广西蒙山	27.6.4	安徽寿县□头山	2163
		蒋□□		广西蒙山	27.6.4	安徽寿县□头山	2164
	上等列兵	覃立新		广西上林	27.3.29	湖北应山	2165
		陆海廷		广西南宁	27.3.29	湖北应山	2166
		吴喜兴		广西永淳	28.4.4	湖北应山	2167
		林德芳		广西博白	28.4.4	湖北应山高楼坊	2168
		罗士葵		广西荔浦	28.4.4	湖北应山高楼坊	2169
		余有连		广西隆安	28.4.4	湖北应山高楼坊	2170
		黄元华		广西那马	28.4.11	湖北应山□□店	2171
	一等列兵	岑东贵		广西钟山	27.10.29	应山	2172
		刘廷有		广西富川	28.5.28	安徽东□易家坡	2173
		陈海州		安徽寿县	28.4.□	湖北应山蔡家店	2174
		卞多五		安徽寿县	28.4.□	湖北应山蔡家店	2175
		钟承规		广西横县	28.4.□	湖北应山蔡家店	2176
		李福□		安徽寿县	28.4.□	湖北应山蔡家店	2177
		戴承良		四川重庆	30.2.28	湖北黄陂蔡店笔架山	2178

商城忠烈祠

220

部别	级职	姓名	年龄	籍贯	死亡日期	死亡地点	墓号
		郑星光		广西蒙山	29.4.11	湖北应山郝家店	2179
		廖同松		广西怀集	28.3.9	湖北随县唐县镇	2180
	二等列兵	李或之		广西□□	27.6.4	安徽寿县□力山	2181
		李尚□		广西扶南	27.10.29	湖北应山	2182
		罗定光		广西信都	28.4.4	应山高楼坊	2183
		莫子成		广西富川	28.4.11	应山郑家店	2184
		农本业		广西上思	28.4.11	湖北应山郝家店	2185
		农吾海		广西全县	28.4.11	湖北应山郝家店	2186
第五连	中士班长	黄振标		广西扶南	27.6.4	安徽寿县	2187
		曾顺富		广西平乐	27.9.18	湖北蕲春骆驼山	2188
		许立勋		广西修仁	28.4.4	湖北应山马楼坊	2189
		吴冠鳌		广西镇边	28.4.4	湖北应山马楼坊	2190
		周志廷		广西钦州	28.4.4	湖北应山马楼坊	2191
	下士班长	胡云标		江苏砀山	27.6.4	安徽寿县漫头山	2192
		贺以锦		江苏扬州	27.6.4	安徽寿县漫头山	2193
		谢竹清		湖南□□	27.6.4	安徽寿县漫头山	2194

部别	级职	姓名	年龄	籍贯	死亡日期	死亡地点	墓号
		何全奎		江苏砀山	27.6.4	安徽寿县漫头山	2195
		韦以运		广西上林	27.9.28	湖北蕲春骆驼山	2196
		莫振雄		广西柳州	27.9.28	湖北蕲春骆驼山	2197
		张学礼		广西荔浦	28.4.4	湖北应山高楼坊	2198
		陆品能		广西扶南	28.4.4	湖北应山高楼坊	2199
		梁繁昌		广西武鸣	28.4.4	湖北应山高楼坊	2200
		陶先克		广西□山	28.4.4	湖北应山	2201
		龚克明		安徽太湖	28.4.4	湖北应山	2202
		柴宏有		安徽六安	28.4.11	应山郝家店□九冲	2203
		□□东		安徽六安	28.4.11	应山郝家店□九冲	2204
		□洪早		江苏铜山	27.6.4	安徽寿县漫头山	2205
		叶昆林		广西荔浦	27.6.4	安徽宿松五谷庙	2206
		黄恩波		广西荔浦	28.4.4	湖北应山高楼坊	2207
		韦□桂		广西□州	28.4.4	湖北应山高楼坊	2208
		胡国友		安徽	28.4.4	湖北应山高楼坊	2209
		覃文九		广西藤县	28.4.4	湖北应山高楼坊	2210

部别	级职	姓名	年龄	籍贯	死亡日期	死亡地点	墓号
		施洪保		安徽寿县	28.4.4	湖北应山高楼坊	2211
		孔庆春		广西昭平	28.4.4	湖北应山高楼坊	2212
		钱初盛		广西怀集	28.4.4	湖北应山高楼坊	2213
		梁远荣		广西修仁	28.4.4	湖北应山高楼坊	2214
		陈何昌		广西富阳	28.3.6	湖北随县唐县镇	2215
		李全武		安徽□□	28.3.6	湖北随县唐县镇	2216
		邵发成		□南	28.3.6	湖北随县唐县镇	2217
		韦文龙		广西隆安	28.4.10	湖北应山□小九冲	2218
		韦 春		广西隆安	28.4.10	湖北应山□小九冲	2219
	一等列兵	□庆进		广西镇结	27.6.4	安徽寿县漫头山	2220
		董永寿		广西镇结	27.6.4	安徽寿县漫头山	2221
		农德球		广西镇结		安徽寿县漫头山	2222
		梁达礼		广西镇结	27.6.4	安徽寿县漫头山	2223
		祝文政		广西蒙山	27.6.4	安徽寿县漫头山	2224
		黄保贡		广西镇结	27.6.4	安徽寿县漫头山	2225
		黄正保		广西□□	27.6.4	安徽寿县漫头山	2226

部别	级职	姓名	年龄	籍贯	死亡日期	死亡地点	墓号
		钟念聚		广西□山	27.6.4	安徽寿县漫头山	2227
		罗炳坤		广西昭平	27.6.4	安徽寿县漫头山	2228
		麻永亮		广西天保	27.6.4	漫头山	2229
		许水轮		广西天保	27.6.4	漫头山	2230
		余雨彬		广西隆安	27.6.4	漫头山	2231
							空墓号
		张玉成		广西隆安	27.6.4	漫头山	2233
		邓 大		广西隆安	27.6.4	漫头山	2234
		周启宗		广西平乐	27.9.28	湖北蕲春骆驼山	2235
		黄承初		广西怀集	27.9.28	湖北蕲春骆驼山	2236
		李友柏		广西宁明	27.9.28	湖北蕲春骆驼山	2237
		欧有金		广西平乐	27.9.28	湖北蕲春骆驼山	2238
		黄德兴		广西江明	27.9.28	湖北蕲春骆驼山	2239
		徐锦章		广西昭平	27.9.28	湖北蕲春骆驼山	2240
		何时任		广西贺县	28.10.31	湖北蕲春西十里	2241
		冯春寿		广西钟山	28.10.31	湖北蕲春西十里	2242
		莫显镇		广西贺县	28.10.31	湖北应山蔡家河	2243

忠烈祠碑文

商城忠烈祠

部别	级职	姓名	年龄	籍贯	死亡日期	死亡地点	墓号
							空墓号
		邓火基		广西怀集	28.4.4	湖北应山高楼坊	2245
		黄文诰		广西荔浦	28.4.4	湖北应山高楼坊	2246
		农文锡		广西左县	28.4.4	高楼坊	2247
		全篆贵		广西怀集	28.4.4	高楼坊	2248
		谭志远		安徽寿县	28.4.4	高楼坊	2249
		邱季成		安徽寿县	28.4.4	湖北应山高楼坊	2250
		李茂彬		广西武鸣	28.4.4	湖北应山高楼坊	2251
	二等列兵	王开樑		广西镇边	28.4.4	湖北应山蔡家河	2252
		邱宝山		广西贺县	27.6.4	安徽寿县漫头山	2253
		植文彪		广西怀集	27.6.4	安徽寿县漫头山	2254
		梁辉呈		广西怀集	27.6.4	安徽寿县漫头山	2255
		徐子森		安徽凤台	28.4.4	湖北应山高楼坊	2256
		方启合		广西天宝	28.4.4	湖北应山高楼坊	2257
		张廷富		广西宜山	28.4.4	湖北应山高楼坊	2258
		李信安		广西天宝	28.4.4	湖北应山高楼坊	2259
		韦玉光		广西河池	28.4.4	湖北应山高楼坊	2260

部别	级职	姓名	年龄	籍贯	死亡日期	死亡地点	墓号
		楚文其		安徽寿县	28.4.4	湖北应山高楼坊	2261
		韦云恩		广西南丹	28.4.4	高楼坊	2262
		农广进		广西向都	28.4.4	高楼坊	2263
		王林三		广西舒城	28.5.1	根本随县塔儿湾	2264
		陆年荣		广西扶南	28.5.1	随县唐县镇	2265
		何汉昆		广西平乐	28.5.1	随县唐县镇	2266
		江 德		安徽舒城	28.5.1	随县塔儿湾	2267
		黄春标		广西钟山	28.5.12	湖北梅县李家河	2268
		李乔贵		广西武鸣	28.4.11	应山郝家店大小九冲	2269
		高启发		湖北黄陂	28.4.11	应山郝家店大小九冲	2270
		蒋宗炳		广西修仁	28.4.11	应山郝家店大小九冲	2271
		李亚辉		广西玉林	28.4.11	应山郝家店大小九冲	2272
		李福至		广西怀集	28.4.11	应山郝家店大小九冲	2273
		黄文德		广西富川	28.4.11	应山郝家店大小九冲	2274
		刘瑞华		广西蒙山	27.9.28	湖北蕲春骆驼山	2275
		叶兴能		广西荔浦	27.9.28	湖北蕲春骆驼山	2276
		韦安全		广西怀集	27.9.28	湖北蕲春骆驼山	2277

部别	级职	姓名	年龄	籍贯	死亡日期	死亡地点	墓号
		覃耿然		广西荔浦	27.10.31	湖北应山杨家湾	2278
		黄锦标		广西荔浦	27.9.28	湖北蕲春骆驼山	2279
	下士班长	徐有进		广西怀集	27.9.28	湖北蕲春骆驼山	2280
		徐国振		广西阳朔	27.10.31	湖北应山杨家湾	2281
		李 林		广西怀集	27.10.31	湖北应山杨家湾	2282
		何伦智		广西荔浦	27.10.28	湖北应山蔡家河	2283
		陈来祥		广西宾阳	27.5.28	安徽定远姚仲子	2284
		蓝成就		广西昭平	27.10.31	湖北应山杨家湾	2285
	上等列兵	李日波		广西恭城	27.10.31	湖北应山杨家湾	2286
		祝甘树		广西怀集	27.10.31	湖北应山杨家湾	2287
		赖金养		广西荔浦	27.10.31	湖北应山杨家湾	2288
		权太池		广西都安	27.10.31	湖北应山杨家湾	2289
	上等炊兵	张正东		广西贵县	27.8.15	安徽宿松五谷庙	2290
		李东正		安徽舒城	27.8.15	安徽宿松五谷庙	2291
	一等列兵	李秀新		广西蒙山	27.8.15	安徽宿松五谷庙	2292
		陈宗树		广西怀集	27.9.29	湖北蕲春骆驼山	2293

部别	级职	姓名	年龄	籍贯	死亡日期	死亡地点	墓号
		虞光滔		广西钟山	27.9.28	湖北蕲春骆驼山	2294
		莫胜良		广西钟山	27.9.28	湖北蕲春骆驼山	2295
		曾现		广西陆川	27.9.28	骆驼山	2296
		刘房安		广西陆川	27.9.28	骆驼山	2297
		黄安国		广西蒙山	27.9.28	骆驼山	2298
		欧亚树		广西怀集	27.9.28	骆驼山	2299
		黄有仁		广西贺县	27.9.29	骆驼山	2300
		潘远盛		广西蒙山	27.9.28	骆驼山	2301
		黄逢贵		广西怀集	27.9.28	骆驼山	2302
		廖纯安		广西钟山	27.10.31	湖北应山蔡家河	2303
		毛仁生		广西贺县	27.10.31	湖北应山蔡家河	2304
		钟修鹏		广西贺县	27.10.31	湖北应山蔡家河	2305
	二等列兵	魏名棠		广西怀集	27.9.28	湖北蕲春骆驼山	2306
		郭三毛		广西荔浦	27.10.31	湖北应山蔡家河	2307
		何家规		广西昭平	27.10.31	湖北应山蔡家河	2308
		黄盱朱		广西宾阳	27.9.28	湖北蕲春骆驼山	2309
三营七连	中士班长	韦荣才		广西钟山	28.4.11	湖北应山304高地	2310
		蔡□德		广西□□	28.5.6	湖北随县塔儿湾	2311

部别	级职	姓名	年龄	籍贯	死亡日期	死亡地点	墓号
	下士班长	龙有及		广西武鸣	28.4.11	湖北应山304高地	2312
		李文□		安徽寿县	28.4.11	湖北应山304高地	2313
		周孝成		安徽寿县	28.4.11	湖北应山304高地	2314
		□荣政			28.4.11	湖北应山304高地	2315
		黄承独		广西敬德	28.4.4	湖北应山长岗岭	2316
		梁绍贵		广西武鸣	28.4.2	应山郝家店大小九冲	2317
		赵正达		广西武鸣	28.4.2	应山郝家店大小九冲	2318
		韦槐成		广西武宣	28.5.5	湖北随县塔儿湾	2319
	上等列兵	唐怀庆		安徽寿县	28.4.2	湖北应山304高地	2320
		□永良		四川重庆	30.12.28	湖北黄陂蔡店笔架山	2321
		赵文传		安徽寿县	28.4.11	湖北应山304高地	2322
		徐发池		安徽怀远	28.4.11	湖北应山304高地	2323
		戴□□		安徽寿县	28.5.1	湖北□□	2324
		蒙增明		广西□□	28.5.6	湖北随县塔儿湾	2325
		万义洲		安徽颍上	28.4.1	湖北应山	2326
		刘焕章		安徽寿县	28.4.9	湖北应山楼子堰	2327

部别	级职	姓名	年龄	籍贯	死亡日期	死亡地点	墓号
		刘华勋		四川西充	31.6.13	湖北礼山麦□冈	2328
		黄以定					2329
		黎昌武					2330
		岑平良		广西敬德	28.4.4	湖北应山长岗岭	2331
		黄奇		广西敬德	28.4.2	应山郝家店大小九冲	2332
		李郁秀		广西靖西	28.5.5	湖北随县塔儿湾	2333
		黄朝临		广西靖西	28.5.5	湖北随县塔儿湾	2334
		梁志连		广西凭祥	28.4.3	湖北应山桥冲	2335
	一等列兵	许承贤		广西天保	28.4.11	湖北应山304高地	2336
		董□□		安徽怀远	28.4.11	湖北应山304高地	2337
		许忠信		广西天保	28.4.11	湖北应山304高地	2338
		韦永显		广西永淳	28.4.11	湖北应山304高地	2339
		陆特榜		广西那马	28.4.11	湖北应山304高地	2340
		陆堆玉		广西隆安	28.4.11	湖北应山304高地	2341
		崔正廷		安徽怀集	28.4.11	应山304高地	2342
		幸正堂		安徽怀远	28.4.11	应山304高地	2343

忠烈祠碑文

229

商城忠烈祠

部别	级职	姓名	年龄	籍贯	死亡日期	死亡地点	墓号
		蔡炳业		安徽怀集	28.4.11	应山304高地	2344
		张士永		安徽怀集	28.4.11	应山304高地	2345
		张树华		安徽怀集	28.4.11	应山304高地	2346
		韦运榜		广西那马	28.4.11	应山304高地	2347
		赵德胜		安徽寿县	28.4.11	应山304高地	2348
		马加三		安徽寿县	28.4.10	湖北应山	2349
		许玉球		广西方承	28.4.10	湖北应山桥冲	2350
		黄日照		广西雷平	28.4.10	湖北应山桥冲	2351
		正建功		河南	28.4.10	湖北应山桥冲	2352
		梁顺廷		广西雷平	28.4.9	湖北应山楼子堰	2353
		罗焕品		广西雷平	28.4.9	湖北应山楼子堰	2354
		李有祥		广西敬德	28.4.9	湖北应山大小九冲	2355
		李光来		广西敬德	28.4.9	湖北应山大小九冲	2356
	二等列兵	韦元思		广西那马	28.4.9	湖北应山大小九冲	2357
		梁义堂		广西隆安	28.4.9	湖北应山304高地	2358
		周以璋		广西镇结	28.4.9	湖北应山304高地	2359
		宋维启		安徽寿县	28.4.9	湖北应山304高地	2360
		凌福崇		广西隆安	28.4.9	湖北应山304高地	2361
		韦有荣		广西隆安	28.4.9	湖北应山304高地	2362

部别	级职	姓名	年龄	籍贯	死亡日期	死亡地点	墓号
		赵有义		广西上思	28.4.2	湖北应山大小九冲	2363
三营九连	上尉连长	据文		广西崇善	27.5.12	安徽考城	2364
	少尉连附	谭光武		广西田东	27.5.11	安徽考城	2365
		重庆		广西柳州	27.5.11	安徽考城	2366
	准尉连附	萧仕俊		广西柳城	27.5.11	安徽考城	2367
	中士班长	赵玉生		广西灌阳	27.5.11	安徽考城姚家郢附近	2368
		梁 华		广西靖西	27.5.11	安徽考城姚家郢附近	2369
		吴德胜		广西贺县	27.5.11	安徽考城姚家郢附近	2370
		梁元德		广西靖西	27.5.11	安徽考城姚家郢附近	2371
		农时华		广西靖西	27.5.11	安徽考城姚家郢附近	2372
		赵景良		江苏东山	27.5.11	安徽考城姚家郢附近	2373
		许福廷		广西天保	27.5.11	安徽考城姚家郢附近	2374
		刘义和		广西东南	27.8.2	安徽宿松敬廉亭	2375
	下士班长	彭日畋		广西靖西	27.5.11	安徽宿松姚家郢附近	2376
		韦昭明		广西镇边	27.5.11	安徽宿松姚家郢附近	2377
		李占荣		江苏荣胜	27.5.11	安徽宿松姚家郢附近	2378
		方 正		江苏荣胜	27.5.11	安徽宿松姚家郢附近	2379

部别	级职	姓名	年龄	籍贯	死亡日期	死亡地点	墓号
		黄晒林		广西凭祥	27.9.28	湖北广济香山	2380
		贺廷瑞		广西镇边	27.9.28	湖北广济香山	2381
	上等列兵	陈住堂		广西镇结	27.5.11	安徽考城姚家郢附近	2382
		文朋友		贵州丹江	27.5.11	安徽考城姚家郢附近	2383
		黄良		广西天保	27.5.11	安徽考城姚家郢附近	2384
		方启根		广西天保	27.5.11	安徽考城姚家郢附近	2385
		王月陵		江苏荣胜	27.5.11	安徽考城姚家郢附近	2386
		王于忠		江苏荣胜	27.5.11	安徽考城姚家郢附近	2387
		张秉禧		广西镇结	27.5.11	安徽考城姚家郢附近	2388
		张盛勋		广西镇结	27.5.11	安徽考城姚家郢附近	2389
		农威福		广西镇结	27.5.11	安徽考城姚家郢附近	2390
		黄榜林		广西镇结	27.5.11	安徽考城姚家郢附近	2391
		韦廷恩		广西镇结	27.5.11	安徽考城姚家郢附近	2392
		农廷球		广西镇结	27.5.12	安徽考城姚家郢附近	2393
		黄东柏		广西隆安	27.5.20	安徽宿松破凉亭	2394
		林英		广西上金	27.9.20	安徽宿松	2395
		谭福廷		广西龙州	27.9.28	湖北广济香山	2396

部别	级职	姓名	年龄	籍贯	死亡日期	死亡地点	墓号
		农尚嘉		广西上金	27.9.28	湖北广济香山	2397
		林玉甫		广西靖西	27.6.4	唐家山	2398
		梁国芽		广西靖西	27.6.4	唐家山	2399
		农绍和		广西养利	27.9.28	湖北广济香山	2400
	上等号兵	许福俭		广西镇边	27.8.20	安徽宿松破凉亭	2401
	上等炊兵	覃日东		广西敬德	27.6.4	唐家山	2402
	一等列兵	苏绍三		广西天保	27.5.11	安徽考城姚家郢附近	2403
		潘大潮		广西镇结	27.5.11	安徽考城	2404
		许元芳		广西镇结	27.5.11	安徽考城	2405
		黄圣猷		广西镇结	27.5.11	安徽考城	2406
		马朝荣		广西镇结	27.5.11	安徽考城	2407
		黄进荣		广西镇结	27.5.11	安徽考城	2408
		梁天铭		广西镇结	27.5.11	安徽考城	2409
		滕国安		广西天保	27.5.11	安徽考城	2410
		张永文					2411
		陈光					2412
		黄锦若					2413
		崔国有					2414
		黄耀诗					2415
		谢杰南					2416
		朱福田					2417
		刘福					2418
		吴光					2419

忠烈祠碑文

233

部别	级职	姓名	年龄	籍贯	死亡日期	死亡地点	墓号
		李亦明					2420
		滕子□					2421
		何元昌		广西镇结	27.5.11	安徽考城	2422
		农启荣		广西天保	27.5.11	安徽考城	2423
		岑宽重		广西镇边	27.8.20	安徽宿松破凉亭	2425
		李绍旺		广西天保	27.8.20	安徽宿松破凉亭	2426
		陈必施		广西天保	27.8.20	安徽宿松破凉亭	2427
		周永桢		广西平治	27.8.20	安徽宿松破凉亭	2427
		马忠发		广西隆安	27.8.20	安徽宿松破凉亭	2428
		黄特尧		广西平治	27.8.20	安徽宿松破凉亭	2429
		陆树标		广西隆安	27.8.20	安徽宿松破凉亭	2430
		蒙义昌		广西隆安	27.8.20	安徽宿松破凉亭	2431
		李志宗		广西镇边	27.8.20	安徽宿松破凉亭	2432
		唐占龙		广西雷平	27.8.20	安徽宿松破凉亭	2433
		赵宗惠		广西万承	27.8.20	安徽宿松破凉亭	2434
		许元良		广西万承	27.8.20	安徽宿松破凉亭	2435
		廖荣盛		广西雷平	27.6.11	安徽怀远	2436
		赵仕发		广西雷平	27.6.11	安徽怀远	2437

部别	级职	姓名	年龄	籍贯	死亡日期	死亡地点	墓号
		吕通富		广西雷平	27.6.11	安徽怀远	2438
		农成加		广西向都	27.6.11	安徽怀远	2439
		农商武		广西万承	27.6.11	安徽怀远	2440
		黄日崇		广西镇边	27.5.8	锥子山附近	2441
		许振荣		广西敬德	27.5.8	锥子山附近	2442
		丁彩萼		广西靖西	27.5.8	锥子山附近	2443
		陈显民		广西博白	27.5.8	锥子山附近	2444
		黄家文		广西敬德	27.9.28	湖北广济香山	2445
		王□强		广西镇边	27.9.28	湖北广济香山	2446
		黄锦红		广西靖西	27.9.28	湖北广济香山	2447
		卢世华		广西靖西	27.9.28	湖北广济香山	2448
	二等列兵	农琼元		广西天保	27.5.11	安徽考城	2449
		李正根		广西天保	27.5.11	安徽考城	2450
		黄登幹		广西天保	27.5.11	安徽考城	2451
		马启四		广西天保	27.5.11	安徽考城	2452
		李荣基		广西天保	27.5.11	安徽考城	2453
		黄启模		广西天保	27.5.11	安徽考城	2454
		李仲叶		广西天保	27.5.11	安徽考城	2455
		黄发清		广西天保	27.5.11	安徽考城	2456
		黄廷利		广西天保	27.5.11	安徽考城	2457
		黄永庆		广西天保	27.5.11	安徽考城	2458
		黄文理		广西天保	27.5.11	安徽考城	2459
		凌 权		广西天保	27.5.11	安徽考城	2460
		农世贵		广西天保	27.5.11	安徽考城	2461

部别	级职	姓名	年龄	籍贯	死亡日期	死亡地点	墓号
		陆成亭		广西天保	27.5.11	安徽考城	2462
		何福良		广西上金	27.5.11	安徽考城	2463
		农尚功		广西上金	27.6.11	安徽怀远	2464
		凌荣保		广西雷平	27.6.11	安徽怀远	2465
		黎迺住		广西龙州	27.6.11	安徽怀远	2466
		黄志雄		广西靖西	27.9.28	湖北广济香山	2467
		赵兴富		广西靖西	27.9.28	湖北广济香山	2468
		蒙福伟		广西镇边	27.9.28	湖北广济香山	2469
		杜□兴		广西敬德	27.9.28	湖北广济香山	2470

五、陆军第一八九师历年抗战阵亡
暨病故将士纪念碑

部别	级职	姓名	年龄	籍贯	死亡日期	死亡地点	墓号
军医院	上士文书	凌振西	22	广西平南	30.1.25	河南商城	2471
	上等传达兵	谢永荣	17	广西邕宁	27.12.4	湖北随县	2472
	上等担架兵	谢思波	30	广西田阳	29.4.19	湖北随县	2473
卫生队	上等看护兵	冯立	32	广西桂平	29.3.21	湖北随县	2474
	上等担架兵	岑丕丰	32	广西靖西	29.4.3	湖北随县	2475
		王日光	40	广西天保	29.5.1	湖北随县	2476
		谭忠儒	34	广西凭祥	29.4.3	湖北随县	2477
□□□连	上等列兵	冯均甫	38	广西□县	30.6.2	湖北罗田滕家堡周家湾	2478
	一等列兵	黄家錬	31	广西□县	30.6.14	湖北罗田滕家堡周家湾	2479
□□炮连	中尉排长	□□平	26	安徽合肥	29.7.7	湖北随县塔儿湾	2480
	少尉军械员	花熙桐	28	江苏武进	29.7.7	湖北随县塔儿湾	2481
	上等炮兵	喻世荣	29	江西	29.7.7	湖北随县塔儿湾	2482
	一等炊事兵	李士贵	32	湖北	29.7.7	湖北随县塔儿湾	2483
六营四连	一等列兵	黄春茂	29	广西宾阳	29.12.10	河南商城	2484
二连	中士班长	吴尚臣	41	广西百色	29.7.7	湖北随县	2485
	下士班长	黄安源	34	广西宾阳	29.10.20	河南泌阳张铺	2486

部别	级职	姓名	年龄	籍贯	死亡日期	死亡地点	墓号
	上等输兵	李吉欢	39	广西田阳	29.7.7	湖北随县	2487
		黄明华	38	广西万岗	29.7.7	湖北随县	2488
		潘金顺	40	广西田东	29.7.7	湖北随县	2489
		农日孝	42	广西田东	29.7.7	湖北随县	2490
		陈锦华	41	广西北流	29.7.7	湖北随县	2491
		杨国朝	39	广西北流	29.7.7	湖北随县	2492
□重营第三连	上等输兵	李兆会	29	河南固始	30.5.25	湖北麻城周家湾	2493
□运连	上等输兵	陈庆得	33	广西北流	29.3.11	随县七姑店	2494
		李国业	38	广西万承	29.7.7	随县白家堂	2495
		黄金宪	41	广西天保	29.1.20	随县白家堂	2496
五六六团弹药排	上等输兵	黄振才	34	广西来宾	28.1.6	随县	2497
□炮连	下士观测	卢宝三	24	广西都安	27.2.1	明光东洋山	2498
	上等炊事兵	黄国香	42	广西贵县	27.10.21	平靖关凤凰岭	2499
一营营部	上等炊事兵	周围	30	广西玉林		随县	2500
二连	中士班长	刘俊长	25	广西贵县	28.8.1	胡家湾	2501
	上等列兵	陈乃发	25	广西桂平	28.10.23	平靖关	2502
	一等列兵	蓝建中	24	广西贵县	28.9.4	荆竹铺	2503
		陈炳章	20	广西桂平	28.10.23	平靖关	2504
		沈永锡	19	广西贵县	28.10.23	平靖关	2505
	二等列兵	蔡廷英	30	广西贵县	28.9.4	荆竹铺	2506
		欧锡宁	26	广西桂平	28.11.12	浙河	2507
	输兵	宋维明	42	广西贵县	28.10.23	平靖关	2508

部别	级职	姓名	年龄	籍贯	死亡日期	死亡地点	墓号
一营□连	一等列兵	徐亚七	20	广西桂平	27.11.13	湖北随县浙河	2509
		韦斌	22	广西武鸣	27.11.13	湖北随县浙河	2510
四连	下士班长	李生甫	28	广西修仁	27.11.13	湖北随县回龙寺附近	2511
	上等列兵	韦文锦	24	广西象县	27.12.10	湖北随县回龙寺附近	2512
		黄明光			27.11.11	湖北随县回龙寺附近	2513
六连	上等列兵	钟世光	24	广西武宣	27.10.23	湖北平靖关八担山	2514
	一等列兵	黄春荣	27	广西贵县	27.10.20	湖北平靖关八担山	2515
		何祖厚	20	广西贵县	27.10.22	湖北平靖关八担山	2516
		卢□□					2517
	二等列兵	韦日年	25				2518
		农下苑	28	广西玉林			2519
		黄爱才	30	广西乐蒙			2520
七连	下士班长	李镇西	27	广西邕宁	27.□□.□□		2521
		覃国贵	29	广西贵县	27.3.22	龙头坝	2522
	上等列兵	李廷文	25	广西贵县	27.6.9	镇阳关八里垯	2523
	一等列兵	覃贤亮	23	广西桂平	27.10.21	平靖关	2524
		卢海泰	26	广西贵县	27.6.9	镇阳关八里垯	2525
		黄海福	25	广西贵县	27.6.9	镇阳关八里垯	2526
	二等列兵	蒙炳林	30	广西贵县	27.6.9	镇阳关八里垯	2527
		何宗显	31	广西桂平	27.6.9	镇阳关八里垯	2528
		陶秀林	29	广西贵县	27.6.9	镇阳关八里垯	2529

商城忠烈祠

240

部别	级职	姓名	年龄	籍贯	死亡日期	死亡地点	墓号
		黄克安	32	广西蒙山	27.10.11	平靖关	2530
		麓子永	33	广西桂平	27.10.21	平靖关	2531
□团□营□连	二等列兵	农国耀	31	广西镇边	28.3.29	湖北随县黄家水寨	2532
□连	下士班长	何老四	38	广西恭城	28.3.29	湖北随县黄家水寨	2533
	上等列兵	陈济猷	27	广西永淳	28.3.29	湖北随县黄家水寨	2534
	一等列兵	张怀远	27	广西靖西	28.3.29	湖北随县黄家水寨	2535
		黄桂海	25	广西靖西	28.3.29	湖北随县黄家水寨	2536
		农桂能	29	广西镇边	28.3.29	湖北随县黄家水寨	2537
		张俊龙	25	广西玉林	28.3.29	湖北随县黄家水寨	2538
		农鸿贵	20	广西镇边	28.3.29	湖北随县黄家水寨	2539
		卢成恩	26	广西雷平	28.3.29	湖北随县黄家水寨	2540
		黄有江	23	广西镇边	28.3.29	湖北随县黄家水寨	2541
		黄泰昆	28	广西向都	28.3.29	湖北随县黄家水寨	2542
	二等列兵	周积勤	27	广西天保	28.3.29	湖北随县黄家水寨	2543
		莫弟	24	广西天河	28.3.29	湖北随县黄家水寨	2544
		全大清	25	广西上金	28.3.29	湖北随县黄家水寨	2545

部别	级职	姓名	年龄	籍贯	死亡日期	死亡地点	墓号
		韦人业	27	广西宜山	28.3.29	湖北随县黄家水寨	2546
		唐金旺	25	广西兴业	28.3.29	湖北随县黄家水寨	2547
		唐选高	19	广西兴业	28.3.29	湖北随县黄家水寨	2548
		庞仕奇	19	广西兴业	28.3.28	湖北随县黄家水寨	2549
		冯明德	18	广西玉林	28.3.29	湖北随县黄家水寨	2550
		曾发华	29	广西玉林	28.3.29	湖北随县黄家水寨	2551
□团□连	少尉连附	胡强	25	广西百色	27.8.20	湖北黄梅架子山	2552
八连	少尉连附	黄有衡	23	广西百色	27.8.20	湖北黄梅排子山	2553
九连	上尉连长	陈尚武	40	广西阳朔	27.8.20	湖北黄梅排子山	2554
一一〇八团三营九连	少尉连附	黄□□	25	广西百寿	27.8.30	湖北黄梅排子山	2555
		王佃朝			28.3.4		2556
		秦盛坤			28.3.4		2557
五六五团一营二连	准尉连附	黄龙海	26	广西武宣	27.10.11	湖北随县浙河	2558
	上等列兵	唐定端	35	湖南永州	29.3.10	随县余家湾	2559
		高炳奇	23	广西怀集	29.3.10	随县余家湾	2560
		秦桂卿	29	广西桂林	29.3.10	随县余家湾	2561
		赵明生		湖北襄阳	29.4.14	襄阳梁家嘴	2562
	一等列兵	龙飞云	28	广西融县	29.5.9	湖北枣阳	2563

商城忠烈祠

242

部别	级职	姓名	年龄	籍贯	死亡日期	死亡地点	墓号
		黄新荣	25	广西桂平	29.5.20	湖北光化石桥	2564
		覃其明	25	广西桂平	29.1.19	河南唐河	2565
		李海林	25	广西桂平	30.1.6	安徽六安	2566
第二连	一等列兵	陈贞昌	31	广西桂平	29.11.6	河南商城荣家大碑	2567
第三连	上士见习	农伯林	29	广西龙津	29.3.10	湖北随县徐家店	2568
	一等列兵	苏美义	22	广西象县	29.5.20	湖北襄阳邓头湖	2569
□机连	中士掌工	林庆辉	24	广西桂平	29.5.4	湖北随县三星观	2570
□营四连	一等传达兵	韦赞荣	29	广西象县	29.3.30	随县唐县镇	2571
		罗明英	29	广西象县	29.3.26	随县七姑店	2572
		□□□	37	广西武宣	29.4.24	随县七姑店	2573
	一等列兵	□□□		广西信都	29.3.25	随县万家店	2574
		罗桂□				湖北□□	2575
		梁毓仁	28	广西贵县	29.3.10	湖北随县	2576
		杨春先	27	广西田阳	29.3.10	金家河	2577
第五连	上尉连长	张登瀛	35	河南永城	29.5.2	湖北随县子河	2578
	少尉附员	黄若林	28	广西贵县	29.5.2	湖北随县	2579
	中士班长	韦致祥	28	广西贵县	29.5.2	湖北随县	2580
		覃汉明	28	广西都安	29.5.2	湖北随县	2581
		冯辉南	42	广西玉林	29.5.2	随县猴子洞	2582
	下士班长	杜士豪	32	安徽寿县	29.5.2	随县猴子洞	2583

部别	级职	姓名	年龄	籍贯	死亡日期	死亡地点	墓号
		罗金华	28	广西上林	29.5.2	猴子洞	2584
	上等列兵	曾立梅	28	广西贵县	29.5.2	猴子洞	2585
		黄奇远	36	广西贵县	29.5.2	猴子洞	2586
		宋寿年	26	广西贵县	29.5.2	猴子洞	2587
		宋汉忠	27	广西贵县	29.5.2	猴子洞	2588
		吴吉昌	35	广西贵县	29.5.2	猴子洞	2589
	一等列兵	梁绍纲	28	广西贵县	29.5.2	猴子洞	2590
		甘梦贵	29	广西贵县	29.5.2	猴子洞	2591
		蕲须道	35	河南卫辉	29.5.2	猴子洞	2592
		李贵安	30	广西贵县	29.5.2	猴子洞	2593
		廖日审	26	广西万岗	29.5.2	猴子洞	2594
		李瑞珠	25	广西田南	29.5.2	猴子洞	2595
		孔应禄	28	广西玉林	29.5.2	猴子洞	2596
		李福荣	32	广西北流	29.5.2	猴子洞	2597
		唐奇远	27	广西万岗	29.5.2	猴子洞	2598
	二等列兵	王日教	25	广西凌云	29.5.2	猴子洞	2599
		莫用佳	29	广西□林	29.5.2	猴子洞	2600
		蒋国忠	32	河南息县	29.5.2	猴子洞	2601
二机连	上等枪手	梁启隆	25	广西来宾	29.4.7		2602
	一等驭手	石阮农	30	广西来宾	29.4.7		2603
		杨榆香	28	广西贵县	29.4.7	湖北枣阳□岗附近	2604
第三营第八连	上等传达兵	韦国风	18	广西永淳	29.5.4	湖北随县三星观	2605

部别	级职	姓名	年龄	籍贯	死亡日期	死亡地点	墓号
第九连	上士班长	胡国域	28		29.5.4	湖北随县三星观	2606
	上等列兵	梁春才	32	广西贵县	29.5.4	湖北随县三星观	2607
		吕日华	28	广西博白	29.5.4	湖北随县三星观	2608
		□□□		广西荔浦	29.5.4	湖北随县三星观	2609
	一等列兵	龙厚修		广西昭平	29.5.4	湖北随县三星观	2610
		黄钟孚	33	广西田南	28.7.8	湖北随县马鞍山	2611
五六六团第一连	中士班长	杭翔灵	26	河北正定	29.7.8	随县白家堂	2612
	一等列兵	张福林	30	广西南丹	29.3.26	唐县七姑店何湾	2613
		陈观新			29.2.3		2614
		甘桂廷			28.3.6		2615
		韦英权			28.10.30		2616
		李志云		广西贵县	29.7.13		2617
		冯加秀		广西桂平	29.7.12		2618
		何志民			28.5.10		2619
		班述兴	25	广西凌云	31.8.16		2620
		曾荣光	30	广西桂林	31.8.18		2621
		韦家乐	22	广西柳江	31.8.15		2622
		覃正德	37	广西中渡	31.8.12		2623
		陈德礼		广西上林	29.3.4		2624
		罗水旺		广西桂林	28.5.3		2625

部别	级职	姓名	年龄	籍贯	死亡日期	死亡地点	墓号
		巫海初		广西北流	28.4.6		2626
		韦成美			28.4.9		2627
		张桂清	25	贵州	29.7.7	湖南商城	2628
		陈玉心	21	广西宜山	28.5.5	湖北随县文南街	2629
		韦现麟	27	广西崇善	27.8.31	随县黄家苍	2630
		韦同庆	28	广西东兰	27.8.31	随县黄家苍	2631
	二等列兵	林老三	27	广西宜山	27.8.31	随县黄家苍	2632
		马连珠	24	广西河池	27.8.31	湖北随县放马场	2633
		卢华福	28	广西凭祥	27.8.31	湖北黄梅黄家苍	2634
		韦崇宗	28	广西宜山	27.8.11	湖北黄梅黄家苍	2635
第二连	二等列兵	李顺接	22	广西宜山	27.8.31	湖北黄梅黄家苍	2636
		唐窗荣	26	广西南丹	27.8.31	湖北黄梅放马场	2637
第三连	上等列兵	凌世雄	21	广西桂平	30.1.7	湖北黄梅放马场	2638
	一等列兵	韦金赐	30	广西河池	29.4.12	湖北随县七姑店何家湾	2639
		许善群	25	广西天河	29.2.21	湖北随县七姑店何家湾	2640
		黄梅周	25	广西河池	27.8.27	湖北黄梅李家寨	2641
		陈继修	23	广西南丹	27.8.27	黄梅祁家碾	2642

商城忠烈祠

部别	级职	姓名	年龄	籍贯	死亡日期	死亡地点	墓号
		韦汝顺	27	广西天河	27.8.27	黄梅祁家碾	2643
		覃炳权	26	广西河池	27.8.27	黄梅李家寨	2644
		蓝花榴	28	广西河池	27.8.27	黄梅祁家碾	2645
		许陆贵	25	广西雷平	27.8.27	黄梅祁家碾	2646
□机连	下士班长	吴国明	19	广西三江	27.8.31	湖北黄梅黄家苍	2647
		韦 彬	20	广西思恩	27.8.27	黄梅祁家碾	2648
	上等列兵	黄德香		广西桂平	27.8.30	黄梅县大洋庙	2649
		张瑞生	28	广西崇善	28.4.24	湖北随县唐家湾	2650
□营四连	中尉连长	陈 淦	34	广西邕宁	29.5.4	湖北随县高庙坡	2651
	上士班长	黄仲天	27	广西宾阳	29.5.4	湖北随县高庙坡	2652
	下士班长	何朝雄	23	广西宾阳	29.5.4	湖北随县高庙坡	2653
	上等列兵	关五金	27	广西永福	29.5.4	湖北随县高庙坡	2654
		梁九通	22	广西靖西	29.5.4	湖北随县高庙坡	2655
		覃宗达	28	广西天保	29.5.4	湖北随县高庙坡	2656
		李清兰	25	广西镇结	29.5.4	湖北随县高庙坡	2657
	一等列兵	陆兰干	27	广西靖西	29.5.4	湖北随县高庙坡	2658
		李宗益	27	广西靖西	29.5.4	湖北随县高庙坡	2659

部别	级职	姓名	年龄	籍贯	死亡日期	死亡地点	墓号
		赵统祯	25	广西靖西	29.5.4	湖北随县高庙坡	2660
		黄勤修	28	广西靖西	29.5.4	湖北随县高庙坡	2661
		韦福光	25	广西靖西	29.5.4	湖北随县高庙坡	2662
		农之贵	29	广西靖西	29.5.4	湖北随县高庙坡	2663
		李亚林	25	广西靖西	29.5.4	湖北随县高庙坡	2664
		麻青茂	29	广西向都	29.5.4	湖北随县高庙坡	2665
		赵理丹	26	广西向都	29.5.4	湖北随县高庙坡	2666
		赵朝坤	27	广西兴业	29.5.4	湖北随县高庙坡	2667
		韦中强	25	广西东兰	29.5.4	湖北随县高庙坡	2668
		凌都汉	20	广西雷平	29.5.4	湖北随县高庙坡	2669
		陈永华	23	广西兴业	29.5.4	湖北随县高庙坡	2670
		覃德泮	30	广西兴业	29.5.4	湖北随县高庙坡	2671
		刘之文	20	广西荔浦	29.5.4	湖北随县高庙坡	2672
		陈志三	34	河南潢川	29.5.4	湖北随县高庙坡	2673
		毛浩熙	27	广西象县	29.5.4	河南信阳	2674
五连	少尉排长	陈敬华	30	广西上金	29.5.4	湖北随县土地岭	2675

部别	级职	姓名	年龄	籍贯	死亡日期	死亡地点	墓号
	中士班长	卢振鸿	31	广西永淳	29.5.4	湖北随县黄土岭	2676
	下士班长	闭树春	20	广西横县	29.5.4	湖北随县黄土岭	2677
		蒙日强	25	广西永淳	29.5.4	黄土岭	2678
		彭飞	27	广西平乐	29.5.4	黄土岭	2679
		□□□	24		29.5.4	黄土岭	2680
		□承俊	23	广西天保	29.5.4	黄土岭	2681
		莫如温	28	广西桂平	29.5.4	黄土岭	2682
		吴弟全	24	广西桂平	27.8.31		2683
		韦佩深	28	广西象县	27.10.29	湖北应山	2684
	二等列兵	黄木模	25	广西宁明	27.8.27	湖北黄梅相家碾	2685
		韦俊业	27	广西宜山	27.8.31	湖北黄梅王家苍	2686
		卢同安	26	广西崇善	27.8.31	王家苍	2687
		潘乃庆	22	广西宜山	28.2.20	湖北随县小沈家□	2688
		黄桂满	27	广西镇边	29.7.8	湖北随县白家塘	2689
		韦亚尚	27	广西天保	29.5.4	湖北随县黄土岭	2690
		□祖业	24	广西养利	29.5.4	黄土岭	2691
		韦份	26	广西宜山	29.5.4	黄土岭	2692
		覃振全	22	广西万水	29.5.4	湖北随县黄土岭	2693

部别	级职	姓名	年龄	籍贯	死亡日期	死亡地点	墓号
		陆忠则	26	广西向都	29.5.8	湖北枣阳	2694
		卢春福	31	广西恭城	29.5.8	湖北枣阳	2695
		刘松林	20	广西兴业	29.5.8	湖北枣阳	2696
		梁敦生	27	广西兴业	29.5.8	湖北枣阳	2697
六连	上士班长	覃茂勋	25	广西中渡	29.5.4	随县紫檀寺竹林湾岭	2698
	中士班长	蒙增生	32	广西横县	29.5.4	随县紫檀寺竹林湾岭	2699
		张进荣	29	广西武宣	29.5.4	随县紫檀寺竹林湾岭	2700
	下士副班长	赵兴甫	28	广西横县	29.5.4	竹林湾岭	2701
		彭有勋	26	广西平南	29.5.4	竹林湾岭	2702
		陆得芳	27	广西横县	29.5.4	竹林湾岭	2703
		黄福梅	25	广西武鸣	29.5.4	竹林湾岭	2704
	上等列兵	邓德美	24	广西修仁	29.5.4	竹林湾岭	2705
		潘永通	27	广西蒙山	29.5.4	竹林湾岭	2706
	一等列兵	黄恩祖	28	广西靖西	29.5.4	紫檀寺竹林湾岭	2707
		周福聚	21	广西靖西	29.5.4	紫檀寺竹林湾岭	2708
		农大登	28	广西靖西	29.5.4	紫檀寺竹林湾岭	2709
		翟亚利	33	广西靖西	29.5.4	竹林湾岭	2710
		黄云光	21	广西镇边	29.5.4	竹林湾岭	2711
		罗开三	21	广西敬德	29.5.4	竹林湾岭	2712
		韦罗保	20	广西东兰	29.5.4	竹林湾岭	2713
		赵文经	29	广西天保	29.5.4	竹林湾岭	2714

部别	级职	姓名	年龄	籍贯	死亡日期	死亡地点	墓号
		韦登隆	26	广西天保	29.5.4	竹林湾岭	2715
	二等列兵	陆安宁	26	广西靖西	29.5.4	紫檀寺竹林湾岭	2716
□机连	准尉特务长	周盛霖	29	广西上林	29.5.8	湖北均县	2717
	上士班长	谢天文	25	广西横县	29.5.4	湖北随县紫檀寺	2718
	下士驭手	覃国权	28	广西柳州	29.7.7	湖北随县高城	2719
	上等通信兵	赵善勋	30	广西上金	29.5.8	湖北枣阳土坡之东	2720
	上等传达兵	农天助	20	广西天保	29.5.4	湖北随县紫檀寺	2721
		蒙纪其	26	广西镇边	29.5.4	湖北随县紫檀寺	2712
	上等枪手	农有保	20	广西靖西	29.4.9	紫檀寺	2723
		凌长福	25	广西玉林	29.5.4	紫檀寺	2724
		黄顺业	35	广西靖西	29.5.4	紫檀寺	2725
		黄国英	21	广西天保	29.5.4	紫檀寺	2726
	上等驭手	覃瑞芬	23	广西河池	29.5.4	紫檀寺	2727
		叶金生	23	广西信都	29.5.4	湖北随县紫檀寺	2728
		黄中道	25	广西靖西	29.5.4	湖北随县紫檀寺	2729
	上等输兵	覃庆丰	28	广西宜山	29.5.4	湖北随县紫檀寺	2730

部别	级职	姓名	年龄	籍贯	死亡日期	死亡地点	墓号
		农国祯	35	广西镇边	29.5.4	紫檀寺	2731
第七连	上士班长	黄保才	36	广西武鸣	29.5.2	湖北枣阳柳□铺	2732
	下士副班长	唐邦义	26	广西都安	29.7.7	湖北随县白家堂	2733
	一等列兵	梁等义	29	广西北流	29.5.2	湖北枣阳柳□铺	2734
		蓝光兴	31	广西上林	29.7.7	湖北随县白家堂	2735
		陈乃祖	31	广西养利	29.7.7	湖北随县白家堂	2736
		杨春芬	27	广西忻城	29.7.7	湖北随县白家堂	2737
第八连	一等列兵	朱九如	21	广西陆川	30.1.23	安徽六安	2738
第九连	上尉连长	高在嵩	30	广西桂林	27.8.17	湖北黄梅架子山	2739
三机连	上等枪手兵	梁以棋	29	广西雷平	29.4.3	湖北枣阳中心学校	2740
	上等传达兵	李美操	28	广西桂平	29.4.3	湖北随县七姑店张家湾	2741
□□七团□□连	上等炊事兵	卢廷光	26	广西向都	30.3.14	河南经扶潘殷乡古家店	2742
二营营部	上等军需	李达方	25	广西容县	27.10.29	湖北应山	2743
第四连	下士班长	高克义	26	河南零陵	29.5.4	湖北随县万家店燕山窝	2744
	一等列兵	黎铭光	32	广西隆安	29.7.2	湖北随县高城	2745
		许善裕	30	广西扶南	29.5.3	河南唐县	2746
	二等列兵	何生保	29	广西雷平	29.11.29	河南商城	2747
第六连	准尉特务长	黄春林	29	广西武鸣	27.8.29	湖北黄梅吴家□	2748

忠烈祠碑文

251

部别	级职	姓名	年龄	籍贯	死亡日期	死亡地点	墓号
第三营第七连	少尉连附	蓝 森			27.8.30	湖北黄梅徐家铺	2749
	下士班长	梁逢清	23	广西南宁	27.8.30	湖北黄梅徐家铺	2750
		黄绍连	27	广西都安	27.8.30	徐家铺	2751
		蓝志英	26	广西博白	27.8.30	徐家铺	2752
	上等列兵	陆喜述	20	广西宜山	27.8.30	徐家铺	2753
	一等列兵	黄云麒	18	广西乐蒙	27.8.30	黄梅徐家铺	2754
		蒙连常	20	广西万冈	27.8.30	徐家铺	2755
	上等列兵	黎老科	28	广西乐蒙	27.8.30	徐家铺	2756
第八连	少尉连附	黄业兴		广西田东	27.8.28	湖北黄梅桃子山	2757
	中士班长	陆培桢		广西修仁	27.8.30	湖北黄梅徐家铺	2758
	下士班长	廖祖显	25	广西天河	27.11.13	湖北随县沈家湾	2759
		黄世明	24	广西修仁	27.11.13	沈家湾	2760
	上等列兵	韦云集	24	广西思恩	27.11.13	沈家湾	2761
	一等列兵	黄业宏	22	广西田阳	27.8.30	湖北黄梅徐家铺	2762
		杜守孝	22	广西凌云	27.8.30	徐家铺	2763
	二等列兵	凌日卖	25	广西田东	27.8.30	徐家铺	2764
第九连	下士班长	陆大桂	27	广西邕宁	27.8.30	徐家铺	2765
	上等列兵	陈文明	25	广西修仁	27.8.30	徐家铺	2766

部别	级职	姓名	年龄	籍贯	死亡日期	死亡地点	墓号
		黄 近	27	广西田东	27.8.30	徐家铺	2767
三机连	上尉连长	林用吾	33	广东琼山	27.8.30	徐家铺	2768
	上等列兵	黄以堂	24	广西田阳	27.8.30	徐家铺	2769
		黄永天	26	广西田阳	27.8.30	徐家铺	2770
		黄永星	28	广西镇结	27.8.30	徐家铺	2771
		农朝基	28	广西镇边	27.8.30	徐家铺	2772
		李七苟	20	广西永福	27.8.30	徐家铺	2773
		黄忠直	27	广西来宾	27.8.30	徐家铺	2774
		韦世清	25	广西万冈	27.8.30	徐家铺	2775
		韦纲华	30	广西西隆	27.8.30	徐家铺	2776
野补团卫生队	三等正军医	李彩銮	30	广东梅县	29.5.8	湖北枣阳太平镇周塞	2777
步炮连	一等列兵	黄安荣	22	广西宜山	29.4.18	随县万家店	2778
	代驭马输兵	雷荣汉	45	广西永淳	29.2.26	随县万家店	2779
第三连	上等列兵	李宪光	29	广西容县	29.5.4	随县万家店	2780
	一等列兵	刘焕光	25	广西榴江	29.1.14	湖北钟祥贺家店	2781
		陶云飞	50	广西贵县	29.2.24	湖北随县小梁家湾	2782
		李聚荣	26	广西容县	29.5.4	湖北枣阳	2783
	二等列兵	陈亚振	20	广西平南	29.5.8	湖北枣阳	2784
		甘开香	27	广西博白	29.5.8	湖北枣阳	2785
		胡广明	25	广西博白	29.5.17	湖北随县敖家栅	2786
第四连	中尉排长	林荣汉	36	广西上思	29.5.4	湖北随县万家店	2787

忠烈祠碑文

253

部别	级职	姓名	年龄	籍贯	死亡日期	死亡地点	墓号
	下士班长	莫 南	33	广西苍梧	29.5.4	万家店	2788
		林文生	29	广西宾阳	29.5.4	万家店	2789
	上等列兵	黎 雄	31	广西苍梧	29.5.4	万家店	2790
	一等列兵	孔庆葵	27	广西藤县	29.5.4	万家店	2791
		唐锡安	47	广西中渡	29.5.4	万家店	2792
		韦瑞华	32	广西平南	29.5.4	万家店	2793
		□□民	22	广西平乐	29.5.4	万家店	2794
		□□□		广西陆川	29.5.4	万家店	2795
		王朝章	29	广□□□	29.5.4	万家店	2796
	二等列兵	冯亚平	30		29.5.4	万家店	2797
		何耀卿	30	广西藤县	29.5.4	万家店	2798
		叶达材	31	广西陆川	29.5.4	万家店	2799
		何世瑞	26	广西陆川	29.5.4	万家店	2800
		李文成	25	广西北流	29.5.4	万家店	2801
		陆凤明	28	广西北流	29.5.4	万家店	2802
第五连	中士班长	翟国源	26	广西平乐	29.5.4	万家店余家井之二二二高地	2803
		徐文清	36	四川宜宾	29.5.4	万家店余家井之二二二高地	2804
	上等列兵	赵桂荣	29	广西平南	29.5.4	万家店余家井之二二二高地	2805
		宾安积	29	广西平南	29.5.4	万家店余家井之二二二高地	2806
		陆起天	23	广西平南	29.5.4	万家店余家井之二二二高地	2807
	一等列兵	林永如	29	广西苍梧	29.5.4	万家店余家井之二二二高地	2808

部别	级职	姓名	年龄	籍贯	死亡日期	死亡地点	墓号
		陈家济	21	广西北流	29.5.4	万家店余家井之二二二高地	2809
	二等列兵	罗亚八	20	广西北流	29.5.4	万家店余家井之二二二高地	2810
		陈家权	21	广西北流	29.5.4	万家店余家井之二二二高地	2811
		谢荣茂	24	广西龙津	29.4.4	万家店余家井之二二二高地	2812
		陆水北	26	广西苍梧	29.5.4	万家店余家井之二二二高地	2813
		孟铜盘	28	湖北宜城	29.5.4	万家店余家井之二二二高地	2814
		胡国友	17	湖北均县	29.5.4	万家店余家井之二二二高地	2815
		郑荣华	26	安徽桐城	29.12.19	河南商城方家湾	2816
		周绍才	26	安徽宿松	29.12.21	河南商城吴家湾	2817
		段家齐	23	安徽霍邱	29.8.31	湖北襄阳东洋湾	2818
	一等炊事兵	时义兰	29	安徽霍邱	29.1.27	商城方家湾附近	2819
第六连	中尉排长	李佳	29	广西横县	29.5.5	湖北随县太山庙	2820
	中士班长	陈仲停	30	广西苍梧	29.5.4	湖北随县尖山	2821
		刘德南	32	广西武鸣	29.5.4	湖北随县尖山	2822
	下士班长	吴序贤	27	广西苍梧	29.5.4	湖北随县尖山	2823
	一等列兵	罗亚木	21	广西藤县	29.5.4	湖北随县尖山	2824
		梁柱益	27	广西平南	29.5.4	湖北随县尖山	2825
		龚锡光	23	广西平南	29.5.4	湖北随县尖山	2826

忠烈祠碑文

255

部别	级职	姓名	年龄	籍贯	死亡日期	死亡地点	墓号
	上等列兵	□□镇	21	广西博白	29.5.4	湖北随县尖山	2827
		卢□才	22	广西北流	29.5.4	湖北随县尖山	2828
		何立源	29	广西北流	29.5.4	湖北随县尖山	2829
二机连	中尉排长	卢伟明	26	广西玉林	29.5.8	湖北枣阳彭庄附近	2830
	上等驭手兵	韦佐华	30	广西雒容	29.5.8	随县万家店黄家湾附近	2831
	一等枪手兵	钱家福	28	广西怀集	29.5.8	随县万家店黄家湾附近	2832
	二等枪手兵	杨美昭	21	湖北零陵	29.5.8	湖北枣阳彭庄附近	2833
	代驭马输兵	姚德兴	42	广西岑溪	29.5.4	万家店黄家湾附近	2834
		廖汝枸	36	广西岑溪	29.5.4	万家店黄家湾附近	2835
	二等列兵	戴才臣	32	安徽凤台	29.2.8	河南商城张家湾	2836
第七连	上士班长	马宗爱	33	湖北应山	29.5.4	随县万家店附近	2837
	中士班长	程家宗	25	湖北应山	29.5.8	湖北枣阳附近	2838
		詹涛	25	湖北应山	29.5.4	随县万家店附近	2839
	下士班长	仇木富	32	湖北应山	29.5.8	湖北枣阳附近	2840
	上等炊事兵	雷天善	40	湖北应山	29.5.8	湖北枣阳附近	2841
	上等列兵	林海宾	23	广西榴江	29.5.8	湖北枣阳附近	2842
	一等列兵	曾兆培	19	湖北应山	29.5.8	湖北枣阳附近	2843
		秦晋甫	24	湖南永州	29.5.8	湖北枣阳附近	2844
		唐求枝	21	湖南永州	29.5.8	湖北枣阳附近	2845

商城忠烈祠

256

部别	级职	姓名	年龄	籍贯	死亡日期	死亡地点	墓号
		朱元意	20	湖北应山	29.5.8	湖北枣阳附近	2846
		祝德望	20	湖北应山	29.5.8	湖北枣阳附近	2847
		马厚明	33	湖北应山	29.5.8	湖北枣阳附近	2848
		尚元忠	23	湖北应山	29.5.8	湖北枣阳附近	2849
		傅友左	22	湖北应山	29.5.8	湖北枣阳附近	2850
	一等号兵	汪炳有	36	安徽临泉	29.8.11	老河口北门外孔家营	2851
第八连	中士班长	罗世仁	28	广西博白	29.5.4	随县万家店燕窝山	2852
		夏玉林	26	湖南永州	29.5.4	随县万家店燕窝山	2853
	上等列兵	陈华梅	29	广西向都	29.5.4	随县万家店燕窝山	2854
		韦兴祥	29	广西上林	29.5.4	随县万家店燕窝山	2855
	二等列兵	覃继纲	29	广西隆山	29.5.4	随县万家店燕窝山	2856
		韦英用	29	广西武鸣	29.5.4	随县万家店燕窝山	2857
		韦尚堂	31	广西东兰	29.5.4	随县万家店燕窝山	2858
		马成狮	31	广西果德	29.5.4	随县万家店燕窝山	2859
		蓝忠保	25	广西隆山	29.5.4	随县万家店燕窝山	2860
		姚官发	28	广西上林	29.5.4	随县万家店燕窝山	2861
		何有光	28	广西上林	29.5.4	随县万家店燕窝山	2862

部别	级职	姓名	年龄	籍贯	死亡日期	死亡地点	墓号
		覃树高	20	广西东兰	29.5.4	随县万家店燕窝山	2863
		张亚帝	24	广西贺县	29.5.4	随县万家店燕窝山	2864
		吕元明	28	广西陆川	29.5.4	随县万家店燕窝山	2865
		黄彩良	26	广西武鸣	29.5.4	随县万家店燕窝山	2866
		蓝之兴	24	广西隆山	29.5.4	随县万家店燕窝山	2867
二机连	观测中士	李增广	24	广西永淳	29.5.4	随县万家店附近	2868
	上等输兵	黄国荣	39	广西平南	29.5.4	随县万家店附近	2869

注：①各表格中"死亡日期"为中华民国纪年时间。

②地名、人名等均依照碑文。

③无法辨认处以"□"替代。

六、陆军第八十四军长冲口等战斗
阵亡将士纪念碑

（因"文化大革命"碑文被毁，仅存碑文一段）

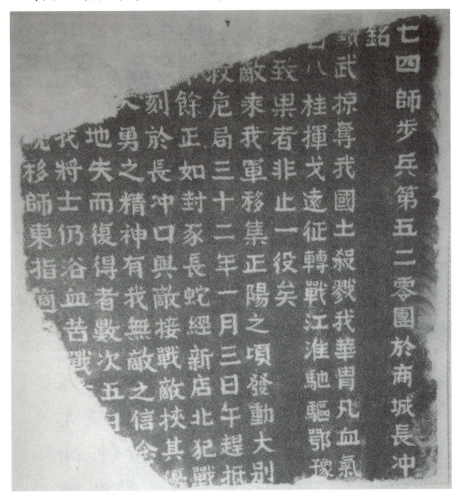

第八十四军五二〇团长冲口战斗纪念碑残片（县文管会提供）

1943 年 1 月,第八十四军一八九师苏仙石抗击日军战斗纪念地

人物简介

第八十四军副军长凌压西书写的抗日标语

部队在操练

一、部分牺牲将士

（这里记载的是国民革命军第八十四军一万多名抗战牺牲将士中的一小部分）

钟　毅，男，1901年9月24日生，广西扶南县（今扶绥县）长沙村人。民国初年，其父设办塾馆，钟毅随父就读，其天资聪颖，少年时代已名扬桑梓。1920年，钟毅从韶关讲武堂毕业后，由友人介绍到桂系军总司令刘震寰部任中尉副官。1926年7月，北伐开始，广西军队改编为国民革命军第七军北上抗战，钟毅率部队作战勇猛，在德安马回岭中建立战功，被提升为第七军第三团上校团长。1934年，钟毅考入国民党陆军大学特二期深造学习。

1937年"七七事变"后，广西成立第三十一军，钟毅任第三十一军一三八师四一四旅少将旅长，夏率军北上抗日，1938年钟毅以战功晋升为第一七三师中将师长。1940年4月间，日寇再次进犯鄂北第五战区防线，集中六七个师团兵力，配备大量装甲车、大炮，并以空军配合，发动第二次随县、枣阳战役，妄图打击消灭第五战区抗日武装力量。当时第八十四军所辖一七三师、一七四师和一八九师，固守随县、枣阳正面。5月5日，日军联合兵种的精锐部队突破第一七三师左邻部队的防线，企图迂回包抄我主力。为粉碎敌人的阴谋，第八十四军军部指示第一七三师担任后卫，牵制日军，掩护军主力撤至唐县镇一线，向枣阳集中。5月6日，日军联合兵种在唐县一线集结，向一七三师猛扑，一七三师与日军展开血战。5月9日，钟师长率部到达河南省苍台附近时，又遭日军骑兵追袭，他宁死不屈，率部与日军厮杀,战斗中钟毅右胸负重伤、血染前襟。此时,钟毅身边只剩下副官、卫士 50 余人尤奋勇杀敌,日军从武器声音,判断这里有高级指挥官,更是向该处云集。钟毅令部下们迅速分散突围,随从大哭不肯离去,见此情景,他高喊:"抗日必胜,建国必成!"从容举起左轮手枪对头部自戕殉国。

时为 1940 年 5 月 9 日下午 3 时,钟毅年 41 岁。

2014 年 9 月 1 日,钟毅被列入民政部公布的第一批 300 名著名抗日英烈和英雄群体名录。

(商城忠烈祠墓碑号 375)

周　元,男,1894 年 12 月生于贫苦农民家庭,字凯之,壮族,广西宁明县人。早年从军,曾参加北伐战争,历任排长、连长、营长、团长等职。1917 年追随孙中山,参加护法运动、北伐战争。1934 年入黄埔军校南宁分校第五期高级班学习,毕业后任国民革命军第二十一集团军第四十八军第一七三师副师长,授少将军衔。

1937 年抗日战争全面爆发后,任国民革命军陆军第四十八军一七三师副师长,率部参加淞沪会战。10 月 17 日,在上海陈家行指挥战斗时,英勇拼杀,虽身负重伤,仍坚持指挥作战,他的忠勇爱国精神,受到上级嘉奖,被擢升为中将副师长兼五一七旅旅长。1938 年 5 月初,日军在台儿庄受挫后,便调集数十万大军围攻徐州,妄图歼灭第五战区李宗仁部。为避免重蹈京沪战场覆辙,李宗仁决定放弃徐州,转移到豫南、皖西一带,并命驻守在淮河中上游的第二十一集团军第七军第一七一师师长杨俊昌率一个团守宿县,以阻止沿津浦线北上的日军;命第四十八军一七三师副师长周元率一团守蒙城,以阻止沿蒙蚌路和涡河而进之敌,以掩护主力撤退。周元率部在 5 月 6 日进蒙城布置防务。此时 3000 多名日军逼进县城,激战三昼夜,日军又增兵 2000 余人,配以战车、大炮、飞机,5 月 9 日县城沦陷。守城 2400 名官兵英勇拼杀、大部殉国。周元突围至城东南飞机场时,亦在与日军激战中为国捐躯。

2014 年 9 月 1 日,周元被列入民政部公布的第一批 300 名著名抗日英烈和英雄群体名录。

（商城忠烈祠墓碑号 莫树杰军长碑记中提到周元事迹,据传与钟毅师长墓一排）

庞汉祯,男,字胤宗,1899 年生,广西靖西人。1915 年从军,在反袁战争中升任排长。1920 年毕业于广西讲武堂,历任国民革命军第七军团长、旅长、副师长等职。

1937 年淞沪会战中,庞汉祯任陆军一七〇师五一〇旅旅长,率部参加淞沪会战。10 月 19 日,接替第一七三师五一七旅从谈家头到陈家行北端防务。22 日,庞汉祯亲自率部进行陈家行阵地反击,夺回全部阵地。23 日下午,在与日军的战斗中中弹牺牲,为国捐躯。时年 38 岁。

2014 年 9 月 1 日,庞汉祯被列入民政部公布的第一批 300 名著名抗日英烈和英雄群体名录。

（商城忠烈祠墓碑号 莫树杰军长在碑记中提到庞汉祯事迹,据传与钟毅师长墓一排）

陈昭汉,男,1902 年生,广西北流人。历任国民党陆军排、连、营、团长等职。

1937 年抗日战争爆发时,任陆军第一七三师一〇三四团团长。率部转战大江南北,屡立战功。12 月间,率部在南京外围与日军作战,他身先士卒,勇猛冲杀,不幸在这次战役中中弹殉国。

（商城忠烈祠墓碑号 莫树杰军长在碑记中提到陈昭汉事迹,没有找到墓号。)

林荣汉，男，1904年生，广西上思县人。陆军第八十四军一八九师野补团第四连中尉排长。

1938年5月，开赴抗日战场前夕，他把妻子黄秀光和刚出生两个月的女儿林云珠，送到广西百色田西县黄光秀的娘家住下，然后到南宁广西陆军学校集中，乘船北上黄梅、广济参加武汉外围战。

1940年4月，日军调集6个师团，配以飞机70余架和机械化部队、骑兵部队等20余万人，企图进行闪电式扫荡，重创第五战区鄂北豫南地区。时国民革命军第八十四军一八九师隶属第十一集团军序列，5月初投入鄂北豫南大会战，战斗异常激烈。面对日军的狂轰滥炸和机械化部队冲锋，林荣汉在阵地战中，多次与日军展开惨烈白刃肉搏厮杀。5月4日，第一八九师野补团转战至鄂北随县万家店附近，林荣汉在与日军的战斗中英勇牺牲。

（商城忠烈祠墓碑号 2787 ）

蒋家河四壮士，1939年5月随枣会战中，第八十四军一七三师将士在蒋家河沿岸与日军战斗激烈，日军在炮空掩护下，多次发动冲锋，疯狂争夺我军草庙前进阵地。经一日苦战，坚守阵地的刘栋平一〇三八团官兵伤亡三分之二，部队不得已从前进阵地转守二线阵地。三连轻机枪射手朱三、弹药手刘兆兴、李干才、李天培（春生）四人，抱与阵地共存亡决心，请求潜伏于田家湾原阵地。当日军蜂拥冲入第一线阵地，续向第二线阵地攻击时，他们突由侧背用机枪向日军猛烈扫射、投掷手榴弹，日军猝不及防、死伤累累。

四人终因寡不敌众，以身殉国！

（商城忠烈祠墓号 朱三1185；刘兆兴1113；李才干1097；李春生1112 ）

二、部分将领

　　廖　磊，男，1890 年 2 月 20 日生（清光绪十六年二月初二），广西陆川清湖乡人。幼时家日贫，读过三年私塾。后考入桂林陆军小学，1916 年在保定军校毕业后，到湖南唐生智部任连附，10 年后，逐级晋升为营长、团长、师长等职。1929 年蒋桂战争时，因救白崇禧有功受到李、白重用，被晋升为名噪一时的钢七军军长。

　　1937 年"七七事变"，廖磊任二十一集团军总司令，率第七军、第四十八军两军率先北上抗日。在淞沪战役中，其率部在陈家行等地奋勇歼敌。1938 年春，廖磊率部渡江北上，据淮为守，多次派部队向皖东出击，迫使日军滞留于淮河南岸达 3 个月之久，为李宗仁、白崇禧赢得时间调集优势兵力，取得台儿庄歼日军 1 万余人的胜利。武汉保卫战中，廖奉命以大别山为依托，在黄梅、广济地区构筑工事，顽强抗敌，给日军以沉重的打击。9 月，廖磊以第二十一集团军总司令的身份，兼任鄂豫皖边区游击总指挥、安徽省政府主席、省保安司令等职，领导开辟了大别山抗日根据地。其所辖第七军、第四十八军、第八十四军 3 个军和大别山的地方武装消耗牵制了日军大量兵力。

　　1939 年 10 月 23 日，廖磊因突发脑溢血病逝于立煌任上，临终还一再对部下叮嘱："不要让日军进大别山！"

　　白崇禧评价廖磊"平时律己甚严，爱护部属，勇敢善战。其作战危急时，亦不请援兵，是硬汉一条。兼任安徽省主席时，勤政爱民，甚得皖人拥戴"。

夏　威，男，1893年3月2日生，原名钧善，字煦苍，梧州容县人。先后毕业于广西桂林陆军小学、武昌陆军中学、保定陆军军官学校第三期步兵科。历任排长、连附、机枪连连长、广西讨贼军总指挥部第三团团长、第四集团军第十五师师长、第四十八军军长、第八十四军军长等职。

抗日战争全面爆发后，夏威任第十六集团军总司令留守广西。1938年4月12日，兼任第八十四军军长。1939年11月，任第十一集团军总司令，率部参加桂南会战。1944年8月，率部参加桂柳会战。1945年3月5日，任陆军总司令部第二方面军副司令官。1948年8月26日，任安徽省政府主席。1949年12月，去海南岛，翌年定居香港。

1975年1月3日，在香港因车祸去世。

覃连芳，男，1894年生，字武德，广西柳江人，壮族。桂林陆军小学、湖北陆军中学、保定陆军军官学校第六期步兵科毕业。历任广州总裁府中尉、连长、南宁讲武堂区队长、中队长、营长、纵队司令。1926年参加北伐，任第七军通讯大队长、第七军第九团团长、第七军副师长。后留学法国，回国后任第七军第二十四师师长、柳州市政建设处处长等职。

抗日战争全面爆发后，1938年7月任第八十四军军长。1939年9月，在随枣会战时，因作战不力被撤职。1941年，出任军风纪巡察团主任。1948年退出中国国民党，加入民社党，任民社党广西书记长。

1949年5月到香港定居。1958年在香港病逝。

　　李品仙,男,1890年5月14日生,广西苍梧县平乐乡人。1907年,考入广西陆军小学。1911年参加武昌起义。历任排长、连长、营长、团长、旅长、师长、军长、南宁军官学校校长等职。

人物简介

　　1937年卢沟桥事变爆发,桂系军队奉命开赴抗日前线,李品仙任第十一集团军总司令,率部参加上海保卫战。11月任第五战区副司令长官兼第十一集团军总司令,协助李宗仁、白崇禧进行徐州会战的部署。

　　1939年4月,日军集中4个师团一个骑兵旅团发起随枣会战。李品仙协助李宗仁参加战役的具体指挥,率左集团3个军防守桐柏山、大洪山一带。5月7日,日军陷枣阳,分兵攻新野、唐河、南阳,第五战区乘日军后方补给中断,全力反攻,歼敌3万余人,迫使日军撤退。1944年12月26日,李品仙任第十战区司令长官,时第八十四军属第十战区。1945年8月,日本宣布无条件投降,9月24日,李品仙任徐州、蚌埠地区受降主官,在蚌埠接受日军投降。1948年6月下旬,李品仙任华中军政长官公署副长官。1949年12月去台湾。

　　1987年3月23日,李品仙在台北去世。

　　莫树杰,男,1897年生,字剑青,壮族,广西南丹县人。1922年毕业于广西陆军讲武堂。早年参加倒袁护法战争。1925年任孙中山大元帅府广东钦廉军务督办署中校参谋。1926年任国民革命军中校营长,率部北伐,配合叶挺在湖北汀泗桥、贺胜桥击溃吴佩孚主力,升至少将旅长。1936年南京陆军大学毕业。

　　抗战初期,任第一七五师中将师长,由粤南海疆北上抗击日寇。1939年9月,晋升为第八十四军中将军长,参加了随(县)枣(阳)会战等近百次战斗。1941年,移防大别山区,率军部驻商城县城关。抗战胜利后,任国民党广西保安副司令。1950年1月,率部起义,接受中国人民解放军和平改编。曾任中南军政委员会参事室参事,政协广西壮族自治区委员会常委、副主席,民革中央顾问等职。晚年,仍积极编写文史资料,关心社会主义建设和祖国和平统一。

1985年8月7日,在南宁病逝。生前遗嘱:骨灰撒在曾参加过的北伐战场和商城忠烈祠。8月20日,广西政协、民革派员陪同其女莫玉娄(雯娄)专程来商城县,捧其骨灰撒于商城忠烈祠旧址,陪伴第八十四军牺牲将士。

张光玮,男,1899年生,号雪樵,广西桂林市永福县永福镇人,壮族。广西陆军讲武堂、中央军校南宁分校高级班第一期毕业。参加过北伐。历任广西定桂讨贼联军第一路军排长,国民革命军第七军第一旅连、营、团长、旅长等职。

抗日战争全面爆发后,任国民革命军第七军一七二师副师长,参加了徐州会战。1943年7月任第八十四军代军长,10月任军长,担任大别山外围豫南、鄂东的防务,率军多次击退日军进攻。1945年8月后任第四十八军军长。1950年1月底,张光玮率所属机关及四十六师、四十八师官兵1400余人在百色起义,接受解放军改编。中华人民共和国成立后,张光玮任广西政府参事室参事,广西区政协第一、二、三届常务委员。

1971年1月12日,张光玮在南宁病逝。著有《新桂系的第十三军》《整编第四十八师进攻沂蒙山区前后》等。

凌压西,男,1891年4月22日(农历三月十四日)生,原名凌琼德,字剑南,广西容县石头镇人。幼年在家乡读了六年私塾,后因家景贫寒辍学。1917年,考入田南警备司令马晓军部模范营当学兵,后历任桂系第七军的司务长、排长、副官、参谋、营长、团长等职。

1937年"七七事变",凌压西奉第五路军总司令部命令,调任第四十八军第一七六师少将副师长兼五二六旅旅长,随军北上抗日。1938年夏升任第一八九师少将师长,率部参加黄梅、广济会战。第二次随枣会战中,凌压西率部在石板镇一带歼灭日本骑兵1000多人,1940年升任第八十四军中将副军长兼任第一八九师师长。1941年3月,凌压西在第一八九师驻地罗田县滕家堡泗洲山上题写刻下了"吼散倭氛"的豪言壮语。1945年4月任陕西省安康警备司令部中将司令。

中国人民解放军解放南宁前夕,广西绥署主任李品仙邀其同机飞香港,但他决意留在南宁。中华人民共和国成立后,凌压西任广西政府参事室参事,被选为南宁市一、二、三届市人民代表和市政协委员,1958年调入南宁市政协机关担任专职驻会常务委员。其间,凌压西以自己亲身经历,撰写不少文史回忆录,为后人留下宝贵的史料。

1969年12月9日,凌压西在南宁去世。

梁 津,男,1897生,名丕振,号无涯,字崇侯,壮族,广西靖西新靖镇学前街人。黄埔军校第四期步科毕业,参加过北伐,1935年入南宁军校七期高级班学习,毕业后任七十三独立团团长。有胆识,好公益,唇留短须,外貌庄重,虽官至少将,不置产业。

抗日战争全面爆发后,广西部队改新番号,梁团编为一一〇三团驻防玉林、博白两县。1938年夏,广西6个独立团编为一八八师、一八九师两师,纳入新建第八十四军,参加武汉会战,梁任第八十四军一八九师一一〇三团团长。在广济会战中,所部固守龙寨、大小坡、沤烟寨执行阻击战,日机疯狂轰炸和炮火向其阵地轰击,他与官兵沉着苦战,阵地巍然。1939年任第八十四军第一七三师五一九旅少将旅长。1940年任第四战区独立第十三旅旅长。1941年调任桂林绥靖公署少将高参,未就职回乡闲居。1946年任第8绥靖区少将高参,1949年10月任华中军政长官公署总体战第九督导团少将团长,12月13日因拒绝附署起义电文,在广西靖西被起义人员扣押。

1966 年 9 月 15 日，梁津在抚顺战犯管理所关押中病故。

　　凌云上，男，1900 年生，广西贵港市桂平人。幼读私塾。1931 年 9 月在中央军事政治学校第一分校第 5 期学习。历任见习官、少尉排长、中尉副连长、少校营长等职。

　　抗日战争全面爆发后，任第四十八军第一七三师第五一七旅第一〇三三团上校团长。1939 年 5 月所部改辖第八十四军第一七三师第五一七旅，仍任第一〇三三团上校团长。1940 年 7 月各团整编改番号，任第八十四军第一七三师第五一七团上校团长。1943 年 2 月升任第七军第一七三师少将副师长。1945 年 3 月保送陆军大学将官班乙级第二期深造。1946 年 2 月陆大将乙班第二期毕业，派任第八绥靖区少将高参。1949 年 2 月任第三兵团第七军少将副军长。1949 年 10 月 8 日在衡宝战役中被俘，送中南军政大学学习。1950 年任解放军第二十二步兵学校教员，1957 年被遣返回乡务农。

　　抗日战争期间，曾率部参加过淞沪会战、徐州会战、武汉会战、随枣会战、枣宜会战、豫南会战、第二次长沙会战（信阳至武汉破袭战）等，凌云上身经百战、屡建战功。特别是在徐州会战中，奉命率第一〇三三团参加的蒙城保卫战，成功掩护徐州战区主力的转移，这一仗重创日军精锐，毙日军 1000 余人，"凌云上团"闻名全国，成为广西军人的第一团。这个团对日作战次数最多、对日作战取得胜利次数最多、伤亡人数最多。凌云上在抗日战争中战功赫赫，成为广西参加过中日会战最多的将军。

　　1957 年，凌云上被从步兵学校遣送家乡劳动，以前祖上留下的房屋已经被政府分给村民，他只好去村子外的陶罐作坊车间安顿下来，一直住到去世。回乡被监督劳动的他自食其力，白天参加集体劳动，晚上在昏暗的油灯下写抗战回忆录，为后人留下许多珍贵资料。

　　凌云上晚景凄凉，1969 年病逝后被草草安葬。

三、部分老兵

　　蔡将进,男,1925 年 6 月 23 日(农历一九二五年五月初七)生,贵港市覃塘区大岭乡人。第八十四军一七四师五二二团三营重机枪连士兵。1942 年 9 月,乡公所征兵,顶大哥去当兵,到了南宁邕龙师管区新兵营集中。一路从宾阳、桂林、湖南湘潭、湖北英山县、老河口、河南藤县、南阳、息县等地,最后到达第八十四军军部驻地商城县。新兵在这里交给军部,被安排在一七四师五二二团三营重机枪连。

　　1945 年 8 月日本投降,八十四军被裁撤,部队缩编,老兵回家,年轻的留下,离开部队回家,一直在家种田务农。

　　吴孟训,男,1919 年 3 月生,广西桂林平乐县人。1941 年入伍,为第八十四军一七四师二团机枪连上等兵。在河南商城一带和日军作战四年,与日军周旋、对峙。与日军作战时,他当时和六个战友管一挺机枪,两个人轮流扛机枪,两个人管弹夹,另外两个负责射击。

　　日本人投降后,吴孟训离开部队回到老家务农。

甘朝经，男，1921年生，广西马山县人。1938年，县长到学校动员报名参军，在武鸣招兵后，到柳城训练。先入第八十四军一八八师一一〇三团三营九连，后整编入第一八九师五六五团三营九连，到过湖北、安徽、河南、江西。在湖北黄梅作战时，张家湾与日本会战，负责埋雷。

1945年，日本投降时部队在安徽立煌，后回乡务农。

余自盈，男，1919年生，广西来宾市武宣县人。15岁那年为了找口饭吃报名当兵。日本人打进中国后，随广西部队北上打日本。后在第八十四军警卫营，给军长莫树杰当卫士，拿的枪都是短枪、驳壳枪。

1943年，随莫军长回到柳州，由于不识字，在莫军长身边多年，因枪打得准，当过班长。打仗经过很多地方，曾在徐州撤退时负伤。

张汉书（？—1959年12月），男，广西柳州人。第八十四军军长莫树杰卫士班长，商城忠烈祠守祠老兵。1941年随第八十四军在商城等地抗战。1942年7月，商城忠烈祠修竣，张汉书留守忠烈祠，生活费用靠军部购买的10余亩墓田。张汉书独生女儿张艺华1946年生于商城，她回忆，小时的很多事不记得了，只记得1959年商城过"粮食关"，都吃公共食堂"大锅饭"，父亲总是喝碗里稀米汤，而把碗底稠的留给自己吃。公共食堂"砍大锅"后，张汉书一家人没有吃的，他"偷"生产队的粮食在瓦片上加热，被生产队发现打伤。1959年12月，张汉书没挨过"粮食关"饿死。

附　录

　　1938 年 9 月 14 日,国民革命军第三十军池峰城三十一师、宋希濂七十一军一部、东北军于学忠部在商城县东部峡口据险扼守,与日军血战两昼夜,牺牲巨大。9 月 16 日,日寇侵占商城县城,国民革命军退守商城南达权店许冲一线阻击,日军力攻月余,许冲防线岿然,第三十军三十师官兵 13536 人,仅 800 余人生还。翌年春,观音山曾姓道士组织群众搜殓峡口战场抗日将士遗骸 1000 多具,集葬宴家山腰,邑人称此处"万人坟";商城县县长顾敬之派人收殓达权店许冲一带国民革命军忠骨安葬,在战场的山脚下建许冲义勇祠。

　　与此同时,第八十四军部队正在武汉外围黄梅、广济等地与日军血战。1941 年 1 月,调防商城等地。

郝柏村一行在商城忠烈祠

一、第五战区作战命令

作命第 15 号(二十七年七月十九日于商城司令长官部)

一、敌以长江为进攻我武汉干路,其江北岸之主力似集结怀宁、合肥,将以主力由潜山趋太湖、宿松,一部由岳西、英山迁,与长江各口上陆之敌呼应,策应其主力之作战。合肥附近之敌或向我六安、霍山攻击,以资牵制我兵力之转用。

淮河增水黄流泛滥,阜阳、霍邱、固始一带半成泽国,公路亦尽量破坏,敌我之运动均感困难。

二、战区应置重点于右,以积极之行动确保豫鄂皖边区山地及长江沿岸各要点,击破或阻止侵入之敌,以屏障武汉之翼侧。

三、右翼兵团应以主力之二十六集团军及三十一军集结于潜山、小池驿西北侧及弥陀寺、太湖、宿松附近向东作战,以积极之手段阻止西向突进之敌。

以二十九军团集结于黄梅、广济附近向南作战,应直接配备于黄广南侧湖沼地及其北侧山地缘线、构筑数线工事防敌之突进。敌少数部队登陆务歼灭之于湖沼地区,并与第九战区田家镇要塞部队密切联络协同作战,务勿使敌迂回要塞侧背。

八十四军在浠水附近集结训练,抽出军官指挥民夫在蕲春、巴河市间江岸各要点及巴河西岸(罗田以南)对东构筑工事。

该总司令部应南移浠水附近。

四、中央兵团应保持重点于霍山以南地区,以主力之第四十八军及第七军在六安、霍山、管家渡、磨子潭、岳西间地区集结,准备向合肥、舒城、桐城、怀宁方向攻击,先各以一部支援地方武力,竭力挺进,扰乱敌之集中及运动,可能时攻占合怀道上各要点,以为向前游击之根据。

第十九军团集结于叶集、商城附近地区,速行编并并随时准备向六安方面推进。

该总司令部应移立煌附近。

五、左翼兵团应以第二十六军、八十七军重点在右集结于潢川及新蔡附近,各推进一部于霍邱、颍上、阜阳以为根据,向淮北地区游击并与第一战区在太和、沈邱一带之部队密切联系。

第二集团军仍在拱卫线附近整理训练增强工事并护路。

该总司令部应移信阳附近。

六、第二线兵团主力仍在拱卫线上监护并增强工事。应以一部协力于右翼兵团构筑罗田以北巴河西岸之工事(由李总司令品仙统筹之),并速侦察决定黄冈、金台冈、黄陂、祁家湾、襄河(新安渡)间向南之阵地线。

七、苏北兵团应仍在津浦以东、陇海以南之区域内力图肃清苏北之敌主力,策动地方武力向徐浦间之津浦线游击。

八、中央及右翼两兵团在田家镇要塞尚能保持以前应确保六安、霍山、岳西、太湖、小池口、龙坪镇之线。

九、第一、五、九各战区及五战区各兵团之作战地境:

（1）第一、五、九战区之作战地境

第九战区
├─ 长江—龙坪镇—蕲春—长江—团风（不含）—金台冈
└─ 黄陂—新洲（新安渡）—汉水—襄阳（含）—孟家楼

第五战区
├─ 孟家楼—豫鄂边界—桐柏—明港—阜阳—新蔡

第一战区
└─ 蒙城

线上属右（上）战区，以长江为界者两战【区】分任江面之作战，但北岸之田家镇要塞区域及团风、黄冈旧城两点暨汉口卫戍区均不属本战区。

（2）右、中、左三兵团之作战地境

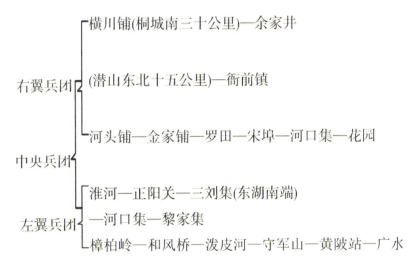

右翼兵团
├─ 横川铺（桐城南三十公里）—余家井
├─ （潜山东北十五公里）—衙前镇
└─ 河头铺—金家铺—罗田—宋埠—河口集—花园

中央兵团

左翼兵团
├─ 淮河—正阳关—三刘集（东湖南端）
├─ 河口集—黎家集
└─ 樟柏岭—和风桥—泼皮河—守军山—黄陂站—广水

线上属右（上）兵团。

十、各兵团与兵站总监部管区之境界为浠水、麻城、广水桐柏之线，线上属各兵团。必要时得在兵团管区内推进总监部之补给点。

兵站主要之设施应在汉口、浠水、广济、黄梅、宿松道（右翼兵团）、汉口、黄陂、麻城、商城、叶家集道（中央及第二线兵团），平汉线信潢公路（左翼兵团）及以上各道之平行道。蕲春以西之长江为补助。

十一、本战区通信机关之管理补充以通信指挥官统一办理通信线之设施另令行之。

为减少电信之拥挤，本部与各兵团司令部间以下各司令部相互间应利用车马及当地交通材料设置联络哨。其详细另定之。

十二、各兵团管区内交通路之修补重设由各该司令部自行计划实施。

由宋埠经河口至花园及广水之道路应由总监部饬途各县加以修整。

十三、本部预定七月二十八日移宋埠。

代司令长官　白崇禧

副司令长官　李品仙

（节选自《抗日战争正面战场》，中国第二历史档案馆编）

二、第五战区武汉外围会战大别山北麓各战斗经过纪要

甲·六、霍方面之战斗概况

敌自夺我马当、湖口占领九江以后,即有由我大江及其南北两岸,积极以水陆并进,向我武汉攻略之企图。本战区为保卫武汉之安全及粉碎敌人之阴谋计,预派有力部队,配备于潜、太、宿、黄间利用该处山麓、湖沼地区,拒止敌人沿江西进,迟滞月余,几使敌军一筹莫展。敌于徘徊苦闷之中,遂乃变更计划,即由他处抽调第十三师团获洲立兵部、第十师团濑谷支队、第十六师团之三十旅团及十四师团一部,共 10 余万人,于二十七年(1938 年)8 月初旬至中旬陆续集结于合肥、舒城一带,企图犯我六、霍,取道豫南,进占信阳,包围武汉。战区早即窥破该敌诡计,遂对豫南方面严密部署,并令左翼兵团孙总司令连仲进驻商城督师迎战。于是,武汉外围会战大别山北麓战役遂告开始。是时,我左翼兵团所属各部合计十三个师另一独立旅(共六个军),战斗员兵亦仅 10 万左右,素质、装备均较敌人低劣,虽在山麓地带于我有利,但以战事猝起,各处公路均未彻底破坏,致令敌机械化部队驰骋自如,殊为遗憾。至于敌人空军、炮兵均占绝对优势,对我机动运用极端妨害,亦足陷战争于不利。六安、霍山位置于大别山东麓,当豫、鄂、皖三省要冲,自昔称为皖西门户,故敌由江淮孔道进攻豫、鄂,必先自六、霍开始也。兹将六安、霍山方面之战况分述如左。

(一)六安城郊及淠河西岸之战况经过

8 月 26 日,晨一时,敌便衣队数十,步兵二三百名,向六安以东十里铺进犯,经我左兵团之于学忠部一一四师牟中珩师军迎击数小时,

敌不支向金桥方面溃退。此时金桥附近有甜庙后续部队约 3000 开到,至 8 时,复发现敌步兵百余名、附炮数门向皇城岗炮击,又经我一一四师守军击退,向二十里铺溃窜。

8 月 27 日,晚上 8 时,敌便衣队 200 余名乘夜混入六安城北关,经我守军痛击,退至城北五里地之火柴公司,占领碉楼顽抗,我遂派队将其包围。至 11 时 40 分,飞机场发现敌军 200 余人,并有便衣队数十,经我守军之袭击,不支亦退。

8 月 28 日,本日攻六安之敌第一线兵力总计有 3000 余人,炮 10 余门、坦克、飞机多架掩护敌部队攻击。经我守军坚强抵抗,卒因敌以一部乘隙由东南城角爬入,发生激烈巷战。午后,敌一部绕至西关附近,在莲花庵等处企图渡河,被我一一三师骑兵击退。

8 月 29 日,爬入六安城内之敌迭次增加,战斗甚烈,我守军腹背受敌,伤亡极重,不得已于艳寅奉命全部撤至淠河西岸进入阵地,对东岸之敌严密戒备其强渡。至午后 3 时,敌军由苏家埠、韩摆渡分路进犯,用猛烈大炮掩护强行渡河,每路均有敌由数百增至 2000 余人之多,卒以众寡悬殊,被敌冲过淠河。当晚,淠河东岸之敌初以催泪性瓦斯弹向两岸射击,强行渡河则改用窒息性瓦斯,我一一四师之一部守军全排壮烈牺牲,其余仍继续抵抗。

8 月 30 日,敌渡过淠河,一部进至南岳庙,被我一一三师周光烈部守军击退。敌续增步、炮千余,猛烈轰击,战斗甚烈,至独山镇附近房舍悉被炮毁,不得已将南岳庙放弃,而占康家铺、独山镇之线,与敌激战。敌兵力千余虽猛攻我康家铺阵地,而我一一三师守军沉着迎击,卒被我击退。至攻我黄油房之敌,经我守军腰击,将敌冲断,遂向黄土岗溃退。渡过淠河之敌系十三师团获洲之一部 5000 余人,现仍源源渡河中。又敌一部四五百人窜至十里长岗,经我一一四师在舒店、关公店之部队夹击,激战数小时,敌我伤亡均重。嗣敌又增加步炮千余,猛犯我杨柳店阵地。同时,独山镇以北各村落受其瞰制,我为避免无谓损害计,自动撤至该镇西北高地扼守对峙。

（二）霍山及黑石渡战斗概况

8月27日，午后9时，由桃溪镇经山南馆西犯之敌步、骑兵约500名，山炮四五门，进占但家庙，同时敌另一部步、骑兵八九百名，山炮数门，犯舒家庙，10时进至吴家冲附近，经我地方保安队及我七十一军宋希濂部之守军由大河厂、下符桥等地分向但家庙、吴家冲之敌迎击，激战3小时后，即成对峙状态。而吴家冲之敌复乘夜暗向下符桥猛攻甚烈。我派加七十七军冯治安部张凌云师之一部由青山镇南下侧击，唯敌势顽强，使正面守军被迫逐次撤退至圣人山阵地。

于8月28日，午前2时前，下符桥遂为敌占领。午前3时，急派我三十七师张凌云部以有力部队协助地方保安团队驱逐但家庙之敌，讵料当地守军已奉令他移，致该部任务未能达成，即于牌坊店附近留置小部与敌保持接触，余撤回马厂岗原阵地。至但家庙、下符桥之敌，于当夜增加后续部队达3000余人，炮八九门，其窥犯霍山之企图益形显著。当令三十七师全部进入阵地戒备，并令守备密子潭部队留置一部固守原阵地，余推进至三十七师右翼，切取联络，相机策应战斗。同时，命我一三二师王长海部协同各部梯次推进，纵深配置于苏口、诸佛庵、黑石渡各要点，及担任沿淠河左岸自黑石渡至查家河等处预备阵地之构筑并守备，对淠河右岸绵密侦察，而便应援三十七师之战斗。是日午前5时40分，敌千余人由下符桥以东进攻圣人山、莺歌嘴阵地，激战至午后2时，敌又增兵千余人，并以飞机数架协同炮火掩护向我猛攻，而我官兵沉着应战，终难接近我阵地。该敌复乘夜袭击，直达翌晓，虽经多次冲杀，均被击退，毙敌甚众。

8月29日，午前6时，敌2000余人沿舒霍公路向我马厂岗阵地，另以一部向圣人山阵地包围攻击，战斗更趋紧张。至10时许，敌之增援部队八九百人附重火器甚多，加入战斗，并以飞机、炮火之协同轰击，猛冲我圣人山阵地，三十七师之守军曾数度与敌争夺阵地，敌我均有相当之伤亡。经该师以预备队一部向圣人山阵地推进，准备对敌施行逆袭，无如正面相持至2时许，该处阵地全部被敌炮火摧毁，加以另敌一部由小路绕我阵地侧背,向我威胁,而正面敌人亦猛烈冲进,不得已放弃第一线阵地,撤至十里铺附近第二线阵地,仍与敌继续对战。

同日午后 4 时许,敌机数架狂炸霍山,城内弹着火起,燃烧甚烈,且受敌猛烈炮火瞰射,致敌便衣队混入,与我城内守兵激烈巷战,旋按预定计划向霍山东南各指定地点转移。前线虽仍与敌鏖战,终因后方混乱,全线已感动摇,况我官兵除伤亡及患病外,战斗兵员已减大半。为重整阵线、赓续作战计划,该师全部至日暮后即变换阵地于霍山以南高地一带。

8 月 30 日,令一三二师主力沿淠河左岸自黑石渡亘查家河、高桥湾至两河口之线严密布置,确保阵地,防敌西渡,并令三十七师于拂晓前向流坡礇附近集结,为总预备队,并在石家河以西各要点构筑预备阵地。据报霍山之敌似有乘机进犯我黑石渡、戴家河之企图,当令三十二师进入阵地,对敌严加戒备。同日下午 5 时,敌步、骑 200 余名向我黑石渡进犯,当经我守军之戒备部队击退。

8 月 31 日,霍山之敌步、骑二三百名再举来犯,又经我警戒部队迎击,毙敌数十名,并获军品多种。敌未得逞,仍向霍山退去。

9 月 1 日,敌十三师团之一部约 200 名押船 11 只,经两河口向独山前进,被我守军发现,向该敌猛烈扫射,当击沉船 6 只,伤毙敌寇 20 余名。敌仍据岸顽抗,经我派队增援,于 9 月 2 日拂晓渡河向敌夹击,敌弹药船两只中弹着火。战至辰刻,敌不支,弃尸百余具,残部向北溃窜。此役除毙敌百余名外,并俘日兵小川筱七等 3 名,三八步枪 40 余支,并战利品多种。

9 月 3 日,在两河口捕获日兵八幡团俊 1 名及文件多种。敌不时以小部队向我淠河沿岸进援,并不断炮击。我黑石渡、戴家河一带我守军严加戒备,并增强工事。连日所得报告,霍山敌增至 2000 余人,炮四五门,企图西犯,而独山、青山镇、三尖铺之敌续有增加。

9 月 10 日,9 时,霍山敌步、骑兵千余名,炮八九门,其大部由乌龟嘴渡河,当与我守军发生激战,敌大部利用密集炮火掩护,向我戴家河以北绕攻,并窜至戴家河阵地后方,与我部队发生混战。同时,敌炮向我戴家河、黑石渡炮击甚烈,致阵地悉被摧毁,经我派部队向左增加,占领三保尖,对窜入之敌猛攻,经数次肉搏冲杀,毙敌百余。敌复增援二三百人,进窜黄金坂,又经我派队向黄金坂东端逆袭,及由2456高地攻击项台子以东之我军协同,将敌包围于凹道地区内,集中手榴弹、掷弹筒之火力,连续投掷,该敌200余名悉被歼灭,遂将黄金坂、项台子一带阵地完全恢复。并肃清残敌,继攻戴家河、半边冲一带之敌。同时,我三保尖部队行正面攻击及绕袭,竟日彻夜战斗至烈。迄至翌日拂晓,敌终不支溃退。

9月11日,6时,敌由青山镇增援数百名,利用炮火掩护,再向我进犯,戴家河附近山地又被占领,其窜匿山涧者亦有多股。当令一三二师编组扫荡队向黄金坂、戴家河一带搜剿,肃清战场。惟马鞍山之敌仍据险顽抗,经我派队绕至马鞍山以北夹击,并乘暗夜袭击,敌卒不支,乘夜逃窜,我遂占领马鞍山。

9月12日,午,淠河以西地区均无敌踪。当令各部占领原阵地,并积极加强工事及严防敌有再犯之行动。

乙·商叶公路方面之战斗

(一)战斗前一般之概况

敌自攻陷六安、强渡淠河以后,即以一部兵力分扰六安西南地区,牵制我六、霍各军不能截击敌人,另以步、骑两千有余携炮八门,复向六安西北乌龙庙一带窜扰,砀其主力则沿六叶公路向西急进,遂使商叶公路方面造成我军伟大之战绩,即富金山之争夺是也。

查商叶公路东连六安,西通潢、信,在大别山北麓,适成一平行之交通线。但其地势崎岖,山岭险峻,亦只有商叶公路一段,其他则多系坦途耳,而富金山与峡口在商叶路间更为险要。战区当日决策时,即欲在此两处葬埋敌人,并粉碎其西进之企图,遂以我七十一军宋希濂部三师兵力配备于峡口以东、叶家集以西地区,并以富金山为堡垒;以我三十军田镇南部二师兵力配备于峡口以西,使以峡口为门户,拒止敌人西进;以我五十一军于学忠部配备于六叶公路以南各山地内,使向杨柳店、开顺街一带不时出击,破坏敌人后方交通而断其接济,并令与田、宋各军遥相呼应,以成掎角之势。部署既定,壁垒一新。迨敌军三路会合叶集时,而商叶公路方面之战斗遂告开始。

(二)商叶公路方面之战况

9月1日,敌步、骑兵千余,炮数门,本午西进至熊店附近,被我七十一军三十六师陈瑞河部守军拒止。午后以来,敌攻甚烈,并将守军包围,经我猛烈冲击后,毙敌颇众。卒因众寡悬殊不敌,乃向叶家集撤回。至6时许,敌先头部队进迫叶家集,与我对峙,并向开顺街五十一军阵地炮击。

9月2日,开顺街以东附近之敌陆续集结3000余人,仍向开顺街炮击。七十一军叶家集正面之敌2000余人、炮八门,自拂晓以来向叶家集进犯,经我三十六师守军强烈抵抗,激战至正午,乃命逐次向主阵地撤回。午后以来,五十一军部队放弃开顺街。晚10时,敌一部渡过史河,向西岸三十六师警戒阵地攻击。至早4时,我骑兵部队被迫撤回西岸。

9月3日,开顺街之敌自拂晓起攻击一一四师、五十一军八里滩阵地,午前已将该处占领。由开顺街渡过史河之敌午前以来续增,渡过3000余人,并将三十六师沿史河西岸之警戒阵地一部占领。午后,分两部向石门口本阵地及富金山东北地区之警戒阵地继续攻击,战斗颇为激烈。当派我七十一军八十八师钟彬之一部,于午前7时渡河进占黎家集,得知敌第十师团三十九联队之一部步、骑兵400余人向固始方面窜去。

9月4日,自3日黄昏后,敌分三路向石门口、富金山、陈家淋南侧高地进攻,迄至4日拂晓前,愈战愈烈,三十六师颇有伤亡,而敌向陈家淋南端高地(此处系三十六师警戒阵地)猛攻,争夺渐趋激烈。午前11时,我三十六师之守兵两连及机枪一排均以壮烈牺牲,该高地遂为敌陷。正午前后,敌机10余架、炮20余门协同制压我炮兵,并掩护其步兵向我石门口、富金山一带阵地攻击,情势颇为紧张。宋军长希濂决心以八十八师一部兵力由富金山北端向东出击,协助三十六师之反攻。激战至午后五时,阵地遂见稳定。但陈家淋终因南端高地不守,受敌瞰制,被迫放弃。至黄昏顷,我固守石门口、富金山、丁巴店、刘家岗、红石桥之线与敌对峙中。综计昨、今两日之伤亡,计三十六师伤营长3名,伤亡连、排长共60余员,士兵1800百名;八十八师阵亡营长1名,伤营长2名,伤连、排长40余人,士兵500余人。

　　9月5日,拂晓以来,敌向石门口、富金山本阵地施行攻击,迄晚10时,均经三十六师节次将其击溃。检查阵地前之敌尸,系第十三师团荻洲立兵部队。正午,敌步、骑兵五六百人,炮数门混合之一纵队,自黎家集以南附近渡河西进,八十八师派队迎击,与敌接战于文家店、下板桥附近。午后6时,因被敌优势压迫逐次退守史庙子、塿口塘附近。8时,敌一部进逼三里岗,有犯武庙集、截断叶商公路之企图,经我派部队急自卧龙岗向敌攻击,敌感威胁,乃退据史庙子、塿口塘以北之线,仍向我攻击,彻夜激战,其后方尚有增援部队模样。我三十一师池峰城部本晨一部到达方家集,其主力黄昏前后始到集结,并以一部进驻段家集。

　　9月6日,午前,石门口、富金山本阵地仍受敌攻击,并有敌一部本晨沿叶商公路向西进犯,企图牵制一八八师向武庙集方面之增援。刘家岗被敌攻占,我固守刘家松林、红石桥、卧龙岗之线抵抗中。武庙集以东之敌昨晚与八十八师在徐庙子、何家冲、塿口塘之线彻夜激战,我守军营长杜振华率队反攻数次,饮弹阵亡,而卒能将敌击退。至本日拂晓,敌续增援队2000余人、山炮数门,仍猛烈进犯。我六十一师钟松部之一团,于三里岗、堆子大冲之线,亦与敌激战,因左翼兵力单薄,情势颇危。午后2时起,敌向富金山三面猛攻,战况异常激烈,富金山第三峰曾一度被敌占领。当经三十六师陈师长瑞河亲率预备队猛烈反攻,遂将顽敌击退,并毙敌甚众,获步枪数十支,及其战利品甚多。而富金山山腹、山麓一带遗弃敌尸甚多,查敌十三师团所部 58 联队、56 联队、104 联队、116 联队等部队皆已参战。我亦伤亡七八百人,迄晚仍鏖战中。武庙集以东之敌经我八十八师、六十一师之夹击,其攻势已顿挫,而我阵地渐趋稳定。至黄昏时,更令两师部队并力逆袭,战斗甚烈,毙敌达 300 余人。午后 8 时,墺口塘之敌稍向西北马家畈、观庙岗一带溃退。综计两日来,八十八师伤亡营长 1 员,连、排长 20 余员,士兵 500 余名。本日战斗结局,我仍固守石门口、富金山、刘家松林、卧龙岗、徐庙子、墺口塘、大冲之线。

9 月 7 日,自昨晚迄今晨,富金山敌我仍继续激战,拂晓后情况稍缓。武庙集东之敌大部向西溃退,但一部仍与我在文家店、下板桥附近保持接触。迨午后 3 时,敌施放催泪性瓦斯,向富金山攻击,敌我于山腹肉搏数次,卒将敌击退。至黄昏时,敌以山炮 20 余门及各种轻、重火器向富金山山腹、山顶猛烈射击。10 时,其步兵 5000 余人开始前进突击,其势极为凶猛。至 11 时半,有一部迫近富金山峰,情势危迫。当经陈师长及两旅长分率所部施行逆袭,始将该敌击退,仍于山麓对峙中。文家店、下板桥之敌经我八十八师之攻击,黄昏前已完全肃清。

9 月 8 日,午前 3 时,富金山东之敌再度向我阵地进犯,激战至拂晓,我将敌击退,战局稳定。据俘虏渡边勇作供称,敌系十三师团全部,尚配有其他部队。四日对富金山之攻击时,二十六旅团长沼田德重中弹,生死不明。拂晓以来,军之全线战况沉寂,敌之攻击似告顿挫,准备尔后之行动中。唯有另敌约一联队,自昨晚以来企图向方家集前进,经我三十师张金照、三十一师池峰城两部予樟柏岭附近阻止激战中。

9 月 9 日,午后 5 时,富金山当面之敌突发猛烈之攻击,企图由北侧击富金山之左侧背,与我八十八师争夺丁巴店西南端高地,彻夜激战,我失而复得者数次,但仍固守中。

9月10日,敌大部转移,向八十八师阵地攻击,企图攻略800高地后,围攻富金山。拂晓以来,敌猛向800高地山麓攻击,并以一部沿公路进犯。午前8时以后,逐渐以大部队增援,并以炮20余门、飞机18架分批集中轰击。迄至正午,我阵地大部被毁,山顶守兵全连殉难,有敌500余人已窜抵山麓。午后以来,我三十六师由富金山阵地向敌侧击,八十八师连续反攻。迄至黄昏,卒将此敌几全歼灭,遗尸甚众,我仍恢复原有阵地继续对战中。

9月11日,午前2时以后,富金山800高地、本阵全线被敌猛烈攻击中。拂晓顷,石门口阵地三十六师与五十一军衔接一部被敌突破,三十六师全师此时仅余855人,仍与敌作激烈之战斗。六十一师一部拂晓之攻击已将红石桥之敌驱逐,并继续进展。至午后2时,敌更倾全力大举攻我富金山,以火炮、飞机、窒息性瓦斯等掩护步兵行最猛烈之突击。迨午后4时,富金山除最高峰外皆为敌有,三十六师陈师长亲率残部一部行最后之逆袭,毙敌极众。惟该师伤亡殆尽,致富金山于是日黄昏时遂告陷落。

9月12日,拂晓以来,敌继续向六十一师、八十八师阵地攻击中。午后,敌沿叶商公路西犯,与我三十一师东武庙集附近接触。是日七十一军午后8时奉令,六十一师、八十八师各留一团于现阵地迟滞敌人之前进,军之主力向第二线阵地转进。苦战旬余之富金山战役,遂告结束焉。

(三) 续叶商公路战况

9月8日,敌十师团濑谷支队不断向我樟柏岭田镇南所部三十军之三十师阵地攻击,数日以来往返争夺要点,而樟柏岭仍为我固守。迨至13日,敌以主力向我三十一师、七十七军阵地进攻甚烈,至午后4时,被敌突破一部。

9月14日,三十师经连日战斗之后,因右地区友军三十一师被敌突破,直接感受侧背威胁,遂于元夜奉命由李围子、樟柏岭、张家庙之正面撤至峡口附近阵地,惟时间仓促,部署未周,复于是日午前8时遭敌步、骑千余随伴坦克车多辆沿公路进抵江家棚,与我前进阵地守军发生激战。迨12时许,敌续增至2000余人,山、野炮各10余门,将我前进阵地击毁,继续进至峡口向我主阵地猛攻。经我守军沉着应战,并以炮兵猛烈还击,击毁敌炮2门及弹药车数辆。至午后5时许,其步兵及坦克车均向后退,隐伏于卜家店附近高地。旋又有敌骑400余人、小炮五六门,向江家棚急进,并后续部队3000余人沿公路西进,一部向我三十一师右翼驻马冲以北高地进攻,其炮兵亦集中火力向该地猛击,我守兵两连全部牺牲,该地遂陷敌手。而敌之主力已接近我主阵地。惟右翼友军未照指定之地点占领阵地,致我将预备队填补翼隙,峡口重点兵力因而薄弱,鹰嘴山及赵家棚附近阵地均与敌人接触,旋均被我击退。迨黄昏时,沿公路之敌续向赵家棚方面运动,似有绕过峡口、攻我左翼之企图。本日,毙敌五六百人,我伤亡官兵300余人。当面之敌侦知为敌军主力邀妙师团,昨、今两日续有增加,数达万余人,山炮、小炮共30余门,战车30余辆。今晨复向峡口以南阵地猛攻,致我阵地大部被毁,即以密集接近突击,自晨至午,冲锋、肉搏竟达10余次,我阵地守兵伤亡虽重,仍能屹然不动,遂行杀敌致果之精神。午刻,敌又集中炮火向我峡口正面阵地轰击,致我临时构筑之工事不能固守,而步兵重火器亦多被其炮火摧毁,敌虽冒险冲进,死伤枕藉,而我峡口各阵地守军伤亡亦重,遂于午后3时许,峡口以南阵地被敌占领,以北阵地亦处于被包围之态势。至左正面敌2000余以主力向容龙山攻击我阵地,战约4小时,我阵地被炮击毁,该地守兵一营仅余60多名,余尽牺牲。又经我援队赶到,始将敌人击退。午后,敌又增援,攻我鹰嘴山阵地,遭我坚强抵抗,战至黄昏时,敌遂未逞。昨、今两日,我伤亡1400余人,而敌伤亡亦达3000人以上。

9月16日,为确保大别山各口计,奉令转进至油坊店、鲇鱼山附近占领阵地。又敌2000余人向一二七师、四十一军双椿铺、和风桥阵地攻击,而商城感受敌左右夹击之势,且商城地势低注,易受瞰制,且无坚固之工事,难以固守。若死守该城,匪特遭无谓之牺牲,益为兵力所限,徒增以后作战之困难。故决撤至商城以南和以西各山地,扼要据守。以部队逐次极力迟滞敌人,使之不能径向大别山各要口突进,并使当面之敌不能直扑潢、光,俾光、潢获得余裕时间部署防御,逐次予敌一打击,再捕捉击溃该敌之机会而歼灭之。

丙·固、光、潢方面之战斗

(一)战斗前一般之状况

敌自六、霍方面三路会合叶集时,声势浩大,锐不可当,实欲一跃而进至信阳。迨富金山受挫以后,士气颇形沮丧,遂又变更部署,以濑谷支队北趋固始,并令寿、凤一带敌军抽调3000余人,配以汽艇百艘,由正阳关方面溯淮西上,直越乌龙集(息县境),乃至踅子集(潢川境)一带,水陆并进,遥与进攻固始之孤军相呼应,遂使潢、息震动;风鹤皆警,借以威胁我军侧翼,俾其商、叶方面作战有利。战区逆知该敌在富金山受挫时必有偏师扰固之举,预饬七十一军分兵守固,并令张军团长自忠派该部骑兵一旅由潢川星夜驰援,复令该军两师布防于固潢公路,拒敌西进。且固、潢、光等县均在大别山外围,地势平坦,湖泽亦稀,甚利于机械化部队之活动,而淮河汽艇于水大时亦能驶至潢、息附近。此次敌人补给所需,陆运则由商叶公路,水道则利用淮河为干线。殆敌之进袭潢、固,虽与其战略攸关,亦以控制淮河航运为其有利企图也。兹将固、潢、光方面之战况略述如左。

(二)固、潢、光战况经过

9月4日,石佛店之敌步兵约一营、骑兵一连、炮数门,由张老埠渡河向南大桥攻击,当经我六十一师朱旅守备军抵抗,敌不得逞。未几,敌又一部绕由南大桥以南渡河,向我阵地右翼压迫,敌炮及飞机协同猛烈轰击,剧战竟日,至午后5时,因阵地工事悉被摧毁,不得已乃变换阵地于王小桥、大皮店之线,迄晚仍在相持中。

9月5日,敌于午前5时开始向我王小桥阵地炮击,其步兵约一营随即向我进攻,当经我派兵于尤家围子、老城隍庙之线占领阵地。敌分两路,一部续攻王小桥,一部进迫老城隍庙,并有敌骑兵百余复向该庙西侧窜入。经我各部守军坚强抵抗,敌未得逞退去,惟王小桥情况愈趋严重。黄昏后,我重新部署,以主力占领罗台子、五里堆之线,惟敌彻夜向我猛攻击,以致罗台子失陷。我遂改守华祖庙亘五里堆之线,与敌对峙。

9月6日,敌续增约有一联队之众,拂晓时向我华祖庙、五里堆阵地猛攻,另以一部向我右侧迂回,并华祖庙阵地被敌突破,我遂改守固始南门外一带高地,坚持固守。午后3时,敌绕袭南关(固始城东门外街市)。4时许,敌炮齐向城中猛击,民房多处起火,山城如斗,在敌机及炮火瞰侧之下,守军亦作殊死搏斗。7时许,敌分批爬城,守军一以当百,冒火奋斗,卒因伤亡过重,无法苦撑,遂致县城失陷,我守军退据城郊二公里凤凰塘南北之线,阻敌西进。迨夜11时许,侦悉城西10公里之阳关铺已陷敌手,乃向迎河集转进。

9月8日,我军由迎河集北进,于新店集附近击退由阳关铺西进之敌。未几,敌以一部向我小河桥前进阵地攻击,为我五十九军张自忠部之黄维纲师击退。敌旋增兵千余人,再度进攻,并向我两翼迂回,经我极力抵抗,激战竟日,迄未得逞。入夜,我转移胡族铺占领阵地。同日晨,乌龙集方面之敌千余人,乘汽艇百艘沿淮河驶至趸子集、纪滩附近,其一部与我骑接触,惟战至午时,因伤亡过重乃转移独木桥附近抵抗,至纪滩登陆之敌,与我接触后,被我击毙数十人,惟敌屡增,战斗益烈,旋敌由侧面攻击,而我抵抗部队以众寡悬殊,致连长以下殉难者170余人。

9月9日,敌乘夜进攻,拂晓后复以炮火、飞机掩护,向我胡族铺阵地猛攻,经我守兵沉着应战,毙敌甚众。午后,敌步、骑300余人迂回至我左侧后张庄附近,与我守军激战。嗣后,正面之敌复倾全力攻我左翼,遂被敌突破,我乘夜转入三角地主阵地。同日晨,趸子集方面之敌大部集中上油岗,经我五十九军一八○师刘振三部于毛家集附近正向该敌猛攻,出其不意,予敌以打击,敌伤亡甚众。

9月10日,晨,敌主力由胡族铺向我三角店主阵地猛攻,迄午未逞。敌后续部队步兵3000余人、炮10余门向我全线猛攻,并施放毒瓦斯弹,我官兵中毒者有数百人,但仍奋不顾身,向敌猛杀,毙敌甚多,敌势稍挫。同日8时,一八○师派队向上油岗之敌攻击,与敌在陈营子、周砦一带接触。迄午,敌复增兵数百,激战至晚,双方伤亡颇重,仍彼此相持中。

9月11日,三十八师黄维纲部当面之敌向我全线猛攻,竟晨未停,并大量使用瓦斯攻击,而我守军坚强抵抗,并时向敌侧击,斩获尤众。惟师左翼阵地完全被敌炮击毁,我阵地守军二二四团牺牲殆尽,其他守军伤亡过半,惟迄午与敌混战中。同时,另有敌一部约数百名窜据雷胜岗,与我一八○师之一部对战。储河集复到敌2000余人,由春和铺以南向西急进,有乘我城防空虚、袭击潢川之势,旋派我一八○师于官渡附近占领阵地。

9月12日,我军奉命重新部署,正午各部队先后到达指定位置,占领阵地。但本日拂晓时,三十八师之一部仍在黄寺岗附近与敌激战。午时,敌一部八九百人进至高店。未几,敌步、炮联合2000余人向我官渡猛攻,另一部步、骑500余人进犯左城,复有一部200余人窜进中途店,均经我一八○师守军击退。

9月13日,进犯官渡之敌,自晨迄夕均以炮火猛烈向我阵地攻击,而我守军沉着应战,敌卒未逞。至进攻左城之敌增至800人,亦被我击退。

9月14日,官渡之敌继续增加,并积极修筑道路,以炮火向我伞平寺一带猛轰,并以步兵向我密集冲锋,经我奋勇迎击,毙敌甚众,而敌仍续有增援。古城、中途店之敌步、骑千余人仍向西窜于家店、毛围子、牛店附近,猛向西南进犯,与我一八○师主力展开血战。而高店之敌又增至千余人,与我三十八师之一部发生激战。

9月15日,潢露公路正面已由三十八师之一部接防,当面之敌于晨刻即以飞机、大炮掩护其主力向我猛攻,与我守军发生激战。迄午,敌又续增步兵 2000 余人、炮 10 余门,向我毕桥一带猛攻,并使用毒瓦斯弹,我官兵抵抗至烈,至晚未停。一八〇师主力对毛围子一带之敌攻击,敌即增援,激战甚烈,而该师以一部兵力仍在望岗集与左城方面之敌对战中。

9 月 16 日,一八〇师、三十八师当面之敌共 7000 余人、炮 20 余门,仍以飞机掩护向我猛攻,由晨迄晚未止,我仍与敌在瓦子岗、毕桥、七里岗、贺营、邓店子以南一带激战中。而今晨我在大许庄附近之骑第二旅因受敌压迫,伤亡颇多,不得已转移位置。但敌一部步、骑 2000 余人、炮多门,午刻窜到谢家凹一带向西南挺进,图窜扰信潢公路,断我后方联络交通线,经与另派部队于沿口以东警备。讵辩所派之部队半途奉令折回,使我不遑另派部队戒备,而敌予未刻已越潢息公路,窜达信潢公路附近。我张军团长自忠乃率所部人员奋力抵抗,因众寡悬殊,军团部被敌包围,乃一面猛向敌冲杀,一面调三十八师之一部夹击,该敌卒被击退。是时,因潢川县城吃紧,即令张军团长重新部署,固守潢川,迟滞敌人强进,乃将五十九军一部进守潢川。

9 月 17 日,敌倾全力围攻潢川,并施放毒瓦斯,而我一八〇师、三十八师仍在潢川城西南东北与敌苦战。另敌一部步、骑 2000 人、炮六门进迫城西,向我潢川西关进犯,经我守城部队极力支持,而午后 3 时敌更以密集炮火攻城,并大施放烟幕弹,全城弥漫如雾,我官兵多失自由。5 时许,北城及西北两方面为敌炮火摧塌,敌即乘城缺口冲入,当即发生巷战,激斗数小时,敌后续部队大增,至 11 时,北城遂为敌占领,我五十九军一部仍在潢川南城与敌对战中。

9 月 18 日,奉令掩护大军集结,故趁夜放弃潢川,以经扶为据点固守之,并派一部守备光山。

9 月 19 日,遵令转移,惟三十八师仍在光山附近与敌激战。

9 月 20 日,三十八师乃由晏家河转进经扶集结,光山因亦弃守。

丁·豫鄂边区信、罗、小岭界方面之战斗

(一)战斗前一般之概况

自我商城、潢川次第陷落以后,敌即将其十三师团与十六师团主力转用于商麻公路方面,欲沿大别山西麓争取捷径以攻我武汉,另以第十师团主力沿信潢公路西进,企图夺取信阳,断我平汉南段之交通,借以围攻武汉。是时,我左翼兵团各部亦分别控制商城以南、经扶以东、麻城以北各地区,利用山地扼要拒守,以阻止该敌之南下。同时并以我十七军团胡宗南所部各师,进出于信罗公路以南地区,迎击西犯之敌。于是豫鄂边区各处之战斗遂亦次第开始。

(二)豫鄂边区(小界岭、打船店附近)战况经过

9月20日,我三十军之三十师张金照部及三十一师池峰城已在打船店、郭店亘清水塘之线与南进十六师团、十三师团各一部之敌对峙。右翼三十一师正面,今晨有步、骑、炮联合之敌加强联队向我打船店、沙河西岸攻击,战斗激烈。9时许,敌骑200余人、步兵三四百人,由右翼向新店抄袭。左翼三十师当面之敌步兵1000余名、山炮数门,在沙窝附近积极活动。打船店方面敌猛攻数日,卒因我守军苦撑,致敌攻势顿挫。

9月21日,午前11时,敌山炮数门向我三十师清水塘迤东主阵地轰击,同时,沙窝以西河滩有敌野炮多门、步兵约500人,搬运军品,向三十师沙窝东北前进阵地,敌虽猛攻数次,均被击退,并毙敌200余人,主阵地因我八十八师向公路北转移阵地,致感侧背威胁。

9月22日拂晓,三十一师当面之敌以步、炮联合2700余人,猛攻我打船店、许家冲之阵地,并施放毒瓦斯弹,当即急调援队并另派若干小部队迂回敌后猛击。三十师当面之敌步兵七八百人,炮10余门,并用毒瓦斯攻我沙窝以东阵地,经预备队于山腹荫护地对敌侧击,毙敌甚众,而阵地赖以保全。三十一师战斗颇有进展,并进至打船店东

北高地,夺获战利品甚多,检查文件知为敌十三师团之五三及五八两联队。

今晨,敌步、骑三四十人,炮10余门,续向我打船店、许家冲阵地攻击,并施放喷嚏性瓦斯,我阵地守军亦多中毒,但阵地仍能坚守。而向我打船店攻击之敌亦被我击溃。是夜,敌全线总攻我阵地,我派援队协同逆袭,战事尤烈。三十师正面,本日仅有佯攻部队,经我守军集中火力猛击,毙敌300余人,遗尸退去。

9月24日,昨派三十一师一部绕击敌侧,今晨与我正面守军协力反攻,与当面之敌激战竟日,迄暮未停,敌屡增加,而山、野炮又增至20余门,轰击最烈,致我阵地悉被摧毁。守军坚苦撑持,连长曹海亭裹伤再战,竟以殉国。而我伤亡颇多,不得已于黄昏后坚守打船店南端两侧有利之高地。三十一师方面,本日无激战。

9月25日,敌五八及新增一一六联队自昨晚即向我三十一师全线总攻,今晨愈烈,敌又施放大量瓦斯,致我守军伤亡甚众,然我官兵以最大之努力,将许家冲一带敌之五八联队击溃,毙敌五六百人,敌阵线有动摇趋势。我二十七师黄樵松部主力对盛家店之敌猛攻,与打船店右方高地之敌发生肉搏,争夺阵地战,失而复得者三次,终为我占领。旋敌又增援,当由三十一师抽派部队驰援,并以伏兵应机狙击,挫敌凶锋,战事之烈,实为罕见。三十师正面之敌,经我昨日击溃,残余败兵隐伏丛林,因我师连日之战斗伤亡,亟待调整,无力出击,即将磨盘庄迄凉亭间之公路阻断,构筑障碍工事,并于要隘埋设地雷,阻敌前进。

9月26日,晨7时起,敌以猛烈炮火并瓦斯弹向我三十一师阵地猛攻,许家冲前方高地一部被敌占据。三十师当面之敌突增优势兵力,于昨夜袭我二次未逞。今晨7时起,敌炮十数门发射烟幕弹,掩护步兵向我马鞍山阵地猛攻,虽经我守军迭挫敌锋,而我受炮火之轰击,伤亡亦大。迄11时许,该山高地一部被占。同时,测观右方面亦受敌猛击,官兵两营几全殉国。但俘敌文件得悉,敌为第十六师团三三联队之一部,本日参战,损失奇重。我二十七师在打船店方面颇占优势惟盛家店之敌继续增援,图摧毁我全线阵地。

9月27日,10时,我三十一师与敌激战竟日,斩获甚众。但连日鏖战以来,所获文件判明当面之敌,三十一师正面为五八、一一六联队及十三师团之沿田得重旅团之一部四五千人,三十师正面为十六师团之一联队及三三联队。

9月28日,我三十一师、三十师当面之敌屡次增加新锐兵力,连续猛攻,损失极巨。昨复移重点于我左翼之七十一军方面,故今晨以来除以炮火游动射击外,步兵无积极动作。

9月29日,三十一师正面打船店、许家冲以东各敌均无异动。三十师以一部对沙窝及马鞍山之敌侧击,甚为有效,敌虽有增援复攻,而我仍于山腰凭险对峙。是日,毙敌四五百人,我亦伤亡百余人。二十七师所部向许家冲之敌攻击,敌由盛家店增援,战斗至烈,我毙敌五八联队添田部吉川大尉以下官兵数百人,并战利品甚多。

9月30日,当面之敌昨夜被我攻击,其势已呈疲乏,但于打船店以北忙修道路。今晨,二十七师以主力协同三十一师对打船店河西岸及许家冲附近之敌猛攻,颇为奏效。但由打船店以北续增援反攻,迄黄昏时我占之高地仍能扼守。三十一师战斗颇为沉寂。

10月1日,今晨敌千余人由大塘洼,梨树洼、葛庙一带向沙窝活动,颇受瞰制,三十师马鞍山一带阵地仍在我控制。

10月2日,二十七师今晨拂晓攻击许家冲并打船店、盛家店敌人,同时三十一师施行逆袭,竟日激战。三十师派小部队向敌左右侧击,并派一部兵力于余家集附近监视并牵制敌人。我军为增强持续作战力,调整阵线,重新布置。

10月3日,三十一师正面之敌猛向我攻击,迄午未逞,惟金钢山被敌占领,大河冲口被敌封锁,敌竭力向我右后方活动。我二十七师及独立四十四旅吴鹏举旅与敌血战于顾家营以西高地,陷于混战、苦斗中,遂于敌以打击,又转危为安。

10月4日，敌自昨夜9时起向我全阵地进攻，彻夜未停，以三十一师方面为烈。至今晨拂晓，敌已迫近阵地，经我以手榴弹投掷，敌始退去。并用炮火猛击及施放烟幕，掩护其构筑工事。迄暮，敌集中炮火攻我蔡家凹岭阵地，战事渐趋激烈。三十师当面之敌，于今晨8时在沙窝以南大放烟幕，掩护南进运动之辎重大车百余辆，为我炮兵射击，伤四分之一，大部弃车向沙窝逃窜。

10月5日，三十一师当面之敌因连日混战，似仍准备大举猛攻。

10月6日，二十七师当面之敌，拂晓以步、骑千余人向我阵地猛攻，经我守军苦斗、堵击，敌势顿挫，阵地未动。

10月7日，拂晓以来，敌攻我二十七师各阵地尤烈，另以一部附山炮多门向右迂回，向我阵地轰击，致黄毛尖阵地三面受敌，且我二十七师各阵地经敌炮击两昼夜，已成焦土。又另敌一部2000余人，由打船店向南疾进，战况极为险恶。三十师今夜出击清水塘一带，与敌战斗甚烈，已将清水塘、金鸡岗已失阵地克复。

10月8日，二十七师当面之敌，于今晨集中20余门炮火向我鸦雀尖、鹅家山阵地及新店东南高地猛击，敌步兵二三千人三面向我围攻，并有增援之敌源源到达，阵地全被摧毁，新店东南高地我仅少数部队死守，黄昏后已陷混战危势。

10月10日，新店昨夜被敌占领，今晨打船店之敌向新店续增，马尼山之敌均向南运动，新店东北之敌亦向东南活动。我三十一师部队占领汪家药铺、张福店、将军寨至鸦雀尖之以南附近阵地。二十七师正面之敌新增一五〇联队，竟日集中炮火攻我鸦雀尖、鹅家山、将军寨一带阵地，并用大量瓦斯于黄昏时向我攻击，与敌搏斗10余次，阵地失而复得者数次，我官兵伤亡、中毒者八九十名。而敌复以小部队向我阵地两翼活动；情势危迫，我部杜团长幼鼎率部由正面出击，乘势进展至鸦雀尖东北，克复原阵地。是役，毙敌六七百人，敌势大挫。

10月11日，三十师正面之敌千余人，向我李家高山阵地攻击甚烈,经我守军抵抗,并将冲入之敌官兵悉予歼灭。

10月12日,二十七师正面之敌千余人、炮10余门,自今晨8时起向我鸦雀尖三面包围攻击,午后战事尤烈,并施放喷嚏瓦斯集中攻击,该阵地守兵虽竭力抵抗,终以众寡悬殊,致鸦雀尖东南小高地被敌占领。鹅家山之正面敌以重、野炮10余门集中火力向我阵地轰击,并掩护步兵猛向我阵地接近,我以盛炽火力对敌射击,卒未得逞。三十师正面之敌步兵千余人,山、野炮10余门,向我全阵地攻击,午后2时炮轰更烈,并以主力攻我金鸡岗阵地,突破我障碍物,蜂拥冲入我阵地,经我守兵肉搏,敌溃退,并毙其指挥官1名,拖尸而逃,我阵地无恙。

10月13日,二十七师之敌由俘获井军曹日记得悉,攻黄土岭、毛家尖阵地为获洲师团所转移之全部,配属骑兵一联队,本日向我鸦雀尖、狮子寨一带阵地攻击甚烈。鹅家山阵地亦为敌集中炮火、掩护步兵千余人连续猛攻,我阵地全线失而复得者数次,幸赖官兵之苦撑,迄黄昏时阵地仍能固守,与敌对峙。三十师正面之敌1000人,早8时向我左翼七十一军方面运动,银棚山敌200人,向金鸡岗接近,马鞍山敌100余人向我左翼运动,罗汉岩敌一部渐向我阵地接近,我守兵严阵以待,迄暮未逞。

10月14日,二十七师正面续与敌对战,因敌经我猛击及转移其兵力,故战斗不烈,阵地无变动。至四十四旅仍坚守狮子寨、鹅家山阵地,并将工事加强之。三十师方面之敌重炮多门、山炮10余门,今晨向我攻击,其步兵600余向沙窝、马鞍山方面活动。七十七军三十七师张凌云部正面敌步兵300余人、山炮4门,开始攻击我天鹅铺蛋、李家高山阵地甚烈,敌继续增援600人,战斗迄夜仍在对峙中。迨我援队到达,遂挫敌锋,毙敌中、小队长各一员。当面之敌似倾全力对我三十师、三十七师阵地总攻之企图。

10月15日,三十师、二十七师正面各有敌数百向我攻击,但终被击退。

10月16日,三十七师当面之敌为十六师团三三、三八联队,昨夜以来不断以小部队向我阵地游动攻击,彻夜未息。今晨9时,敌向我天鹅铺蛋、长岭、洪毛屋、基寨之三十七师左翼及三十师右翼中间两接合部攻击,图突破我阵地,而我沉着固守,卒未得逞。三十师正面之敌,本日8时以炮20余门向我观测石、金鸡岭集中猛烈轰炸,并施放催泪性瓦斯,及轰炸机数架低空盘旋、投弹,阵地多被炸毁,而敌数百在飞机、炮火下先后猛冲,经我迎击,敌卒未逞。我左翼七十一军与优势之敌激战,1128.5西高地被敌占领,我三十师全阵遂受敌瞰制,联络线亦有切断之虞,遂令三十一师向天鹅铺蛋、方家河、546.5高地至吊桥湾西公路之线变换阵地。

10月17日,昨日我六十一师、七十一军放弃1128.5高地后,我三十师阵地左侧背受敌炮击,正面之敌分进向我猛攻,我除留小部队在观测石、金鸡岭、磨盘山等地拒守滞敌前进外,各部队本日拂晓前进入新阵地。三十七师正面之敌千余人,山、野炮10余门,于晨8时续向我洪店、李家高山、天鹅铺蛋攻击,战至日暮,洪店与李家高山之守军仅余数十人突围冲击,余数百人壮烈牺牲,但天鹅铺蛋阵地仍在我手。本日,敌机两队翔空助战,低空扫射,到处狂炸,三十七师激战竟日,伤亡甚多,遂令东移固守小店一带,并饬三十一师派兵接替隆兴寨亘洪毛屋基之防务。

10月18日,三十七师天鹅铺蛋方面与敌激战,迄黄昏仍与敌对战中。三十师正面敌步兵七八百人,野、山炮12门,飞机6架协同掩护,向我964.5高地猛攻,我守军伤亡甚大,又不能适时增援,迄午移至高地以南预备阵地,竭力抵抗,另抽小部队分头夜袭,图恢复原有阵地。

10月19日,三十七师当面之敌,今日拂晓续向天鹅铺蛋猛攻,屡次冲击,势极凶狂,并施放烟幕掩护。战至午后2时,天鹅铺蛋东半部被敌攻占,西半部仍固守中。洪店之敌,今早增加300余人,向我直扑,竟日激战,敌未逞。三十一师正面之敌,向我洪毛屋、基寨阵地猛攻。三十师今早 7 时被敌炮 10 余门向我 942.3 高地张家祠阵地集击,并飞机 6 架掩护其步兵向我阵地节节进攻,至午后 4 时,我各阵地守兵均已殉难,经抽部队增援反攻,均未奏功。为巩固现阵地起见,重新部署。

10 月 20 日,敌自昨日开始以野、山炮 10 余门向我 912.3 高地连续冲击,飞机 9 架凌空轰炸、扫射,我守兵伤亡殆尽,于本日午后 3 时该高地陷于敌手。夜 10 时,李团长文彩率部反攻,肉搏数次,毙敌 200 余人,于 12 时许克复。本日拂晓时,敌以重、野炮 10 余门,步兵千余人分数股向我洪毛屋、基寨一带及李家冲、犀牛望月等高地猛攻,屡被我击退。午后 2 时,敌增加千二三百人向我两翼延伸包围,我亦增援数次,延伸抵抗。但敌机 15 架低空助战,我守兵受空中之威胁,及阵地摧毁之余,坚苦撑斗,激战竟日,我守兵壮烈牺牲者约 10 个连。中校团附杨智铭亦因督战而殉国。洪毛屋基寨高地竟因伤亡过大、后援不继而告失陷于敌手。后敌仍继进,威胁我左地区队之企图,故再事重新部署。

10 月 21 日,敌经昨日洪毛屋基寨激战后,主力转用于我右翼二十六集团方面。本日,我军之正面敌炮继续轰击,小部队时有接触,但因守备犀牛望月兵力单薄陷于敌手,并有百余敌窜至李家冲,经我派二十七师一部兵力攻击犀牛望月之敌,令三十一师截击李家冲之敌。本日,敌机数队各处轰炸,阵地、村落桥梁及电话线等,皆被毁坏,故前后方电话不能畅通。

10 月 22 日,奉命以整理态势、支配战局之目的,拟向枣阳以东地区转进。

10 月 23 日,昨夜指定与敌接触最烈之部队施行果敢之逆袭,与敌激战,使敌误判以我优势发生动摇,我主力得以乘机敏之行动,利用夜暗脱敌转进到杜家河附近地区集结、整理。

(三)豫鄂边区(沙窝、罗、信等处附近)战况经过

9 月 17 日,午后 3 时以来,沿商麻公路南犯之敌十六师团部队先头步兵六七百人,战车 6 辆,炮数门,向我七十一军占领余家集、显山一带阵地攻击中。

9 月 18 日,敌步、骑兵增至千余人,攻击颇烈。我三十师、八十八师亦以沙窝附近占领阵地。

9 月 19 日,奉命将余家集一带部队撤至沙窝以南,而以六十一师于小界岭附近占领国防工事,为军之预备队。

9 月 20 日,约两联队之敌附炮 20 多门、战车 13 辆,自晨以来向沙窝东西两侧高地开始攻击,午后 2 时,沙窝西侧高地我八十八师阵地受敌猛击,至 4 时被敌突破数点,乃以部队增援固守香末对、羊毛寨、毛家铺北端之线。

9 月 21 日,香末对以北之敌已成顿挫状态。

9 月 22 日,敌攻八十八师中央,自拂晓以来,乘大雾猛犯,颇为激烈,曾一度迫近一天门附近。我易团长率部与敌肉搏,易亦负伤。迄晚,各路皆将敌击溃,并乘夜雨袭敌所据沙窝西端高地,当将该处占领,毙敌数十人,获轻机枪 1 挺、步枪 10 余支及其他文件甚多。

9 月 23 日,沙窝附近之敌自 20 日迄本午以来,分向我阵地攻击,均经我击退,而伤亡颇重。

9 月 24 日,正面之敌已减少一部,似系转用。

9 月 25 日,我七十一军八十八师钟彬部拂晓攻击,午前 7 时驱逐少数之敌,占领甘家畈。9 时,我左翼队进展至二道河,与八十七师沈发藻部取得联络。11 时,逼近沙窝与敌一大队战斗。本午,我军与沙窝以北敌激战,占领余家塆迄 709.3 高地之线。午后以来,敌反攻,经我击毙甚多,709.3 高地附近击毁敌汽车 11 辆,并以小部队向林家塆以南挺进中。八十八师正面沙窝之敌,午后以步兵一大队向我阵地攻击甚烈,迄晚仍在激战中。另约一大队之敌向六十一师反攻未逞,惟多数辎重及炮兵于本晨向余家集撤退。

9 月 26 日,八十七师本晨以来已过林家塆,对沙窝之敌已完成包围态势,而敌企图击退我军,以维持其后方交通线,故午后战斗颇烈,故仍令我军攻击中。午后3时，敌以千余人迂回我左翼甘家冲一带，迄晚与我相持于柏树角亘火光寨之线相持中。六十一师之攻击遭敌有力之阻止，仍与敌对峙。八十八师阵地昨晚被敌突破一部，本午前以有力部队向敌逆袭，毙敌数十人，并将原阵地恢复。

9月27日，八十七师方面自昨晚迄今，敌各路反攻，均经我击退。本日午前8时，我于打儿窝以南击溃敌之一部，查系十六师团之三三联队。12时，我将肖家塆、林家塆之敌围歼，毁战车4辆，缴获轻机枪13挺，步枪200余支，毙敌甚众，俘敌下士兵长山本芳夫以下数名。自本晨以来，我与余家集之敌相持。午后敌增援3000余人，炮20余门，向我攻击甚烈，我另派部队向曹集以东增援中。白雀园方面，昨由双轮河南进之敌七八百人，本日向我七里桥守军攻击，迄晚仍与相持中。八十八师、六十一师昨晚向敌夜袭，毙敌颇多，八十八师俘虏三十八联队中士曹长桓弘孝等数名。本晨，敌向我香末对阵地进攻，激战至黄昏，我伤亡官兵90余人，仍固守原地。

9月28日，八十七师方面昨晚以来，余家集之敌续有增加，本晨敌分两路向我攻击，以1000余人者由余家集沿公路南侧经打儿窝以南向西攻击，约以3000人者由余家集以北之马鞍山向曹家集两侧高地猛攻，另由双轮河南下之敌自七里桥东西两侧向白雀园迂回。我守白雀园以北之部队努力拒止，骑兵团已与敌于白雀园以西遭遇、激战。沙窝之敌向北反攻，各方战斗均甚激烈。午后以来，打儿窝、吴家塆阵地战斗最烈，各路激战仍在进行中。增援部队八十七师尚未到达。

9月29日，八十七师竟日与敌苦战中。午后以来敌各路进攻甚烈，迄晚我原阵地幸仍保持。惟伤亡颇大。

9月30日至10月5日，我重新部署，调整阵容，而敌不时以小部队出击，屡为我击退。

10月6日，沙窝之敌于本日拂晓集中重炮、山炮、迫击炮50余门，向一天门、李家山间地区炮击，计5小时之久。午前10时，以步兵

3000余人分五路向我攻击,与八十七师猛烈争夺李家山北端突出之高地,我得失数次。至午后5时,因后援不继卒被敌占领。但李家山阵地经沈师长督战,士气极旺,夜深仍相持中。我是日伤亡官兵达500余人,敌亦伤亡甚大。

10月7日,敌攻击停顿。

10月8日,午后以来,沙窝之敌以重炮、山炮多门掩护步兵1000余人,分两路向李家山及其西侧地区八十七师阵地进攻,激战至黄昏将敌击退。李家山以东六十一师阵地虽受炮击,但无损失。

10月9日,正午,敌炮10余门、步兵两联队分由老杨沟、杨家畈向李家山进攻,经八十七师奋勇抵抗。午后以来,敌更番突击,我亦连续逆袭,至酉刻各处告警而无兵可援,卒被敌突入至林家寨、包家塆一带。黄昏后,李家山在三面包围中,敌并进迫山峰,战况危殆,此际团长李之用率残部出击,猛烈冲锋,歼敌一部,余始退却。我仍保持该山与敌对峙,惟李团长于是役阵亡殉国。同时,我派部增援李家山与敌激战,伤亡亦甚大。另敌一部由熊家河向土门攻击,至晚始击退。

10月10日,敌似积极准备,以图再举进犯。六十一师、八十七师加强工事,确保阵地,并夹击突入林家寨、包家塆之敌。

10月11日,昨晚迄今,六十一师、八十七师协同夜袭林家寨、包家塆之敌,未能奏功,而敌以炮10余门向我两师炮击中。

10月15日,拂晓,敌炮20余门猛轰我两师阵地,随以步兵分两路向六十一师阵地进犯。4时许,1128.5高地一山峰被敌占领,六十一师部署反攻中。包家塆之敌一度向八十七师攻击,当被击退。

10月16日,昨晚以来,六十一师迭次反攻1128.8高地,均未得手。黄昏后,敌续向我1128.5高地最高峰猛攻,守军悉数伤亡,待援未至,此山峰遂为敌占。

10月17日,敌向我六十一师阵地进犯,午后3时,敌自磨盘山向我侧背包围,激战至黄昏,1128.5全部陷落。

10月19日拂晓，敌由沙品公路南犯。午前10时，各据点续陷，我六十一师改守李家桥、石板岗连系白云山之线抵抗。

10月20日，白云山东端一带高地六十一师与敌激战竟日，遂以兵力劣势，被迫放弃。黄昏后，我保持吴家冲南端高地与敌对峙，敌炮射击小界岭以南公路。

10月21日，拂晓，敌由李家山、石板岗一带白云高峰进犯，被我击退，惟白云山一带整日在敌炮火围攻中。

10月23日，夜间，奉令向铁路以西转进。当潢川张军团撤退后，敌第十师团部队及十六师团一部猛向我罗山进攻。连日以来，经我十七军团胡宗南部及左翼兵团孙连仲部夹击，激战甚烈，并逐次坚强抵抗、予敌以时间上之消耗，敌军战斗力损失甚大。

至潢川方面，敌以主力向我罗山附近守军一二五师阵地猛攻，多日未逞，遂因我军伤亡颇重，而阵地被炮摧毁，亦无后续部队，苦撑至9月19日，退守罗山东十里墩附近。而一二四师固守七里井阵地，力抗顽敌，而敌另以一部迂回我阵地右侧，并迫罗城之东南，经我用预备队行果敢之逆袭无效，遂于9月20日晚失陷敌手。而我军仍以主力占据罗山以西五里店及子路河一带阵地，力阻敌军西进，并屡次予以重打击。但以敌人迭次增援，猛向西攻，遂至进迫信阳，并窜犯平靖、长台、武胜诸关要隘及双东河、柳林店一带，并以一部挺进应山各地，均经我胡宗南军团罗卓英各军拒止、迟滞、抑留，历时一月有余，使敌蒙最大之损害，虽我点线之失落，而我所消耗敌人亦有相当之代价也。

我军为武汉外围之消耗战目的已达，为我抗战战略计，即应调整阵容，将各部队重新部署，着各按原定计划、指定地点转进于平汉铁路以西地区整理，并重新部署准备第二阶段之战斗。

三、1939 年陆军第八十四军部分人员任职情况

军　长:莫树杰

副军长:凌压西

参谋长:诸葛曙(初由副参谋长陆廷选代)

参谋处长:曾乃劲

参谋:邝世芳

副官处长:黄瀚庭

军械处长:李崇武

军医处长兼野战医院院长:何抱冰

经理处长:莫谦业

政治部主任:全若无

军下辖一七三师、一七四、一八九师三个步兵师:

一七三师师长:钟　毅

　　副师长:粟廷勋(1939 年 7 月离)

　　参谋长:金铸麟

　　政治部主任:黄金明

　　五一七团团长:凌云上

　　五一八团团长:李俊雄

　　五一九团团长:伍文湘

一七四师师长:张光玮

　　副师长:牛秉鑫

　　参谋长:李　映

政治部主任:梁　侃

五二〇团团长:黄建猷

五二一团团长:苏武扬

五二二团团长:周天柱

一八九师师长:凌压西(副军长兼任)

副师长:张文鸿(后提任师长)

参谋长:秦　靖

五六五团团长:莫建章

五六六团团长:王佐民

五六七团团长:谢振东

补充第一团团长:白勉初

补充第二团团长:赵　璧

军直属特务营营长:钟德洲

工兵营营长:周廷澜

辎重营营长:哈文煜

通讯营营长:梁春浩

四、商城前后

逯香云　秦元珍

天很久没有下雨,马路上的泥土很干燥,当忙于运输军火的车辆和装载粮秣的骡马在我们行列的左右穿过时,总是扬起一阵阵的尘土,好像降着大雾似的;经过雨天同样的行军,受了雨天十足的尘土洗礼,终于达到出发前线路径的商城。

广西学生军书刊

一百多个男女青年,排成一条长蛇样的行列,每双粗大的赤脚,穿上朴素的用稻草打成的草鞋,嗦嗦的步伐相印着嘹亮的救亡歌声,坚决地激昂地穿进这古城的街心! 这,在我们的精神上并没有特殊的表现,而拥挤得水泄不通的街上的人群,却每个都用奇异的视线紧紧盯着我们。

"这是广西李宗仁将军的队伍! 啊哟! 还有女的咧!"

"我这样的年纪,还是第一次见过女兵,就是平日看见过的男兵,也好像没有这样的歌声和威武,对吗?"

"唔! 对的,可不知道他们住在哪里? 明天出操没有?"

"咱们不懂? 女的也打仗吗?"

天刚亮,负责人就宣布在此工作一天,工作毕向六安前进!

当这个命令下达后,各部门的工作者,都按照自己的任务活跃起来,写标语的,贴壁报的,挨户访问的……散布在城的每一个角落,给这沉静的城市一般新生的活气。

晚上,出演《伟大团丁》《林中口哨》等几幕救亡话剧,地点在一个宽阔的体育场,为了这城里的各界人士先用了奇异的眼光来看我们,加之今天工作的实际收效,所以在未曾演出前,观众却早早地把这广大的场所挤插得没有余地了! 这种热烈的情形,据说是该城空前的壮举。

我们公演的话剧,虽经落力表演,但技术上实在觉得平凡,而民众却给予第一流的好评;在工作时间不过十多点钟,可是每个民众的脑子里却给我们划上一条"抗战到底""焦土抗战"深深的印痕!

在轰炸中训练,在炮火中学习,在最前线受了敌人飞机大炮七个多月的洗礼,经我们抱定活一刻干一刻的大无畏的精神,数月来,竟除了些少的行李被炸毁外,同学们没有一个做敌人飞机大炮的俘虏。后因战地转移,我们奉令到鄂东广东方面去! 途中又经过这别离数阅月的古老的商城。

这次我们为了战地的转移得重游旧地,但商城的民众却不愿我们旧话重提了! 他们深渊渊的要求我们把火线上的风味,及游击队的活跃等的消息来填满他们的欲壑。此外还要求将沦陷区域内的实在情形编成剧本演出来,好像要分尝火线上和沦陷区域里的一切滋味似的。

一重重的人围,拥挤在我们宿营地的门首,每个静悄悄地等待我们报告战地消息。

"你们二月间在咱们这里唱过了《伟大团丁》之后就到火线去吗?女的也一块去吗?"

"是的,男女都一同到火线去!"

"到过些什么场子。"

"到了六安,合肥,田家庵,洛河,正阳关等地,那时火线在洛河一带。"

"那儿的老百姓怎么办,完全跑吗?"

"不,除了老弱幼小的迁到自己认为比较安全的地带外,其余的通通组织红枪会,白枪会,准备打游击。"

"打游击是老百姓,不是军队啊"!

"不单是军队,也有是老百姓自动的起来组织的!"

……"鬼子是怎样的不讲道理。"

鬼子除了用飞机大炮轰炸外,不讲道理的事实在多咯!在洛河时,鬼子曾经做过这样一回事:

"被鬼子占了的一个村庄,有二十来个逃不出的老弱男女和小孩,还有十多条牲口驴、马、羊、牛、猪之类,鬼子通通把人和牲口,关在一间小茅房里,然后用火焚烧,当火焰一阵阵的飞扬夹杂有牲口的挣扎咆哮和老人小孩的惨痛啼号的时候,鬼子笑了……"

广西学生军在商城县崇福塔上写的抗日标语

"乖乖!我的娘啊!这样不讲道理,非跟他拼不能活命了!现在打成什么样子呢?"

"现在我们的战事,一天天的有把握了!各地神勇的游击队,英勇的正规军,常常歼灭敌人……我们的抗战,已经开展到全面的已获得自主地位,敌人将愈困难愈疲惫……现在所失的一城一池,总是消耗了敌人的大量枪弹和人马,已获得我们消耗的目的退出的,不必悲观……要说最近打的怎么样,除了自动退出的一城一池外,各方面的英勇抵抗,却打得相当好……现在我们已转入有利的第二期的抗战,敌人正在叫苦呢!"……

夜神已吞没了整个城市,街上隐隐约约地星散着灯光,听众用这可歌可泣的消息来代替了晚饭,一个个好像填满了欲蜜似的兴奋而壮烈的在我们很和蔼的一个"明天再谈吧"之下,每个都慢慢地由这门首移动到街心去!

"七七"纪念日到了。

"七七"是我们抗战建国的纪念日,是中华民族解放斗争史最光荣的一天,全国各地都在悲壮,热烈,反抗怒涛中的今天纪念! 在敌人飞机大炮没有威胁过的商城,当然是首屈一指更悲壮、更热烈地举行这可歌可泣的抗战建国纪念日。我们在火线冒了几个月血腥火药的生活,今天得重回旧地来参加这个隆重而悲壮的大会,不知要拿些什么工作出来,才能给商城的同胞以绝大的兴奋和鼓舞! 巩固我们民族自卫的营垒。

广西学生军写的宣传标语

在我们的能力所能和我们的任务范围内,我们尽力干了几天,同时在这数日中紧切地和当地七八个同道的团体轰轰然地干了一通,把一个没有打足"抗敌之气"的商城,抽得他百分之百的有一触即发的模样!

为了商城民众要求之殷切和盼望之切,我们除了联合大公演之外,还单独地演出了一晚,以满观众的欲壑,出演的是《本军写作的淮上英雄》等几幕火线写真的独幕剧。

嘀——,幕启了!

"喂！隔壁的莫说话,这是他们千辛万苦在火线带回来的东西,请静心领略吧！"

"老乡！我们明白这些唱戏的是什么人。"

"还说,布幕上的大字你看不见吗?"

"不,我只会听话,为了不识字,所以……"

"吥！快停！是广西学生军。"

观众静悄悄地在领略剧中风味,当乡姑被日寇奸污哀号的时候,他们饮泣含愤！在游击队化妆乡姑活捉日寇时,他们喊杀连天,一阵掌声,又一阵打声再一阵杀声,他们好似导演先生一样地了解剧情。

在这兴奋鼓舞的时光特别地快,弹指间又过了好几天！在待命出发黄广的我们,今天又要与这甜蜜的商城作重别的敬礼了。

广西学生军第一大队在安徽省合影,一大队于1939年在商城开展抗日宣传工作

广西军军歌

1 = G
2 / 4

韩丰云回忆记谱

1 1 5 1 2 2 2 | 3· 2 1 3 5 5 5 |
中 国 省 份 二 十 八， 广 西 子 弟 最 刚 强，

3   2 1·2 3 | 5 5   2 3 | 1·2 3 |
天   生 会 打 仗， 个 个   喜 欢 把 兵 当，

2 2   3·2 | 1 1 1 | 5 1 5 1 2 |
扛 起 枪 杆 上 战 场， 雄 壮 真 雄 壮，

3 3 5 3 | 2 2 2 | 3 5 3 2 2 | 3 3 1 1 |
敌 人 看 见 就 要 慌， 军 队 和 民 团 本 领 都 是

5 1   2 | 2·3   5 5 | 5 3   2 |
同 一   样， 打 倒   一 切   恶 势 力

2 3 1 | 1 0 |
定 家 邦。

广西学生军军歌

五、商城忠烈祠

（省级重点文物保护单位说明）

忠烈祠（1942 年 商城县城关东南郊）

忠烈祠位于商城县城东南郊。为纪念国民革命军陆军第八十四军抗日阵亡将士，1942 年八十四军军部拨出经费，在此购买荒地 40 余亩建忠烈祠，将徐州、黄梅、随枣、豫南等会战中阵亡的将士尸骨收集安葬于此。

忠烈祠坐北向南，由祠宇和墓葬两大部分组成。忠烈祠宽 22 米，深 15 米，净高 4.5 米，建筑面积 320 平方米。大殿为古代宫殿式砖瓦

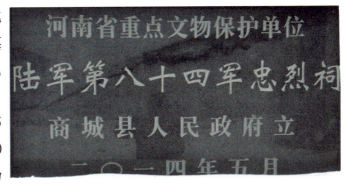

商城忠烈祠为河南省重点文物保护单位

结构，飞檐翘角，蟠龙抱柱。正门额是李宗仁亲笔题书"忠烈祠"。祠内竖有八十四军军长莫树杰所书的"陆军第八十四军忠烈祠碑记"。墙壁上有铭刻壮烈殉国官兵的姓名、籍贯、官职、牺牲地点的石碑。祠三面环山，东、西两侧山上原有凉亭。正面 50 米处竖有石牌坊，刻有李宗仁所题匾额"精忠报国"。东侧建有音乐台。祠后山上建有纪念塔。

1985 年 8 月 7 日，莫树杰于南宁逝世，遵照他生前遗嘱，其女儿莫雯娄专程来商城将其骨灰撒于忠烈祠旧址。

1988 年商城县政府将忠烈祠列为县级文物保护单位，2000 年 9 月 25 日河南省政府公布为第三批省级文物保护单位。

商城忠烈祠现仅存正殿 5 间,内有抗日将士名字墙碑 6 块和部分烈士墓葬。

保护范围:以现有忠烈祠为中心向四周各延至 50 米。

建设控制地带:以保护范围边界线四围各向外扩 80 米。

维修后的商城忠烈祠(2008 年)

六、心香一炷祭英灵

——拜谒陆军第八十四军忠烈祠

杨　琼

商城县城东南郊半个店,碧树掩映一处祠宇,绿草如茵,野花幽馨,这便是为集葬国民革命军第八十四军抗日殉国将士忠骸而修建的忠烈祠。1988年商城县政府列为县级文物保护单位,2000年河南省政府公布为省级文物保护单位。每当我徜徉其间,便有壮怀激烈之感。

在抗日民族统一战线的旗帜下,国共两党同赴国难。陆军第八十四军由粤桂海疆防次北上抗日,纵横驰骋,历1937年冬淞沪战役、1938年夏徐州会战、同年秋武汉保卫战、1939年和1940年两度随枣会战、1941年豫南会战等"数十百战,先后牺牲官兵达万余之众",战绩卓著。正如忠烈祠碑记所言:"马革裹尸,名将怀决死之志;沙场暴骨,战士具牺牲之心。""杀身成仁,舍生取义,其精神之磅礴,足以惊天地而泣鬼神者也。"1941年该军奉命移防大别山区,军部驻扎商城。1942年春,战事稍息,军长莫树杰为敛(殓)葬自1937年北上抗战诸役殉国将士散厝各地的遗骸,特拨款在县城东南半个店购荒坡40亩,兴建忠烈祠。莫树杰将军主持奠基仪式,所部官兵自己动手修建,至年底已初具规模。1943年元月初,日军第二次进犯商城,八十四军主力由汝南正阳防地驰援迎战,此役长冲口、苏仙石诸战场阵亡400多名官兵的忠骨亦集葬于此。是年7月7日(抗战六周年纪念日),八十四军举行盛大的忠烈祠落成典礼,第五战区军政要员云集商城,各界民众,万人空巷,参加公祭仪式。第五战区军政长官暨商城驻军、各团体、各界知名人士致唁电、赋诗词、旌幛、挽联者,不胜枚举,兹选录挽联三副以飨读者:

商城县商会挽联

鄂北抗敌,豫南驰援,报国任牺牲,百战勋名应不朽;

泅水长流,商山特特,建碑留纪念,三军笳鼓共含悲。

商城县志馆馆长张莘农挽联

奋斗驱倭奴,抵抗侵略,矢志在成仁,但教浩气常存,古哲先烈同一辙;

捐躯卫祖国,不做顺民,临难齐赴义,留得馨香拜祷,商山泅水共千秋。

邑人清末优贡台庭和挽联

粤桂陈师,鄂豫驰援,百战矢精忠,与张许南雷比烈;

铭功建碑,纪念立祠,千秋留正气,同日星河岳争光。

忠烈祠坐北向南,由祠宇和墓葬两大部分组成,南北纵深180米,东西宽约110米,占地2万平方米。祠宇前有弧形花垣墙,倚墙筑露天音乐台。陵园中央建仿古四柱三门牌坊一座,坊额南面镌刻楷体"精忠报国"四字。北面书录岳飞词《满江红·怒发冲冠》。后为纪念堂,歇山飞檐,盘龙雕柱。正门上方悬挂刻有时任第五战区司令长官李宗仁题写的"忠烈祠"黑漆金字匾额。两侧悬挂莫树杰撰写的楹联:

万里赴戎机,与诸君出死入生,相期日月重光,燕然勒石;

千秋隆祀典,念先烈成仁取义,永飘乾坤正气,民族雄风。

纪念堂内正中靠后为祭坛,竖立一块巨碑,竖书阴刻"陆军第八十四军抗日阵亡将士之神位";墙壁镶嵌有莫树杰撰写记载该军抗战史绩的《陆军第八十四军忠烈祠碑记》,以及铭刻为国捐躯将士姓名简历的三组横连碑。纪念堂东、西两旁和北侧,三面依岗坡地势垒砌五级台阶式墓道,安葬装有烈士忠骸的陶缸,墓前各立一碑,刻烈士姓名简历。其中有阵亡将领钟毅、周元和庞汉桢之墓。东侧墓道前竖立一七四师五二〇团团长黄建猷所撰《祭长冲口抗战阵亡烈士诔》碑一通,文末有仿范仲淹《严先生祠堂记》四句赞诗。其诗云:

大别苍苍,灌水泱泱;

烈士英风,山高水长。

东北岗脊之巅建有四角攒尖式方亭,额书"中山亭",副军长陆廷选撰题楹联。联为:

中原方板荡;

山水仰高风。

登斯亭上,近可俯瞰忠烈祠全景,远可眺望大别山层峦叠嶂。西边濒临池塘建仿古园攒尖顶草亭,碧水荷花,相映成趣,雅致古朴,令游人留(流)连忘返。亭柱悬挂军政治总队队长何佛清撰写楹联。联曰:

几支残骨虽留此地;

一腔热血尽洒沙场。

忠烈祠整个建筑群背依岗岭,面临洵水,以南北为中轴线,东西对称,不但主次分明,且高低错落,碑碣森森,坊亭相望,松柏环翠,花木似锦,恢宏而又肃穆,一派浩然正气。莫树杰将军1950年率部接受和平改编,曾任中南军政委员会参事室参事、政协广西壮族自治区委员会副主席、民革中央顾问等职。1985年8月7日在广西南宁辞世,弥留之际仍眷念商城。遵其遗嘱,广西政协、民革派员陪同其女莫雩娄专程来商,20 日捧撒骨灰于忠烈祠,相伴殉国英灵长眠在大别山麓。

岁月沧桑,忠烈祠旧貌已非。然而残碑断碣,颓垣碎瓦,无不是日军侵华罪行的历史见证。并警策炎黄子孙:勿忘国耻,振兴中华!

七、1938 年武汉会战中商城县境战斗

1938 年武汉会战中,第八十四军在湖北省黄梅、广济等地与日军激烈战斗;其友军宋希濂部、孙连仲部、于学忠部先后在商城县境内的东部峡口、南部达权店、沙窝一带与日军血战,阻击日军。

峡口阻击战

1938 年 9 月 11 日,日军陷富金山后,第十三、十六师团继续西犯,企图占领商城,经商(城)麻(城)公路南下,直插麻城,进攻武汉。12 日,奉命驰援富金山的国民党军池峰城第三十一师进抵峡口地区布防,阻击日军。当日,于学忠第五十一军前哨部队约 1 个团,宋希濂七十一军 1 个营,亦进至峡口,分别布防于晏家山和赵棚一带。13 日黄昏,日军第十六师团、十三师团经武庙、方集进入峡口以东的姜棚、卜店,次日晨向峡口发起进攻。池峰城师九十三旅和于学忠部凭借

1938 年 9 月,峡口抗日战场遗址(位于李集乡和丰集镇交界处)

山险居高临下,打退日军多次冲锋。日军进攻受阻后,在姜棚、卜店一带架起十九门重炮和六〇炮,轰击峡口守军阵地,并以飞机轮番轰炸峡口两侧山顶,一时间,峡口浓烟弥漫,爆炸声震耳欲聋。日军又猛扑峡口,与守军激战至晚,仍未突破防线。15日上午,日军第十师团濑谷支队自樟柏岭、方家集前来增援十三、十六师团,在飞机和大炮的掩护下再次进攻峡口,仍未得逞。下午,日军兵分3路:正面加强攻势,直取峡口;左翼从二道河、四顾墩绕到何店;右翼从赵棚、王集转

1938年9月16日,日军侵占商城县城

至县城,对峡口形成钳形包围。峡口守军冒着全军覆没的危险,与敌鏖战数小时。入夜,日军逼近山顶,两军短兵相接,展开激烈的白刃战,守军头裹毛巾,膊系标记,与敌顽强拼杀,情景壮烈。当夜,守军重创日军后,撤出阵地。16日,日军在飞机大炮掩护下,攻占商城。

翌年春,有观音山庙道士曾树基倡议募捐,搜殓峡口抗日战场国军忠骸1000余具,集葬于峡口战场晏家山之腰,人称"万人坟"。

达权店、沙窝阻击战

1939年9月17日,日军十三师团沼田支队、十六师团筱原支队,由县城向达权店、沙窝进犯。当时,国民党守军孙连仲第三兵团控制商城以南、经扶以东、麻城以北地区,拒敌南下麻城。其中,田镇南第三十军三十师,布防于两路口、大界岭以东至乌鸡寨,三十一师(师长

池峰城)布防于乌鸡寨至新店北3公里一带地区,冯安邦第四十二军二十七师(师长黄樵松)为预备队,宋希濂第七十一军布防于沙窝至小界岭一线。

9月20日,日军发动进攻,被沙窝、达权店国民党守军击退,毙伤其数百人。22日,日军施放毒气,并乘夜发动全线总攻。国民党守军中毒甚多,仍顽强坚守阵地,并采取正面抗击,侧后反攻的战术,在达权店、许家冲、马鞍山、沙窝等地歼敌近2000人,予敌以重创。27日,日军十三、十六师团主力沿商、麻公路南下,于10月6日起攻击大别山阵地。国民党守军利用有利地形,采取机动灵活、积极防御的战术,致使日军未能突破防线。10月3日,日军十三师团发起总攻,8日占领新店。激战中,池峰城三十一师伤亡惨重,撤至商城县南部长竹园休整,黄樵松二十七师接防。宋希濂军伤亡亦重,其部第三十师仅剩160人。13日,徐源泉部接替三十军防线。23日,国民党守军奉命向平汉路撤退。

是役,阻击敌人月余,歼敌万余人,日军竟未能突破我达权店一线防线。

1938年10月,武汉会战达权店镇许冲义勇祠碑文

达权店镇许冲村鸦雀尖一带为中国军队与日军战斗最为激烈处,中国军队一个完整编制师的一万三千多人,战后还剩700多人。2019年,笔者访问当地90多岁村民梅光来,老人回忆,当年(1938年

9月）10来岁，国民党说要打仗，就跟着大人"跑洋人"到深山里躲一个多月，回来满山都臭烘烘的。由此可见，当时中国军队与日军战斗之惨烈。翌年，国民党商城县县长顾敬之和当地士绅倡修"许冲义勇祠"，房屋规模有十余间，有纪念碑十余块。祠竣，在这里做三天三夜道场，超度中国军队抗日牺牲英灵。后，许冲义勇祠内纪念碑被砸毁，墙砖拆用于建许冲大队部。

达权店镇许冲村鸦雀尖抗日战场遗址

八、林云珠来信

河南省商城县党史办公室:您们好!

我叫林云珠,女,今年七十七岁,国企退休人员,现定居在广西百色市。现有一件事情特此写信向您们求助,希望得到支持和帮助。

关于我父亲失踪七十多年的情况。

我父亲林荣汉,广西上思县人,一九〇四年出生,与我母亲黄秀光结婚时已是个中尉军官。一九三八年五月,在我出生两个多月时离开我和母亲,他先送我们母女俩回到广西百色田西县娘家住下等他,然后到南宁广西陆军学校集训,再然后随广西军队北上抗日。谁知这一去,就永远回不来了,音信全无、生死不明。

几十年来,我们母女俩相依为命,天天盼着等着父亲回来,年复一天又一天、一年又一年,在漫长的风雨中苦苦煎熬、伤心地等待,始终一点消息都没有。我们的心都要碎了,遗憾的是我母亲最终没有等到我父亲的任何消息,于一九七〇年病逝,年仅六十岁。

为完成母亲遗愿,多年来我到处托人打听父亲的下落,从未放弃,尤其是改革开放后,政策的允许,寻找我父亲的步伐没有停止过。如果是阵亡是有通知书的,我们没有收到,很多人认为他到台湾的可能性大一些,就这样我通过红十字会和广西电台对外广播寻找。十多年过去了,一直没有消息,我失望地哭了。父亲啊!父亲!你到底在哪里?我找你好苦啊,等了你七十七年了,你知道吗?

想不到的事情今年有了转机,今年清明节前,为纪念抗战胜利七十周年,各地的报刊还有电脑都隆重推出有关全国各地抗日阵亡资料,我女儿打开上思县籍抗日阵亡将士名录一表栏目中果然看到有我父亲的名字,我顿时悲喜交加泪水长流,找到了,总算找到了,但我不知道父亲安葬在哪里?这几个月经多方打听,有人告诉我在河南

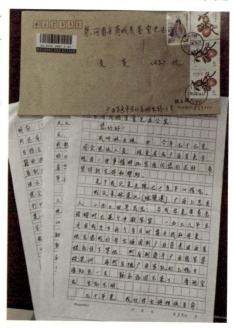

省商城忠烈祠集体安葬有广西军队阵亡将士的忠骨，不知我父亲是否安葬在商城？由于目前我的身体不好，年纪老，路途遥远，不便前行去看，特此写信与您们联系，求助您们在百忙中帮助查一下商城忠烈祠的英名墙上是否有我父亲的名字，还有墓碑号。如果有，我打算明年安排在外地工作的小孩到商城拜祭父亲，要是明年我身体允许的话也争取一同前行。

万分感谢！林云珠

下面是我父亲的简历：

林荣汉，广西上思人，陆军八十四军一八九师野补团中尉排长。阵亡时三十六岁。

广西林云珠寻找父亲的来信

如查有林荣汉名字，望来电话告知即可。

电话号码：0776－289□□□□

（上文与原信保持一致，来信时间为 2015 年 8 月 16 日。）

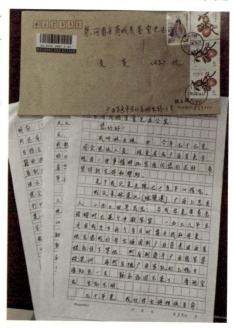

九、祭林荣汉中尉文

公元二〇一六年十月十日，岁在丙申，戊戌月，乙丑日，宜祭祀祈福、缅怀亲人。广西壮族自治区上思县人士林云珠亲朋及河南省商城县史志研究室柯大全，敢告于中国国民革命军陆军第八十四军第一八九师野补团第四连林荣汉中尉神位之前。

七十八年前，华夏板荡，倭寇侵华，国家面临亡国灭种。林君秉国家民族大义，毅然别离娇妻和尚在襁褓之中女儿，万里奔赴戎机，投身抗日战场。1940 年 4 月，日军调集 6 个师团，配以飞机 70 余架和机械化部队、骑兵部队等 20 余万人，企图进行闪电式扫荡，重创我鄂北豫南地区。时国民革命军第八十四军隶属第十一集团军序列，5 月初投入鄂北豫南大会战，战斗异常激烈。面对日军的狂轰滥炸和机械化部队冲锋，林君怀决死之志，具牺牲之心，随第一八九师多次与敌人展开惨烈白刃肉搏厮杀，5 月 4 日，英勇喋血于鄂北随县万家店。君拳拳爱国之情、精忠报国之心、英勇抗倭之举，神人共鉴，感奋后世！君真中华民族英雄！真桂南人民好儿郎！

商城忠烈祠第一八九师野补团纪念碑文

民国三十年，第八十四军驻防商城县地区，购商城南郊半个店 40 亩山地修建陆军第八十四军忠烈祠，三十一年春祠竣。第八十四军寻觅抗日以来各战场牺牲忠骨移葬于此，由李宗仁亲自题写"忠烈祠"名，军长莫树杰撰写碑记，以资纪念。林君忠骨葬于商城已七十四年矣，由于历史原因，可怜商城忠烈祠中魂，还是广西妻女梦中人！今君之令媛终于知君下落,率家人千里迢迢,从十万大山来到商城县,齐聚君前,述七十八年来相思之痛苦、告家中之变迁、共祷君之魂安,君英灵在此,应该有知;商城县处大别山北麓,这里民风淳朴,多有青山绿水,林君与诸抗日英雄为国家民族牺牲,归葬于此地,应当安息!

愿——

君之家风气节传诸后人,神其佑我;

君之声名功绩传诸后人,神其佑我;

君之民族精神传诸后人,神其佑我!

商城县史志研究室柯大全敬呈祭文,以表我心,神鉴昭昭,尚其来格,敢告。

公元二○一六年十月十日

1985 年 8 月 20 日,莫玉娄(雯娄)在原 84 军司令部前伫立(南关十方院)

主要参考书目

中国人民政治协商会议全国委员会文史资料研究委员会《武汉会战》编审组编:《武汉会战》,中国文史出版社,1992 年 4 月第 3 次印刷。

李占才编著:《江淮血——第五战区抗战纪实》,中国档案出版社,2004 年 1 月第 2 次印刷。

李继峰著:《中国抗日战争全记录》,二十一世纪出版社集团,2015 年 6 月第 1 次印刷。

郭雄、夏燕月、李效莲、李俊臣编著:《抗日战争时期国民党正面战场》,四川人民出版社,2015 年 3 月第 1 次印刷。

全国政协文史资料委员会编:《抗日战争的正面战场》,安徽人民出版社,2000 年 12 月第 1 次印刷。

李宗仁口述、唐德刚撰写,政协广西壮族自治区文史和学习委员会编:《李宗仁回忆录》,中国文史出版社,2019 年 1 月印刷。

白崇禧口述,国民党中央研究院近代史研究所整理,苏志荣、范银飞、胡必林等编辑:《白崇禧回忆录》,解放军出版社,1987 年 5 月(北京)第 1 次印刷。

李品仙编著:《随枣会战纪要》,前线出版社总社,中华民国 29 年 4 月再版。

莫树杰口述、林南章整理:《莫树杰回忆录·风尘漫忆》,南丹县政协文史资料工作委员会编,1997年11月。

广西学生军第一队:《广西学生军》,生活书店,中华民国28年3月初版。

广西壮族自治区地方志编纂委员会编:《广西通志·军事志》,广西人民出版社,1994年10月第1次印刷。

扶绥县志编纂委员会编纂:《扶绥县志》,广西人民出版社,1989年4月第1次印刷。

湖北省襄樊市地方志编纂委员会编纂:《襄樊市志》,中国城市出版社,1994年12月第1次印刷。

湖北省枣阳市地方志编纂委员会编纂:《枣阳志》,中国城市经济社会出版社,1990年9月第1次印刷。

湖北省麻城市地方志编纂委员会编:《麻城县志》,红旗出版社,1993年7月第1次印刷。

湖北省应山县志编纂委员会编:《应山县志》,湖北科学技术出版社,1990年11月第1次印刷。

商城县志编纂委员会编纂:《商城县志》,中州古籍出版社,1991年3月第1次印刷。

安徽省金寨县地方志编纂委员会编:《金寨县志》,上海人民出版社,1992年4月第1次印刷。

中国人民政治协商会议广西壮族自治区委员会文史资料研究委员会编:《广西文史资料选辑》,1963年11月。

中国人民政治协商会议河南省商城县委员会编:《商城文史资料》(1—12辑),1986年至2020年各辑陆续印刷。

后 记

我从事地方史志研究工作近 40 年,接触到许多来商城县寻找第八十四军抗战将士下落的广西人。领他们到商城忠烈祠旧址或经过修缮的忠烈祠里,由于年远事湮,加之祠里纪念碑文在特殊年代被人为损坏等原因,他们在这里往往找不到所需亲人的信息。

每每看到他们叹息归去,我不止一次地产生编写一本《商城忠烈祠》的想法。作为一名商城县史志工作者,临近退休之年,愈感有责任把这些年搜集到的第八十四军相关资料汇集于一册。这样做,或许能方便广西人查找亲人信息,更期冀人们藉此了解、铭记国民革命军陆军第八十四军的抗战历史,缅怀为国家和民族拼命流血牺牲的第八十四军英烈们。

《商城忠烈祠》一书的编写,得到商城县委、县政府的关心。中共信阳市委党史研究室主任祝辉、湖北省史志专家李敏、安徽省史志专家廖家同、安徽大学教授黄文治、郑州大学博士后陈杰、原县委史志研究室主任杨允琪为此书提出许多的宝贵建议。商城县档案局、商城烈士陵园提供了许多资料。县文管会王前勇提供了由大国工匠制作的忠烈祠碑文拓本。县医院张睿提供了其父亲张长立先生“1948

年忠烈祠"珍贵画作。黄启彬为本书提供了郝柏村到商城的有关图片。本书还选用了第八十四军将领、广西学生军逯香云、秦元珍和商城文史专家杨琼的文章。采用了商城老北关、老南关居民陶文英、李海英、吴棠国和守祠老兵张汉书的女儿张艺华等提供的相互印证口碑资料。妻子李晓武甘于清贫,爱屋及乌,默默地支持这项工作。在此一并表示衷心感谢。

由于编者水平所限,难免有错漏之处,敬请知情者不吝指正,以便今后补充修正。

编　者

2020 年 9 月 3 日